STEINZEIT

Sammlungen
des Württembergischen Landesmuseums Stuttgart
Band 1

Württembergisches Landesmuseum Stuttgart

STEINZEIT

von Erwin Keefer

Herausgegeben
vom Württembergischen Landesmuseum Stuttgart

Die Deutsche Bibliothek – CIP-Einheitsaufnahme

Steinzeit /
Württembergisches Landesmuseum Stuttgart.
Von Erwin Keefer. - Stuttgart : Theiss, 1993
(Sammlungen des Württembergischen Landesmuseums ; Bd.1)
ISBN 3-8062-1106-X
NE: Keefer, Erwin;
Württembergisches Landesmuseum <Stuttgart>:
Sammlungen des Württembergischen ...

ISBN 3-8062-1106-X

Produktion: Verlags- und Redaktionsbüro André Wais, Stuttgart
Grafiken: Burkard Pfeifroth, Reutlingen
Satz: Schwabenverlag AG, Ostfildern
Reproduktionen: Repro-Maurer, Tübingen
und Dieter Werner, Stuttgart
Druck und Einband: Gulde-Druck, Tübingen

Geleitwort

Seit ihren Anfängen haben sich die archäologischen Sammlungen des Württembergischen Landesmuseums – sieht man von den erst spät hinzugekommenen Beständen der Klassischen Archäologie einmal ab – bewußt auf das Gebiet des alten Landes Württemberg beschränkt und auf die Erträge der Landesarchäologie konzentriert.

Hervorgegangen aus dem Raritätenkabinett der württembergischen Herzöge, wurden 1864 der neu geschaffenen „Königlichen Staatssammlung für vaterländische Kunst- und Altertumsdenkmale" die bis dahin nahezu ausschließlich römischen Funde eingegliedert, und zwar mit der Zielsetzung, sie durch „Vereinigung vor Untergang, Zersplitterung und Verschleppung zu sichern und durch öffentliche Ausstellung zur Kenntnis und Anschauung des Publikums zu bringen."

Integriert wurde damals auch das bereits 1856 eingerichtete Landesconservatorium. Die Leitung hatte der „Conservator", er war zugleich oberster Denkmalpfleger des Landes. Diese Regelung hatte – zumindest auf dem Sektor der Landesarchäologie – bis 1955 Bestand und erst mit der Verwaltungsreform im Jahr 1972 wurden die beiden Bereiche endgültig räumlich und ressortmäßig voneinander getrennt.

Die seinerzeit erfolgte Umorganisation, das neue Denkmalschutzgesetz und die im Zuge der Verwaltungsreform neu eingerichteten Regierungsbezirke führten dann zur heutigen Struktur der Sammlungen. Hauptaufgabe der archäologischen Abteilung des Württembergischen Landesmuseums ist demnach die Aufnahme der Bodenfunde – im wesentlichen aus den Regierungsbezirken Stuttgart und Tübingen –, ihre Restaurierung, Inventarisierung, wissenschaftliche Bearbeitung sowie ihre Präsentation im Alten Schloß und in den Zweigmuseen.

Pendant ist das Badische Landesmuseum in Karlsruhe, das die vor- und frühgeschichtlichen Funde aus dem ehemaligen Land Baden beziehungsweise aus den Regierungsbezirken Freiburg und Karlsruhe verwaltet und präsentiert.

Im ehemaligen Südbaden übernimmt zusätzlich das Städtische Museum in Freiburg die Aufgabe, besondere vor- und frühgeschichtliche Funde des Regierungsbezirks dem Publikum zugänglich zu machen.

Und schließlich ist seit dem Frühjahr 1992 eine weitere staatliche Institution hinzugekommen, die dem gesamten Bundesland Baden-Württemberg archäologisch verpflichtet ist: das Archäologische Landesmuseum Baden-Württemberg, vorläufig nur mit einer Außenstelle in Konstanz-Petershausen präsent.

Mit dem nun vorliegenden Band zur Steinzeit beginnen wir eine Reihe von Begleitbüchern zu den Sammlungen des Württembergischen Landesmuseums, die nach und nach alle Abteilungen erfassen und, epochenweise gegliedert, die reichen Bestände des Hauses in ihrem historischen Kontext darstellen soll.

Daß wir mit der ältesten Epoche der Kulturgeschichte unseres Landes beginnen, ist dabei eher zufällig – wenngleich es Sinn macht, die Geschichte von ihren Anfängen her zu betrachten. Zudem ist die Abteilung Steinzeit nicht nur besonders gut bestückt, sondern präsentiert sich auch besonders anschaulich und informativ. Dr. Erwin Keefer, der diese Abteilung im Jahre

1989 eingerichtet hat, ist auch der Verfasser dieses Bandes. Ihm gilt mein besonderer Dank, in den auch alle Mitarbeiter, die zur Realisierung des Bandes beigetragen haben, eingeschlossen seien: André Wais, dessen Verlagsbüro die technische Herstellung des Buches übernahm und zusammen mit Dr. Karlheinz Fuchs auch für die redaktionelle Betreuung verantwortlich zeichnet. Die grafische Ausstattung leistete in bewährter Weise Burkard Pfeifroth, unserem hauseigenen Photoatelier mit Peter Frankenstein, Hendrik Zwietasch und Susanne Frey sind die zahlreichen Objektaufnahmen zu verdanken.

Volker Himmelein
Direktor

Vorwort

Die Prähistorie ist so recht ein Kind des 19. Jahrhunderts, das sich schwer tut, erwachsen zu werden.

Ihrem Wesen nach ist sie die Hüterin ebenso stummer wie ferner Kulturzeugnisse, ohne den für die Geschichtswissenschaft grundlegenden Kontext schriftlicher und bildlicher Quellen. Faßbar wird Vorgeschichte meist nur in Einzelaspekten, anhand statistischer Serien vieler sich in ihren Merkmalen ähnelnder Objekte oder auch – unscharfen Momentaufnahmen gleich – in Jahrhundertfunden, wie es etwa in unserem Raum die vorzüglich erhaltene Seeufersiedlung von Hornstaad am Bodensee und das Grab des Keltenfürsten von Hochdorf sind.

Bei der Darstellung und Interpretation längst vergangener Kulturen bewegen sich die Archäologen also auf einem schmalen Grat, denn sie können sich nur auf die in der Erde meist bruchstückhaft erhaltenen Gegenstände berufen – seien es Dinge des alltäglichen Gebrauchs oder erlesene Kostbarkeiten –, deren Zusammenhänge mühsam aus den Befunden entschlüsselt werden müssen.

Archäologie zu betreiben bedeutet für alle, die sich dieser Aufgabe professionell verschrieben haben, behutsam und nüchtern mit den Denkmälern und deren Erforschung umzugehen. Ausgrabungen dienen, so zahlreich sie heute auch sein mögen, nur noch als letztes Mittel zur Rettung archäologischer Substanz. Forschungsgrabungen an nicht gefährdeten Objekten – in früheren Zeiten durchaus selbstverständlich – sind aufgrund der dramatischen Abnahme vorgeschichtlicher Fundstellen und der Vielzahl an unabdingbaren Not- und Rettungsgrabungen heute kaum mehr denkbar.

Die Arbeit mit den Befunden und ihren Inventaren ist schon lange nicht mehr das unumschränkte Metier des geisteswissenschaftlich geprägten Vorgeschichtsforschers. Mit Vehemenz haben in den letzten Jahren Naturwissenschaften bei der „Spatenforschung" Einzug gehalten. Von der Fundstellenprospektion mit Hilfe geophysikalischer Methoden über die Altersbestimmung von Objekten anhand des Zerfallgrades der C-14-Isotopen oder jahrgenauer dendrochronologischer Bestimmung bei Hölzern bis hin zu biologischen Fragestellungen über Umwelt und Ernährung vorgeschichtlicher Gemeinschaften wird der Archäologe heute von einer Vielzahl fremder Disziplinen begleitet. Diese ermöglichen es ihm, weitaus mehr Daten und Fakten zu gewinnen als je zuvor. Schritt für Schritt gelingt es auf diese Weise – vor allem in der Siedlungsarchäologie – die Hinterlassenschaften früher Menschen und Kulturen immer präziser zu beschreiben.

Eingebunden in Weltanschauung und Zeitgeist orientiert sich die Interpretation der schriftlosen Vorzeit stets an Modellen aus verwandten Bereichen der Kultur- und Sozialwissenschaften, und die Prähistorie bleibt daher in ihren grundlegenden Einsichten fast zwangsläufig eine Disziplin des Konjunktivs. Dies mag erklären, daß mehr als ein Jahrhundert nach dem Beginn fundierter Forschung von der heimischen Vorgeschichte für manchen noch eine Faszination ausgeht, die seltsam unwissenschaftlich anmutet. So wird sie für den zum Verklären neigenden Betrachter oft unversehens zur traumhaften Geschichtenwelt, meist weit entfernt von den Realitäten archäologischer Forschung und deren Ergebnissen.

Die vorliegende Publikation und mit ihr die Steinzeit-Sammlung des Württembergischen Landesmuseums sollen denn auch als Beitrag verstanden werden, solchen diffusen Betrachtungsweisen prähistorischer Phänomene entgegenzuwirken. Vermittlungsziel ist hier eine auf Wissen und Tatsachen gegründete Darstellung der steinzeitlichen Kulturen Südwestdeutschlands. Menschliches Leben beruhte schon immer auf gewissen Grundregeln, die zwar in unterschiedlichen Zeiten zu verschiedenen Strategien des Umgangs mit Seinesgleichen und der Natur führten, dies läßt sich jedoch durchaus nachvollziehen, und bei genauerem Hinsehen verflüchtigt sich das scheinbar so Geheimnisvolle.

Natürlich hat es eine württembergische Steinzeit nie gegeben. Die Beschränkung auf diese Grenzen ist rein verwaltungstechnischer und politischer Natur. Die Altsteinzeit kann vernünftigerweise nur gesamteuropäisch betrachtet werden, auch jungsteinzeitliche Kulturen reichen meist weit über moderne Länder- und Staatsgrenzen hinweg.

Was die Regierungsbezirke Tübingen und Stuttgart des Bundeslandes Baden-Württemberg an den frühen Zeugnissen der Menschheit besitzen, ist allerdings so bedeutsam, daß sich hier eine nicht nur regional beachtenswerte Zusammenschau der urgeschichtlichen Kulturzeugnisse lohnt.

Die Fülle der archivierten Materialien reicht von ersten Schenkungen und Ankäufen aus dem 19. Jahrhundert über die Grabungen des königlichen Landesconservatoriums und dessen Rechtsnachfolger, dem Staatlichen Amt für Denkmalpflege, bis hin zu neuesten Untersuchungen der Archäologischen Denkmalpflege.

Nicht zuletzt werden in diesem Band Grabungsergebnisse aus dem württembergischen Landesteil vorgestellt, deren wissenschaftliche Bearbeitung noch im Gange ist. Dabei spannt sich der zeitliche und kulturelle Bogen von den Jagdlagern der Urmenschen bei Cannstatt über das Gräberfeld der bandkeramischen Kultur vom Viesenhäuser Hof, dem ältesten Kupfer und den ältesten Hauspferden Südwestdeutschlands bis hin an das Ende des Neolithikums mit dem bedeutenden schnurkeramischen Bestattungsplatz in Tauberbischofsheim-Dittigheim. Daß diese Befunde und Funde hier bereits vorgestellt werden können, ist beileibe nicht selbstverständlich, da das Württembergische Landesmuseum in seiner Funktion als Landesarchiv die Ausgrabungsfunde in aller Regel erst nach Auswertungsschluß erhält.

Ermöglicht wurde diese Aktualität in erster Linie durch das großzügige Entgegenkommen der Archäologischen Denkmalpflege des Landes, ihrem Leiter Prof. Dr. Dieter Planck und seinen Mitarbeitern, denen mein besonderer Dank gilt. Bedanken möchte ich mich ebenso für die vielfach gewährte Hilfe bei Ute Beitler M. A.; Dr. Jörg Biel; Dr. Karlheinz Fuchs; Prof. Dr. Joachim Hahn; Dr. Mostefa Kokabi; Dipl. arch. Cornelia Lauxmann; Ute Nodop M. A.; Anne Scheer M. A.; Dr. Helmut Schlichtherle; Matthias Seitz M. A.; Dr. Helmut Spatz; Dr. Hans Christof Strien; Dr. Eberhard Wagner und Dr. Joachim Wahl.

Erwin Keefer

Inhalt

Von den Anfängen
zu den letzten Jägern und Sammlern

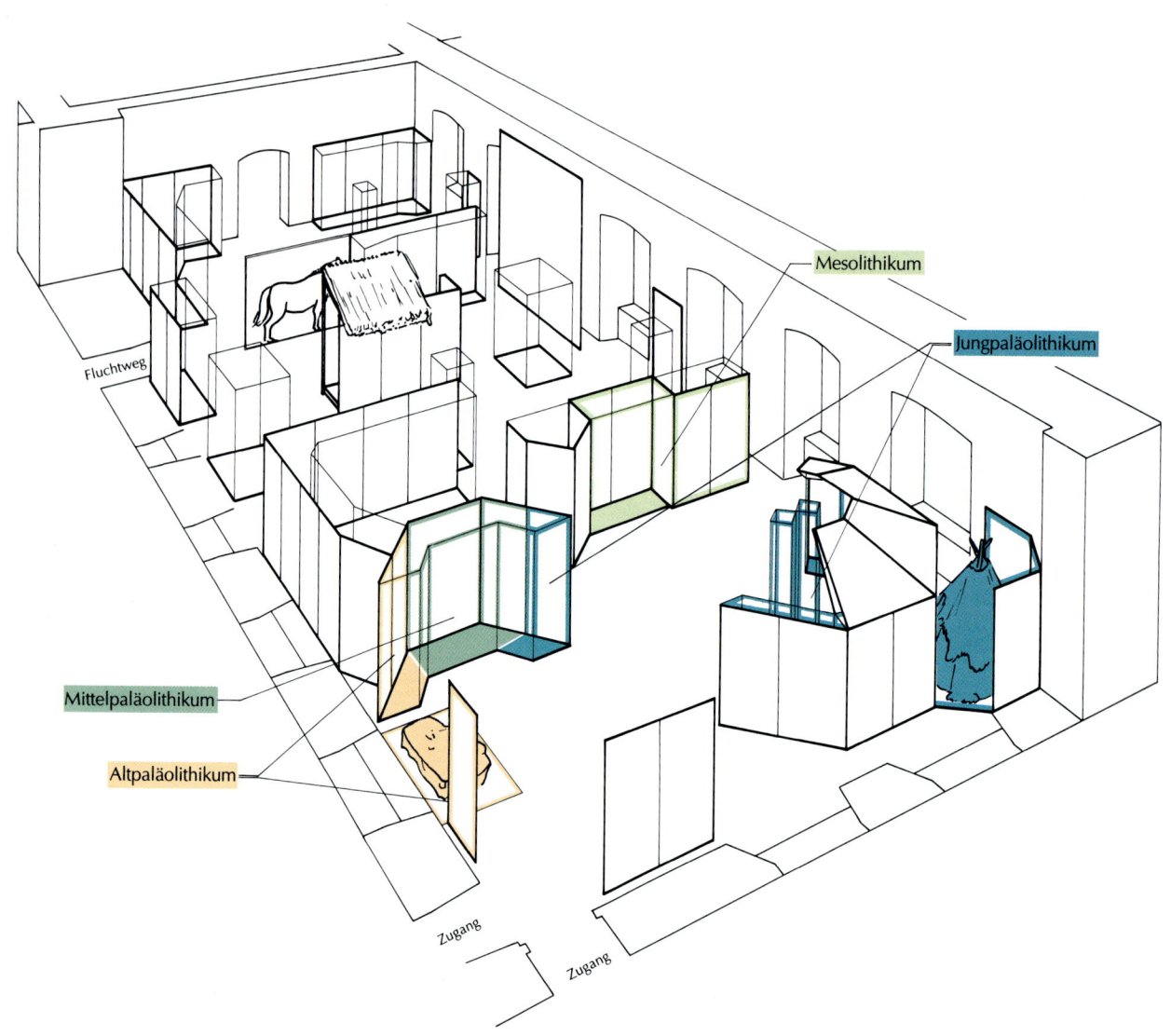

Mesolithikum

Jungpaläolithikum

Fluchtweg

Mittelpaläolithikum

Altpaläolithikum

Zugang

Zugang

Württembergisches Landesmuseum, Steinzeitsaal: Bereich der älteren Kulturen.

Südaffen und Urmenschen

Betrachtet man die Erdgeschichte, ist der Mensch ein noch sehr junges Lebewesen. Und auch nur einen Bruchteil seiner Entwicklung beanspruchen jene steinzeitlichen Kulturen, die bis heute aus Südwestdeutschland bekannt sind. Sie umfassen wohl nicht einmal 300 000 Jahre jener 15 Millionen Jahre dauernden Artentwicklung und Verbreitung der Hominiden und der Homininen, also der Gattung Mensch. Wenngleich viele Antworten zur Art und Weise der Genese des Menschen noch fehlen, so läßt die vorwiegend von Anthropologen, Verhaltensforschern und nicht zuletzt Archäologen betriebene umfassende wissenschaftliche Beschäftigung doch recht zuverlässige Strukturen der frühen Menschheitsgeschichte erkennen.

Zum Verständnis der frühesten archäologisch erfaßbaren Zeugnisse ist es nötig, nach den ältesten gesicherten Spuren menschlicher Entwicklung (Anthropogenese) zu suchen. Dies ist ein Prozeß, der sicher nicht in Europa seinen Ursprung hatte, aber unser Kontinent und insbesondere Südwestdeutschland spielte bei der Klärung des menschlichen Herkommens eine nicht unwesentliche entwicklungsgeschichtliche Sonderrolle: So lebte Jahrhunderttausende nach Entstehung der Gattung Homo in Europa der Altmensch vom Neandertal-Typus, ein seit 30 000 Jahren nicht mehr existierender naher Verwandter des heutigen Menschen. Überaus bedeutend sind auch die Funde eines Unterkiefers aus Mauer bei Heidelberg und eines Schädels aus Steinheim an der Murr, denen die anthropologische Forschung wichtige Erkenntnisse zur Menschheitsentwicklung in der Zeit von 600 000 bis 200 000 Jahren vor heute verdankt.

Allerdings bestehen inzwischen kaum noch begründete Zweifel, daß sich das entscheidende Kapitel Menschwerdung in Ostafrika abgespielt hat, lange bevor der erste Mensch europäischen Boden betrat. Fündig wurden die Anthropologen vor allem im Rift-Valley, das sich von Äthiopien bis nach Tansania fast parallel zur Küste des Indischen Ozeans erstreckt.

Der Beginn: Australopithecus und Homo habilis

Dies Rift-Valley, ein riesiger, langer tektonischer Graben, birgt für die Zeit zwischen Pliozän und Pleistozän weltweit eine der reichsten freiliegenden Fossillagerstätten. Dank der Vielfalt an Schädeln, Zähnen, Beckenknochen und anderen Skeletteilen, die dort ausgegraben wurden, wissen wir schon länger, daß Ostafrika zwischen drei und einer Million Jahren vor unserer Zeit von mindestens zwei Arten der „Südaffen", den sogenannten Australopithecinen bewohnt war: Die eine, starkknochig und mit großen Backenzähnen, läßt darauf schließen, daß sie wohl auf Nüsseknacken und Kauen faserreicher pflanzlicher Nahrung spezialisiert war, die andere, zierlichere, ist durch das Gebiß als Allesfresser ausgewiesen.

1973 entdeckte man dann in der Hadar-Formation der äthiopischen Provinz Afar eine noch ältere Art von Australopithecinen. Das bekannteste Exemplar dieser nahezu fünf Millionen Jahre alten, frühen Südaffen-Gattung ist „Lucy", ein erwachsenes weib-

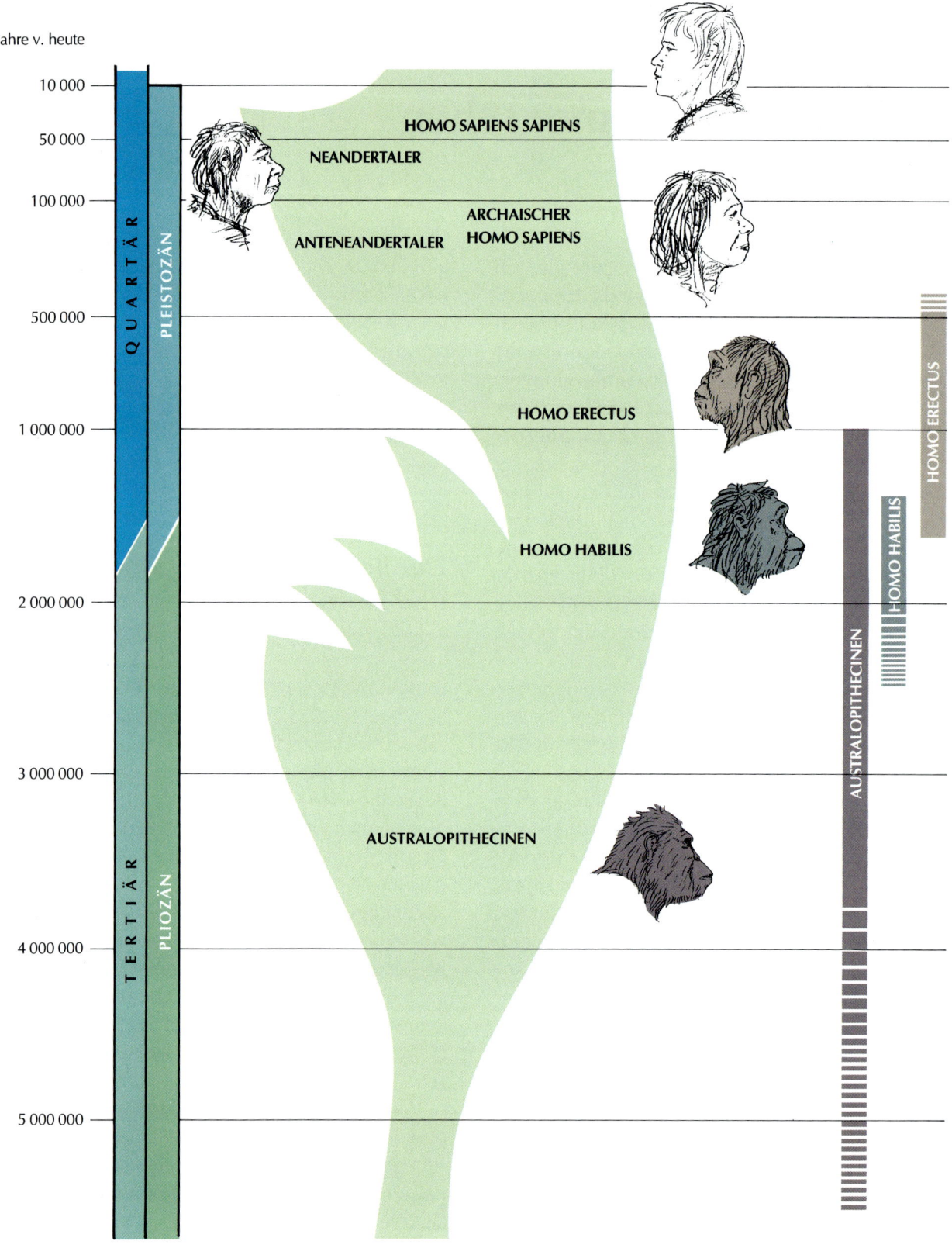

Jahre v. heute

10 000

50 000 — HOMO SAPIENS SAPIENS

100 000 — NEANDERTALER

ARCHAISCHER
ANTENEANDERTALER   HOMO SAPIENS

500 000

QUARTÄR
PLEISTOZÄN

1 000 000 — HOMO ERECTUS

HOMO HABILIS

2 000 000

3 000 000

AUSTRALOPITHECINEN

TERTIÄR
PLIOZÄN

4 000 000

5 000 000

HOMO ERECTUS

HOMO HABILIS

AUSTRALOPITHECINEN

liches Wesen von knapp 1,10 Meter Größe. Ihr Skelett war etwa zur Hälfte erhalten. Speziell diesen Vormenschen (Australopithecus afarensis) wird eine immer entscheidendere Rolle bei der Genese des Menschen zugemessen. So erscheint es aufgrund der Entdeckungen in den vergangenen zwanzig Jahren heute wahrscheinlich, daß sich von Lucy zu den ersten Frühmenschen eine direkte stammesge-schichtliche Entwicklungslinie ziehen läßt.

Diese Vormenschen, durchschnittlich etwa 1,20 bis 1,50 Meter groß, wogen 35 bis 80 Kilogramm. Mit einem Durchschnittsvolumen von 500 Kubik-zentimetern war ihr Gehirn noch recht klein – aber sie hatten bereits einen aufrechten Gang. Demnach begann die Entwicklung zum Menschen hin nicht erst, wie früher oft angenommen, mit der vollen Ent-faltung des Gehirns. Denn Jahrmillionen bevor die ersten Frühmenschen „auftraten", gab es bereits die zweibeinige Fortbewegungsart. Nach Berichten der Ausgräber sind zudem schon aus der Zeit Lucys in dem äthiopischen Omo wie auch in Tansania und Südafrika erste einfache Steinwerkzeuge gefunden worden.

Die Befähigung, Werkzeuge mit Hilfe eines ande-ren Geräts zu schaffen, galt lange als Privileg der Gat-tung Homo, ja, hierauf gründet ganz wesentlich die Definition des ersten Menschen, auch „Homo habi-lis" genannt – der zur Werkzeugherstellung „Befä-higte". Bei zahlreichen Anthropologen gilt dieser Homo habilis wegen seiner Schädelmorphologie und des größeren Hirnvolumens als erster „echter" Hominine. Wissenschaftlich betrachtet begründet er deshalb den Stammbaum der Menschheit. Das Beiwort „habilis" (befähigt) kann man aufgrund der afrikanischen Artefaktfunde, die allerdings nicht un-umstritten sind, auch dahingehend verstehen, daß dieser Mensch das Wissen um die Werkzeugherstel-lung bereits von seinen Ahnen (Australopithecinen) übernommen hatte. Das würde bedeuten, daß er nicht unbedingt, wie bisher angenommen, als er-stes vernunftbegabtes Wesen auch das erste Werk-zeug erfunden hat.

Die Australopithecinen sind vor mehr als einer Million Jahren ausgestorben. Mit dem Homo habilis und dem Homo erectus aber schritt die Evolution der Gattung Homo in Ost- und Südafrika weiter voran, bis hin zum heutigen Menschen.

Homo erectus – Der erste Mensch in Europa

Als erster früher Vorfahre unserer heute lebenden Art verließ der Homo erectus (Pithecanthropus) vor anderthalb Millionen Jahren den afrikanischen Kon-tinent. Seine Spuren sind von jetzt an in der gesam-ten Alten Welt, mithin also in Europa und Asien nachzuweisen. Ihm verdanken wir die Eroberung und Erweiterung des vom Menschen ökologisch nutzbaren Raums. Dieser erstreckte sich vom Aus-gangsgebiet, der Savanne Ostafrikas, über die tropi-schen Wälder Zentralafrikas und Ostasiens weiter über die gemäßigten Breiten bis hin zu den Steppen der mäßig kalten Zonen Eurasiens.

Der Homo erectus war bei einer Körperhöhe bis zu 1,80 Meter von Anfang an größer und kräftiger ge-baut als seine rein afrikanischen Ahnen. Das Gehirn war deutlich stärker entwickelt und hatte ein Fas-sungsvermögen von durchweg über 800 Kubikzen-timeter. Im Verlauf seiner Entwicklung, die über Jahr-hunderttausende ging, vergrößerte es sich bis auf 1300 Kubikzentimeter. Das ist die untere statisti-sche Grenze des Hirnvolumens heutiger Men-schen.

Typisch für den Homo erectus sind seine kräfti-gen Überaugenbögen, die teils noch als einheitli-cher Wulst über die gesamte Schädelbreite gingen.

◀ *Der menschliche Stammbaum. Rechts die in absoluten Jahren ausgedrückte Zeitspanne der Existenz von Austra-lopithecinen, Homo habilis und Homo erectus: Alle ein-deutigen Hominidenfunde, die älter sind als anderthalb Millionen Jahre, stammen aus Afrika.*

Der Homo erectus verließ vor etwa 1,5 Millionen Jahren den afrikanischen Kontinent. Über mehrere Jahrhunderttausende eroberte er sich nahezu alle subtropischen und gemäßigten Zonen der Alten Welt (grau gerastert).

Das Hinterhauptsloch war, verglichen mit dem seiner Vorgänger, deutlich ins Zentrum verschoben, so daß sich der Kopf nur wenig aus der Längsachse nach vorne neigte. Die Nase hob sich bereits aus dem Gesichtsschädel heraus und auch ihre untere Begrenzung war scharfkantig, also schon so geformt wie unsere Nasen. Auch die aufrechte Körperhaltung und damit verbunden die Gestalt der Gliedmaßen weisen darauf hin, daß Gang und Erscheinungsbild sich nicht allzusehr von uns unterschieden haben dürften.

Früh- und Urmenschen

Die großen Zeiträume, in denen es Früh- und Urmenschen gab, sind durch mehrfache Wechsel des Weltklimas gekennzeichnet. Sie fallen in das Eiszeitalter (Pleistozän), der erdgeschichtlich jüngsten Vergangenheit. Charakteristisch für diese mindestens 1,7 Millionen Jahre dauernde Epoche sind weltweit feststellbare Klimaschwankungen mit Kalt- und Warmzeiten, sogenannte Glaziale und Interglaziale, die jeweils Jahrtausende dauerten. Dabei kam es zu weitgreifenden Vorstößen und nachfolgendem Abschmelzen großer Gletschermassen, somit zu beachtlichen Schwankungen der Meeresspiegel.

Ohne Frage haben derartig wechselvolle, oft auch extreme Umweltbedingungen vielfältig auf

Der Homo erectus entwickelte während nahezu einer Million von Jahren zahlreiche Eigenschaften und Verhaltensweisen, die grundlegend für weitere kulturelle Entwicklung der Menschheit wurden.

die körperliche und geistige Entwicklung der frühen Menschen eingewirkt. So kann die Auseinandersetzung mit der Natur, besonders während der Kaltzeiten, geradezu als eine Art Katalysator der menschlichen Evolution gelten. Augenfällig zeigen dies die zunehmenden Fertigkeiten beim Herstellen von Werkzeugen: Aus einfachen Geröllgeräten entwikkelt sich allmählich der Faustkeil.

Entscheidende Bedeutung kommt den ersten Nachweisen von Holzkohlen- und Aschenkonzentrationen in den Befunden zu. Sie belegen zweifelsfrei, daß der Umgang mit Feuer vor mindestens einer halben Million Jahren erlernt wurde. Mit der Zeit wurden diese Koch- und Wärmefeuer auch von Windschirmen und hüttenartigen Einbauten sowohl in den Höhlen als auch im Freiland umschlossen. Das „gezähmte" Feuer ermöglichte neben dem reinen Überleben im rauhen Klima aber noch mehr. Die Feuerstelle entwickelte sich rasch zum wichtigsten Lebensort und zum eigentlichen Zentrum der Gemeinschaft. Hier kam man zusammen, um zu essen und sich zu wärmen. Die Feuerstelle bot Schutz in der nächtlichen Dunkelheit, und um sie herum wurden die unterschiedlichsten Arbeiten ausgeführt. Im Hinblick auf die psychosoziale Evolution aber scheint ihre wichtigste Funktion darin bestanden zu haben, daß hier miteinander kommuniziert wurde – die Anfänge der Sprache entstanden.

So bildeten sich wohl auf dem Hintergrund jenes vielfältigen und in diesen frühen Zeiten erworbenen Wissens, wie man seine Umwelt zum erfolgreichen Bestehen der Art gestaltet, rudimentäre Kommunikationsformen heraus. An den Funden und Befunden lassen sich außerdem erste wiederkehrende Muster von sozialem Verhalten, Traditionen und technischen Grundbegriffen ablesen.

Anhand der Schlachtabfälle kann so zweifelsfrei die Jagd auf Großwild nachgewiesen werden. Ohne die technische Beherrschung von Lanzen und Fallen sowie erfolgreichen Jagdstrategien, die von Generation zu Generation weitergegeben und verfeinert wurden, hätten die Wildbeuter jener Zeit nicht überleben können. Zumindest eine mimische und gestische, in Ansätzen aber sicher auch schon mündliche Weitergabe von Erfahrungen waren für Treibjagden auf Elefanten, Nashörner oder Riesenhirsche vonnöten.

Menschenfunde aus Südwestdeutschland

Zwar gibt es in Europa zahlreiche Fundstellen aus der Zeit von vor 1 500 000 bis 650 000 Jahren. Doch waren bis vor kurzem aus diesem Zeitraum keine Skelettreste bekannt.

Heidelberger Unterkiefer

Bei dem lange Zeit ältesten Nachweis eines Homo erectus außerhalb Afrikas handelt es sich um den Unterkiefer aus Mauer bei Heidelberg. Er ist annähernd 600 000 Jahre alt.

Oftmals als „Klassischer Homo erectus" bezeichnet, gehört er in eine Zeit, deren technisches Vermögen sich von dem älteststeinzeitlicher Kulturen kaum unterscheidet.

Als kennzeichnend für den Heidelberger Fund gilt der im Verhältnis zur Höhe bemerkenswert breite Ast des Unterkiefers. Urtümlich ist jedoch nicht allein die Größe des Knochens, sondern auch seine Stärke sowie das Fehlen jeglichen Kinnansatzes. Dagegen unterscheidet sich die äußere Form der Zähne nicht sehr von denen des heutigen Menschen; lediglich der Zahnbogen ist eher hufeisenförmig als parabolisch geformt.

Steinheimer Schädel

Die Entwicklung der Früh- und Urmenschen läßt sich bis heute nicht lückenlos und eindeutig nachvollziehen, da nur wenige Skelette oder Skelettteile

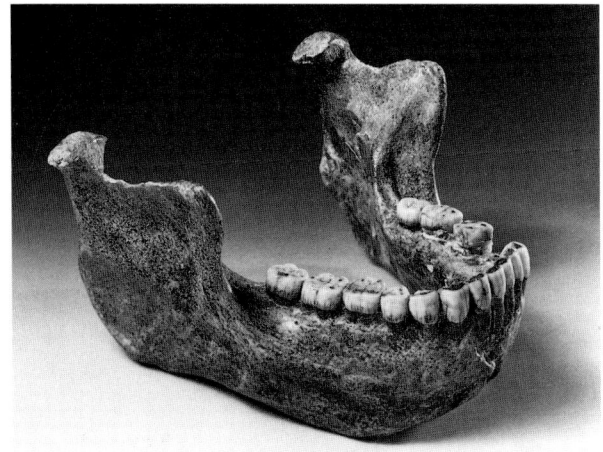

a

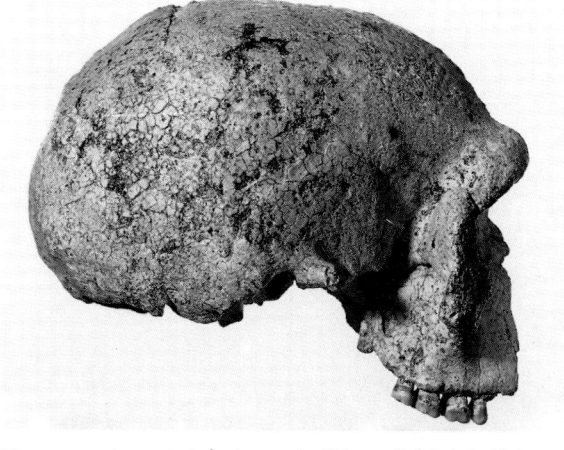

Homo sapiens steinheimensis. Dieser Schädel gilt immer noch als eines der überzeugendsten Beispiele für die Sapientisierung der frühen Homininen, stellt also ein wichtiges Bindeglied zwischen dem heutigen Menschen und dem Frühmenschen des Homo-erectus-Kreises dar.

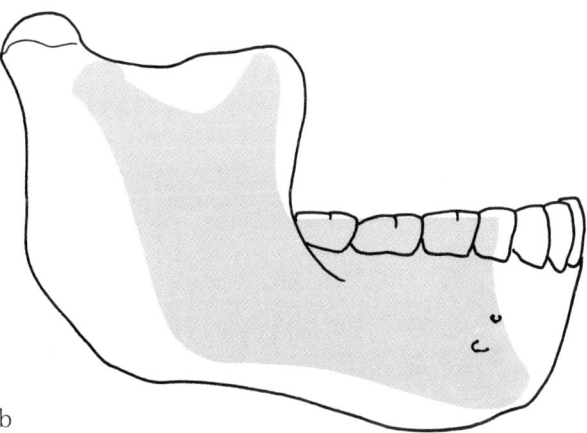

b

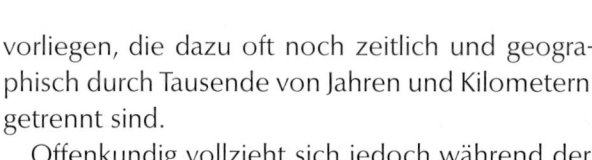

„Homo heidelbergensis." a) Der Unterkiefer von Mauer, b) Größen- und Formvergleich mit dem Unterkiefer eines heutigen Menschen.

vorliegen, die dazu oft noch zeitlich und geographisch durch Tausende von Jahren und Kilometern getrennt sind.

Offenkundig vollzieht sich jedoch während der vorletzten Warmzeit ein bedeutender Schub in der Menschheitsentwicklung. Nun erscheinen neben den „klassischen" Frühmenschen auch „fortschrittlichere" Typen, die von manchen Forschern als späte Vertreter des Homo erectus, von anderen als Präsapienten (Homo sapiens praesapiens), in Europa auch als Anteneandertaler (Homo sapiens anteneanderthalensis) bezeichnet werden. Auffallend

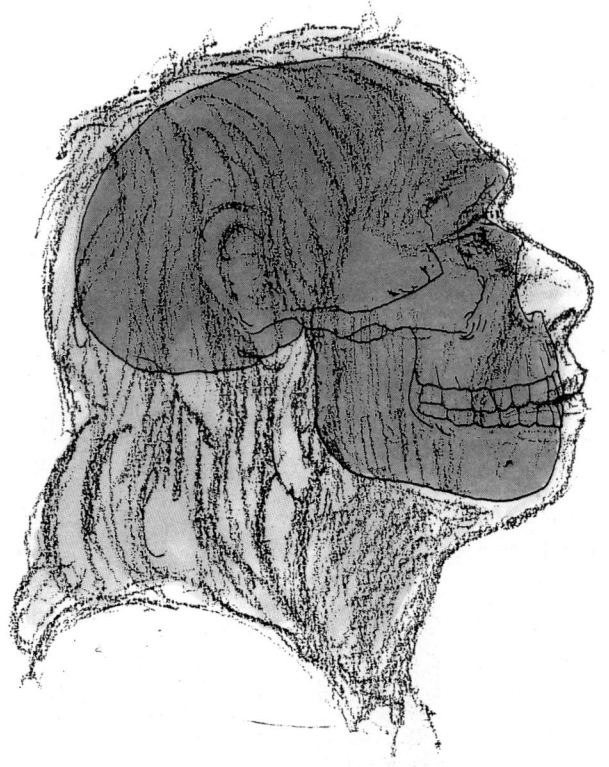

Homo sapiens steinheimensis, Rekonstruktionsvorschlag.

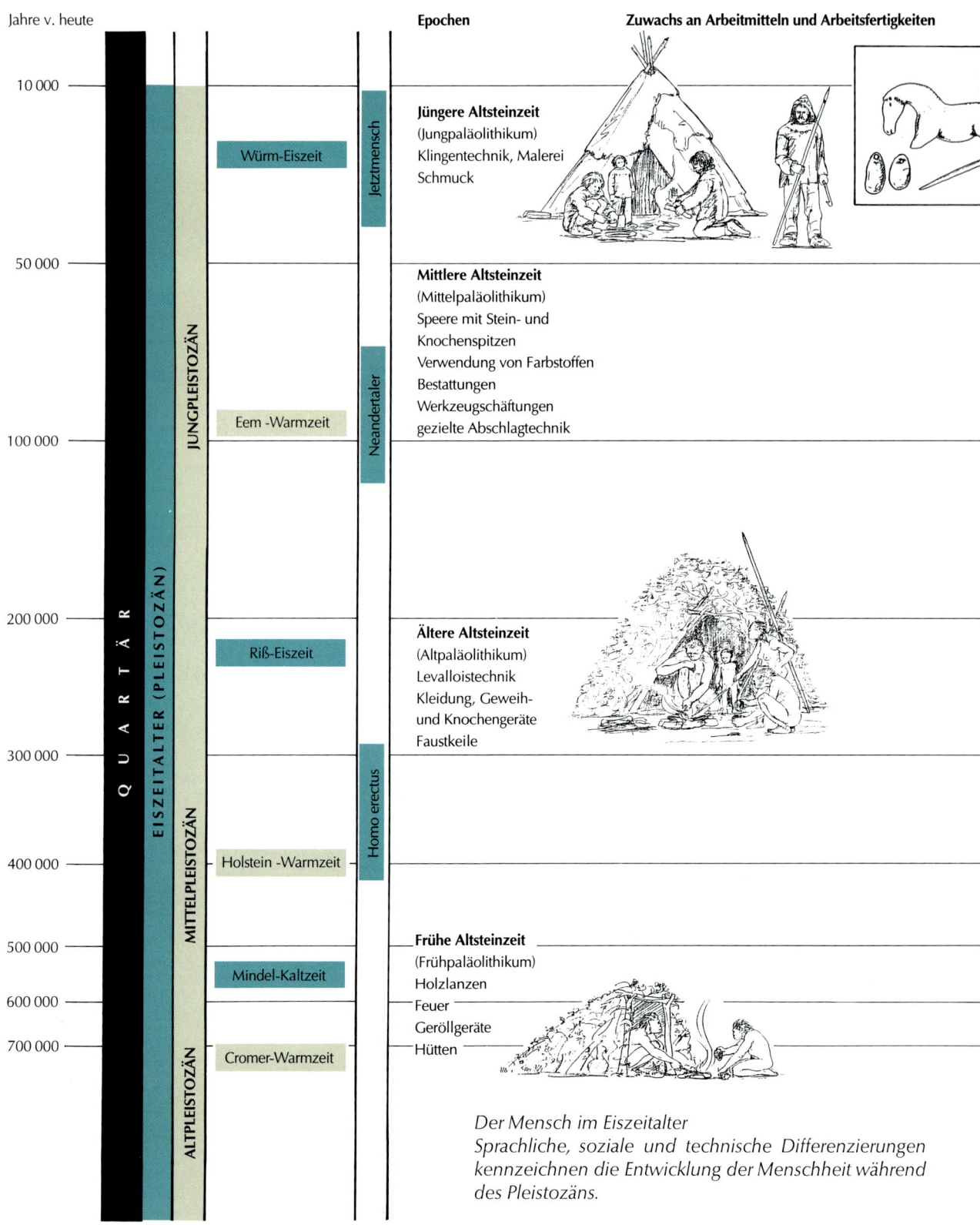

Jahre v. heute

| | Epochen | Zuwachs an Arbeitmitteln und Arbeitsfertigkeiten |

10 000

Würm-Eiszeit

Jetztmensch

Jüngere Altsteinzeit
(Jungpaläolithikum)
Klingentechnik, Malerei
Schmuck

50 000

Mittlere Altsteinzeit
(Mittelpaläolithikum)
Speere mit Stein- und
Knochenspitzen
Verwendung von Farbstoffen
Bestattungen
Werkzeugschäftungen
gezielte Abschlagtechnik

Eem -Warmzeit

Neandertaler

100 000

JUNGPLEISTOZÄN

200 000

Riß-Eiszeit

Ältere Altsteinzeit
(Altpaläolithikum)
Levalloistechnik
Kleidung, Geweih-
und Knochengeräte
Faustkeile

300 000

Homo erectus

400 000

Holstein -Warmzeit

MITTELPLEISTOZÄN

EISZEITALTER (PLEISTOZÄN)

QUARTÄR

500 000

Frühe Altsteinzeit
(Frühpaläolithikum)
Holzlanzen
Feuer
Geröllgeräte
Hütten

Mindel-Kaltzeit

600 000

700 000

Cromer-Warmzeit

ALTPLEISTOZÄN

Der Mensch im Eiszeitalter
Sprachliche, soziale und technische Differenzierungen
kennzeichnen die Entwicklung der Menschheit während
des Pleistozäns.

20

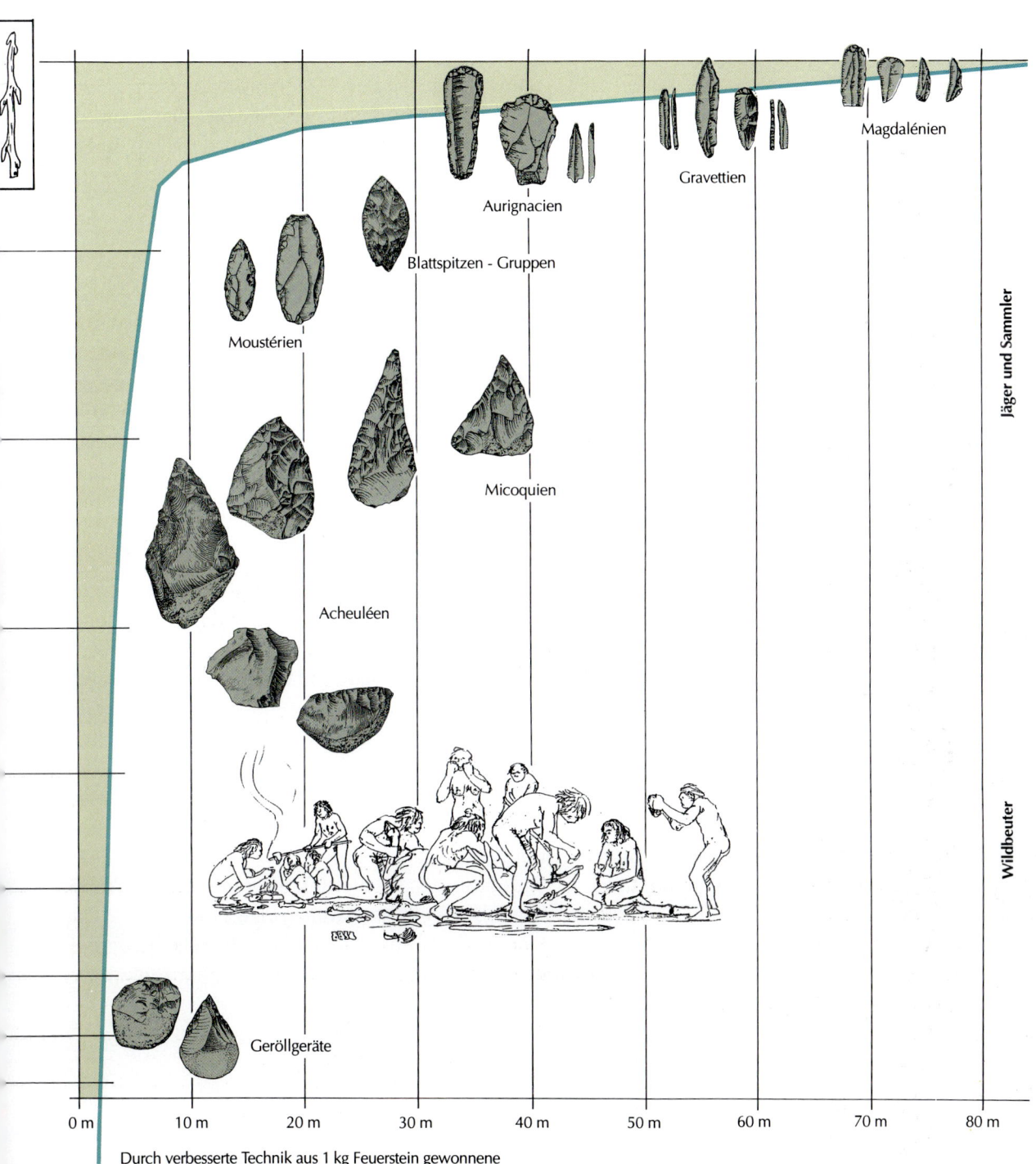

Magdalénien

Gravettien

Aurignacien

Blattspitzen - Gruppen

Moustérien

Micoquien

Acheuléen

Geröllgeräte

Jäger und Sammler

Wildbeuter

0 m   10 m   20 m   30 m   40 m   50 m   60 m   70 m   80 m

Durch verbesserte Technik aus 1 kg Feuerstein gewonnene
Schneidefläche in Metern

ist, daß alle zwar in der Variabilität von Erectus-Formen liegen, doch bereits viele Merkmale unterschiedlichen Grades und unterschiedlicher Häufigkeit aufweisen, die sich dann, voll entwickelt, beim Homo sapiens sapiens wiederfinden werden. Dieser Differenzierungsprozeß mündet nach 200 000 bis 300 000 Jahren schließlich darin, daß die Merkmale des Jetztmenschen (Homo sapiens sapiens) dominieren.

Als bezeichnendstes Beispiel für diese Sapientisierung gilt immer noch ein in Südwestdeutschland gefundener Schädel, der lediglich halb so alt ist wie der Unterkiefer des Heidelberger Menschen: Der berühmte Schädel aus Steinheim an der Murr. Fast vollständig erhalten, nur an einer Seite etwas eingedrückt, wurde er 1933 aus den etwa 250 000 bis 300 000 Jahre alten Schottern der unteren Murr geborgen. Dieser vermutlich weibliche Oberschädel ist neben dem Unterkiefer von Heidelberg der wichtigste Fossilfund Deutschlands. Für den Anthropogen liegt seine Bedeutung darin, daß die morphologischen und metrischen Merkmale enge Verwandtschaft mit dem sich später herausbildenden Neandertaler zeigen. Noch wichtiger ist allerdings, daß sich erstaunliche Ähnlichkeiten zum modernen Menschen ableiten lassen. Diese gaben nämlich den Anstoß, nach einem älteren Vorfahren zu suchen, aus dem sich Neandertaler und Steinheimer Mensch entwickelt haben könnten.

Wesentliche Kennzeichen dieses fossilen Urmenschen sind steile Stellung der Scheitelbeine, tiefe Wangenbeingrube, eingesenkte Nasenwurzel und starke Größenreduzierung des Weisheitszahns, Merkmale, die deutlich auf den heutigen Menschen hinweisen. Dagegen gilt der ausgeprägte, kaum eingezogene Überaugenwulst als ein eher urtümliches Schädelmerkmal. Der Oberschädel ist insgesamt stärker in Richtung Homo sapiens sapiens entwickelt als bei allen bisher bekannt gewordenen Menschenfunden dieser Zeit. Das Hirnschädelvolumen der „Steinheimerin" erreichte knapp 1200 Kubikzentimeter.

Fund von Reilingen

Ein weiterer, von seiner Bedeutung her bis heute nicht abschließend geklärter Fund kommt aus dem nordbadischen Reilingen, wo er 1978 während der Kiesgewinnung geborgen wurde. Zwar weist das vorzüglich erhaltene Hinterhaupt große Verwandtschaft mit dem Schädel aus Steinheim auf, doch erlauben es die Umstände der Bergung nicht zweifelsfrei, auf ein entsprechend hohes Alter zu schließen. Die recht kontroverse Diskussion der Anthropologen und Geologen reicht von der Einschätzung, es handle sich um einen frühen Vertreter der menschlichen Gattung, dem sogar ein eigener Artname, „Homo erectus reilingensis", zugewiesen werden sollte bis zur Auffassung, hier sei lediglich ein früher Jetztmensch gefunden worden. Die unterschiedlichen Interpretationen lassen sich weitgehend durch die unbekannte Stratifizierung des Geländes erklären: Der Schwemmbagger fördert hier Kiese zutage, die von der ausklingenden letzten Warmzeit bis hin in die jüngere Würmeiszeit zu datieren sind. Sie werden aber unter dem Grundwasserspiegel abgebaut, so daß eine zuverlässige Klärung der Fundtiefe und damit der Schichtzugehörigkeit des Reilinger Funds wohl kaum mehr möglich ist.

Die frühen Kulturen

Vom Chopper zum Faustkeil

Es ist nicht mehr unumstritten, ob die erstmalige zielgerichtete Herstellung von Werkzeugen aus Knochen und Stein mit Hilfe eines weiteren Werkzeugs den ersten Frühmenschen oder bereits den Australopithecinen Ostafrikas zuzuschreiben ist. Allemal handelte es sich bei diesen einfachen Steinwerkzeugen um Geröllgeräte und einseitig retuschierte Abschläge unterschiedlicher Form. Der Gebrauch solch urtümlicher Gerätschaften und die damit verbundenen primitiven Techniken der Herstellung zeichnen jedenfalls die frühen Kulturen des europäischen Homo erectus ebenso aus.

Auch bei uns bestehen die in geringer Anzahl bekanntgewordenen Artefakte aus abgeschlagenen, behauenen Geröllen und Kieseln, vor allem aus ein- und beidseitig zugerichteten Geräten (Chopper und Chopping-tools) sowie dazugehörenden, oft sehr kleinen Abschlägen mit einfachen, einseitigen Retuschen. Sie eigneten sich wegen ihrer geringen Schneidenlänge und des oftmals groben Ausgangsgesteins, etwa Quarzit, Schiefer oder Kalk, nur zu wenig komplizierten Arbeiten wie Aufreißen, Zertrümmern, Hacken, Bohren und Schaben.

Während der langen ersten Phase menschlicher Kulturen in Europa ist eine allmähliche Differenzierung bei der Stein-Werkzeugherstellung festzustellen. Aus den einfachen Chopping-tools entwickelten sich normierte Kerngeräte, deren Oberfläche von zwei Seiten aus retuschiert wurde. Die Auswahl des Rohmaterials hatte nun erheblich größere Bedeutung. Es wurde zunehmend homogen strukturiertes und sehr hartes Gestein bevorzugt, das sich gut bearbeiten läßt – qualitative Ansprüche, denen vor allem Feuerstein und feinkörniger Quarzit genügt. Demnach wurden bereits während des Altpaläolithikums schon früh Steingeräte in erlernbaren, von Generation zu Generation weitergegebenen handwerklichen Verfahren produziert. Mit großer zeitlicher Verzögerung gegenüber afrikanischen Funden führten diese Verfahren dann auch in Europa vor etwa 500 000 Jahren zur technischen Ausreifung des Faustkeils, dem bekanntesten Artefakt der menschlichen Urzeit schlechthin. Es ist wohl das erste Gerät, das man unmittelbar als vom Menschen erschaffen erkennt; ein Produkt von auch heute noch bemerkenswerter Ästhetik, bei dem Form und Funktion optimal aufeinander abgestimmt sind.

Faustkeil, Schaber, Spitze

Früh schon gewinnen die bei der Geräteherstellung anfallenden Abschläge eigene Bedeutung und Wertschätzung. Sie bilden Ausgangsformen für feinere Werkzeuge – Anfänge erster Abschlagkulturen.

Noch vor Beginn der Rißeiszeit erfahren die handwerklichen Möglichkeiten, Steingeräte zu fabrizieren, eine enorme Steigerung. Aus dem Rohstück wird nicht mehr nur ein Kerngerät – der Faustkeil also – hergestellt. Das Ausgangsmaterial diente nun auch dazu, durch möglichst zielgerichtetes Abschlagen verschieden große Teile abzuspalten. Aus solchen Abschlägen entstanden Schaber und Spitzen, Keile und klingenähnliche Werkzeuge, die nun häufig das Gros der Artefakte auf den Lagerplätzen darstellen. Es entwickelte sich die „Levallois"- oder „Schildkerntechnik". Sie bedeutet einen entscheidenden Fortschritt gegenüber dem Bisherigen, da sie auf der Produktion von normierten, durch Abschlagen vom entsprechend vorpräparierten Kern erzielten Grundformen beruht. Diese bis dahin unbekannte handwerklich-technische Vorgehensweise ist die eigentliche Erfindung des Urmenschen, zumindest in seiner späteren Ausprägung. Analog zur seit langem gebräuchlichen Kerntechnik wurde dies Verfahren dann vom Neandertaler übernommen und verfeinert.

Ohne Zweifel ist dies ein immenser intellektueller Fortschritt, denn die Methode beruhte auf dem Zusammenspiel von Vorstellungskraft und handwerklichem Vermögen. Die Zielvorstellung dabei war, ein Rohstück derart präzise zu bearbeiten, daß sich immer wieder Abschläge der gewünschten Güte und Form gewinnen ließen. Doch verdrängten die geschilderten Herstellungstechniken alte Produktionsweisen nicht restlos. Das eben Erfundene trat ergänzend zum Bewährten. Zudem hängt die Zusammensetzung des jeweiligen Typenbestandes einer Fundstelle oftmals entscheidend von den hier ausgeübten Tätigkeiten ab: An einem Schlachtplatz wurden ausschließlich wenige, zum Aufbrechen und Zerlegen des Tieres nötige Messer und Schlaginstrumente gebraucht. An größeren Lagerplätzen hingegen kam es zu recht unterschiedlichen Tätigkeiten mit einem sehr viel breiteren Sortiment an Handwerkszeug, das aus Faustkeilen, Abschlaggeräten, Produktionsabfällen der Steingeräte-Herstellung und Knochen- und Geweihgeräten bestehen konnte.

Die hier sehr vereinfacht dargestellte technische Evolution dauerte von den Anfängen bis an das Ende der vorletzten Kaltzeit, dem Rißglazial. Während die ältere Phase des Altpaläolithikums eindeutig als Kultur des klassischen Homo erectus ausgewiesen ist, begegnet uns danach ein fortschrittliche-

rer Menschentyp, den wir, je nach dem lokalen Blickwinkel, als späten Homo erectus, als Präsapiens oder auch als Anteneandertaler bereits kennengelernt haben.

Bedingt durch die wenigen Fundstellen und die sehr unterschiedlichen Erscheinungsformen der frühen Menschen ist der Zusammenhang von Artefakten mit Menschenfunden nur sehr selten be-

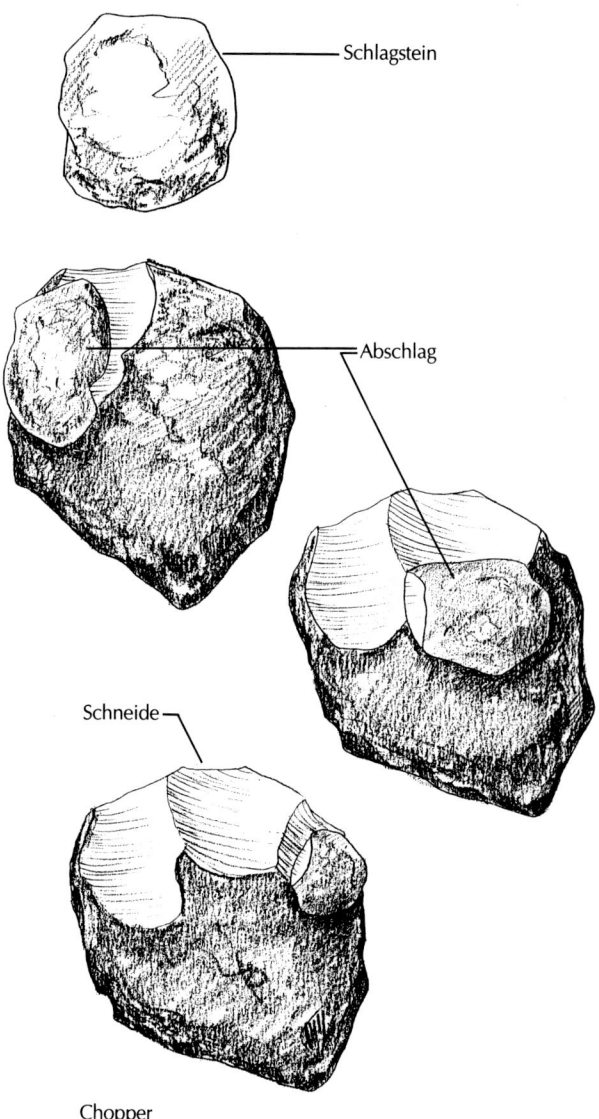

Schlagstein

Abschlag

Schneide

Chopper

Herstellung eines Choppers.

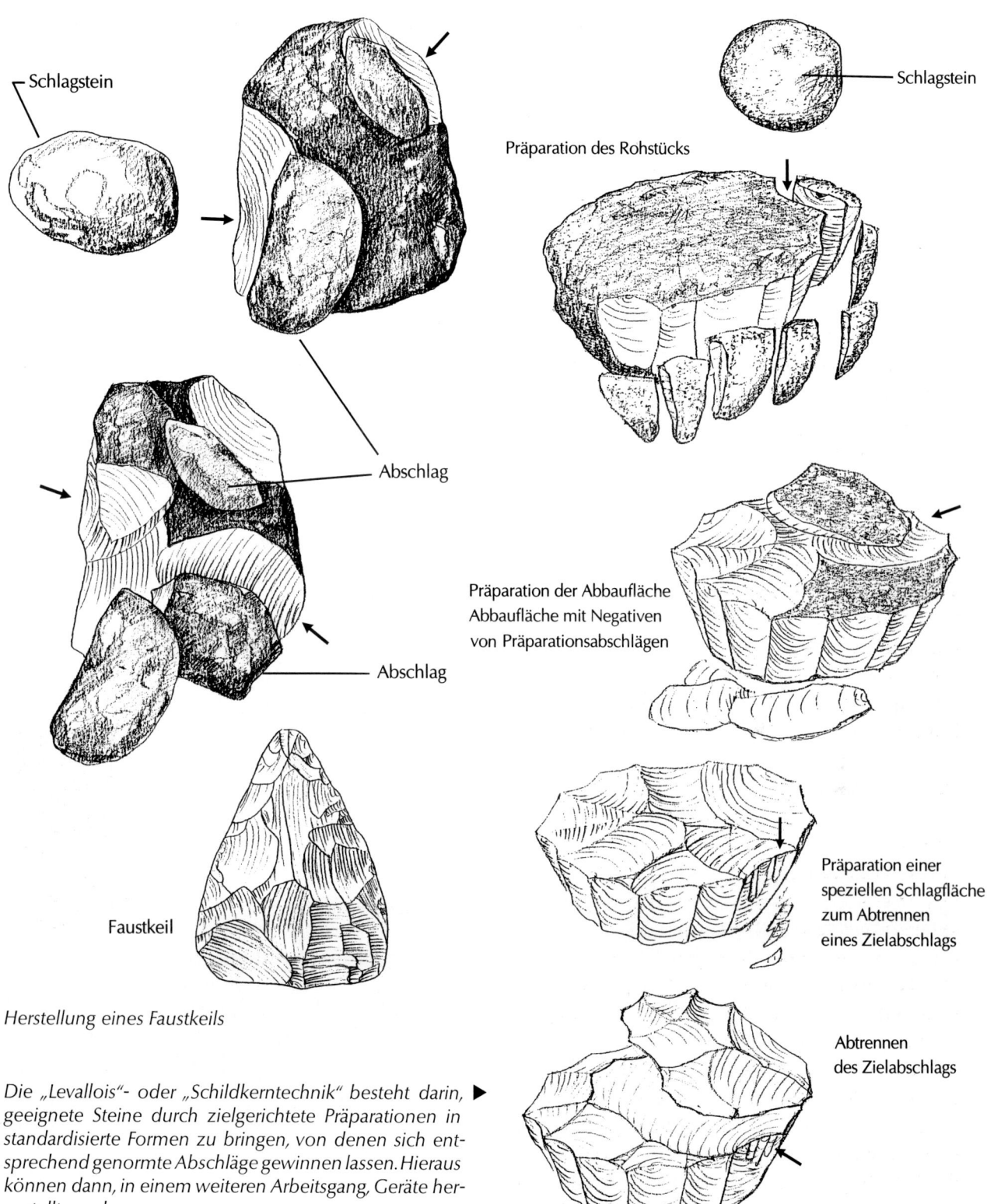

Schlagstein

Abschlag

Abschlag

Faustkeil

Herstellung eines Faustkeils

Schlagstein

Präparation des Rohstücks

Präparation der Abbaufläche
Abbaufläche mit Negativen
von Präparationsabschlägen

Präparation einer
speziellen Schlagfläche
zum Abtrennen
eines Zielabschlags

Abtrennen
des Zielabschlags

Die „Levallois"- oder „Schildkerntechnik" besteht darin, ▶ *geeignete Steine durch zielgerichtete Präparationen in standardisierte Formen zu bringen, von denen sich entsprechend genormte Abschläge gewinnen lassen. Hieraus können dann, in einem weiteren Arbeitsgang, Geräte hergestellt werden.*

zeugt. Eine Kontinuität in der menschlichen Evolution und den handwerklichen Traditionen läßt sich daher nur fragmentarisch feststellen. Die Forschung kann deshalb heute solche „Technokomplexe" nicht mit Sicherheit einem bestimmten Menschentyp zuweisen.

Vor 300 000 Jahren in Cannstatt

Die Nachweise menschlichen Lebens in Europa reichen weit über eine Million Jahre zurück. Die einzigen bisher aus Südwestdeutschland bekanntgewordenen Siedlungsreste früher Menschen nehmen sich dagegen sehr jung aus. Dennoch gehören sie mit einem Alter von ungefähr 300 000 Jahren noch in die Zeit der späten Urmenschen vom Typ des Homo erectus. Sie stammen aus den weithin bekannten Fundplätzen in den Travertinbrüchen von Stuttgart-Bad Cannstatt.

Travertin – mehr als ein Baustein

Travertine sind warmzeitliche Gesteinsbildungen an Sauerwasser-Mineralquellen. Sie entstanden an verschiedenen Stellen und zu verschiedenen Zeiten in der Talaue des Neckars. Ihre Entstehung kann man sich vereinfacht so vorstellen: Mineralwasser enthalten gelösten Kalk in Form von Kalziumkarbonat und Kohlensäure. Überschüssige Kohlensäure verhindert Kalkabscheidungen in den Grundwasserströmen. Erst an den Quellen wird das bisherige chemische Gleichgewicht der Kalklösung verändert, ein Teil des gelösten Kalks fällt aus. Dies geschieht unter Verflüchtigung des bis dahin im Wasser konzentrierten Kohlendioxyds – aus Kalziumbikarbonat wird wieder Kalziumkarbonat. Die Travertine oder Sauerwasserkalke entstehen daher vorwiegend beim Überfließen von Pflanzen, durch

Erwärmung in flachen Tümpeln oder durch Zerstäuben an einem Wasserfall.

Quellbereiche mit Travertin-Bildungen stellen für Geologen und, wie das Beispiel Cannstatt zeigt, manchmal auch für Archäologen hervorragende Fundstellen dar. Denn der abgeschiedene Kalk sorgt ständig für die schnelle Konservierung der in diese Sedimentfallen geratenen Pflanzen und Tierkadaver. Die überaus zahlreichen Funde geben dank ihrer Vielfalt und exzellenter Erhaltung vor allem präzise Hinweise auf das jeweilige Klima. Ebenso läßt sich anhand naturwissenschaftlicher Datierungsmethoden das Alter von Travertinen recht zuverlässig bestimmen. Die ältesten Travertine des Cannstatter Beckens stammen aus dem Altpleistozän und sind damit ungefähr eine halbe Million Jahre alt. Die jüngsten Bildungen gehören der Jungsteinzeit an. Daß heute keine neuen Travertinbildungen mehr beobachtet werden können, liegt allein daran, daß die Quellen gefaßt sind und vorwiegend dem Kur- und Badebetrieb zugute kommen.

Cannstatter Wildbeuter

Bereits zwischen 1928 und 1939 kamen im ehemaligen Steinbruch Biedermann von Stuttgart-Untertürkheim zahlreiche mittelpaläolithische Artefakte aus Muschelkalk- und Jurahornstein zum Vorschein, doch erst 1980 hat man in den Steinbrüchen Haas und Lauster mit systematischer archäologischer Feldforschung begonnen. Heute ist der Steinbruchbetrieb in fundlose Schichten vorgedrungen. Bald soll er ganz eingestellt und das gesamte Gelände unter Schutz gestellt werden. Größere Grabungen werden daher in absehbarer Zeit nicht mehr durchgeführt.

Ausgegraben wurde vorwiegend an drei verschiedenen, wenige hundert Meter voneinander entfernten Stellen in den Steinbrüchen Haas und Lauster sowie an einem „Bunker" genannten Platz nordöstlich des Steinbruchs Lauster. Sie gehören allesamt dem ausgehenden Altpaläolithikum an und sind

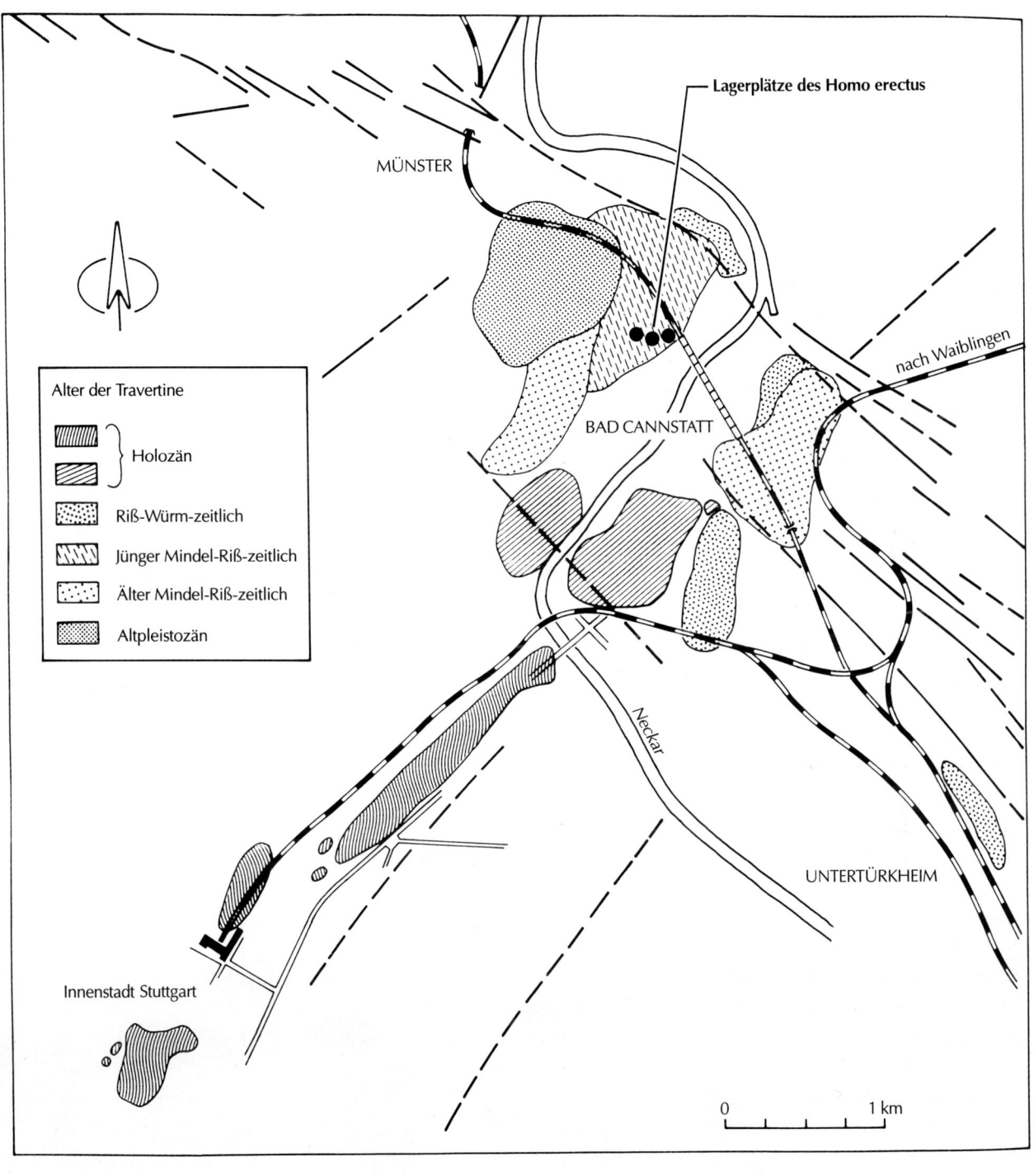

Die Stuttgarter Travertinbildungen.

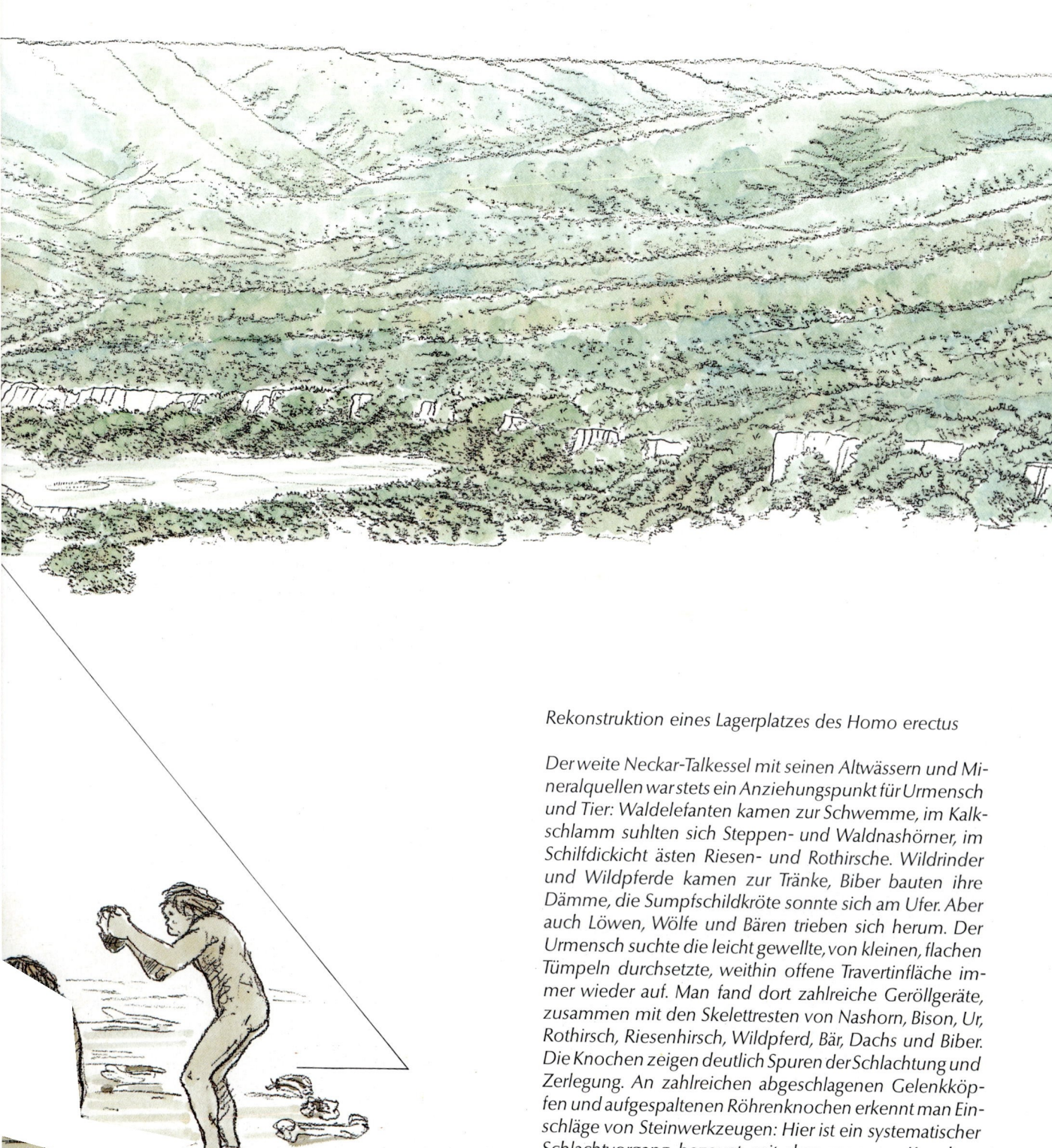

Rekonstruktion eines Lagerplatzes des Homo erectus

Der weite Neckar-Talkessel mit seinen Altwässern und Mineralquellen war stets ein Anziehungspunkt für Urmensch und Tier: Waldelefanten kamen zur Schwemme, im Kalkschlamm suhlten sich Steppen- und Waldnashörner, im Schilfdickicht ästen Riesen- und Rothirsche. Wildrinder und Wildpferde kamen zur Tränke, Biber bauten ihre Dämme, die Sumpfschildkröte sonnte sich am Ufer. Aber auch Löwen, Wölfe und Bären trieben sich herum. Der Urmensch suchte die leicht gewellte, von kleinen, flachen Tümpeln durchsetzte, weithin offene Travertinfläche immer wieder auf. Man fand dort zahlreiche Geröllgeräte, zusammen mit den Skelettresten von Nashorn, Bison, Ur, Rothirsch, Riesenhirsch, Wildpferd, Bär, Dachs und Biber. Die Knochen zeigen deutlich Spuren der Schlachtung und Zerlegung. An zahlreichen abgeschlagenen Gelenkköpfen und aufgespaltenen Röhrenknochen erkennt man Einschläge von Steinwerkzeugen: Hier ist ein systematischer Schlachtvorgang bezeugt, mit dem man ans Knochenmark gelangte.

29

zeitgleich mit den fossilreichen Flußschottern der unteren Murr, aus denen der Steinheimer Schädel geborgen wurde. Buchsbaumblätter und die europäische Sumpfschildkröte machen deutlich, daß die Sommer trocken und mit einem Mittel von 20 Grad und mehr im wärmsten Monat auch sehr warm gewesen sein müssen. Das Vorkommen einer bestimmten Nashornart, Dicerorhinus hemitoechus, engt das geologische Alter dahingehend ein, daß die Travertinbildungen einer jüngeren Phase des großen Mindel-Riß-Interglazials angehören müssen. Dagegen kann das absolute Alter der Fundstellen mangels ausreichend genauer Untersuchungsmethoden nur ungefähr angegeben werden, wobei dem Zeitraum zwischen 250 000 bis 300 000 Jahren die größte Wahrscheinlichkeit zukommt.

Die Vergesellschaftung der Funde und ihrer Beziehungen zueinander sind zwar an den jeweiligen Ausgrabungsstellen unterschiedlich zu bewerten, doch lagen die Tierreste und Artefakte zum Zeitpunkt ihrer Deponierung im Bereich kontinuierlicher und rascher Sedimentation, so daß hier offensichtlich durchweg kurzzeitige Ereignisse festgehalten sind.

Der Fund einer Holzlanze zeigt, daß der Urmensch auch große Tiere, etwa die hier zahlreich vertretenen Elefanten, Urstiere und Hirsche jagte. Holzkohlenfunde beweisen den Umgang mit Feuer. Flache Steinplatten im Fundhorizont der Ausgrabungsstelle „Bunker" und Pfostenlöcher im Lehm des Steinbruchs Haas weisen auf Reste von Behausungen hin. Steingeräte schließlich bezeugen das handwerkliche Geschick, aus Geröllen unterschiedliche, offensichtlich nach einem festgelegten Arbeitsverfahren hergestellte Artefakte für das Zertrümmern und Zerlegen der Jagdbeute zu fertigen. Dies geschah in schnellen, einfachen Arbeitsgängen mit Steinen, die bei Bedarf in der nahen Umgebung aufgesammelt wurden. Wenn das Werkzeug zugerichtet war und man es nach Gebrauch nicht mehr benötigte, verblieb es einfach am Platz. Damit läßt sich erklären, weshalb auch von den nur kurz genutzten Lagerplätzen, an denen das Wild zerlegt wurde, zahlreiche Steingeräte überliefert sind. Gleichzeitig dokumentiert das liegengebliebene Handwerkszeug mit seinem jeweils von Ort zu Ort variierenden Typenspektrum die unterschiedliche Nutzung der Lagerplätze: Sind an der Zerlegungsstelle im Steinbruch Lauster neben nicht präparierten Schlagsteinen von bis zu zehn Kilogramm Gewicht fast ausschließlich einfache, als Chopper und Chopping-tools zu bezeichnende Geräte vorhanden, so weist die Fundstelle „Bunker" mit ihren vielfältigen und zahlreichen Artefakten aus unterschiedlichen Materialien auf eine weit breitere und sicher auch länger andauernde, vermutlich auch mehrfache Nutzung hin.

Die Einbettung der Funde in Lehme („Oberer Lehmhorizont") deutet auf eine synchrone Sedimentationsunterbrechung in der Travertinbildung und erlaubt es, die Fundstelle im Steinbruch Haas wie diejenige im „Bunker" – beide liegen nur 200 Meter auseinander – als etwa gleich alt zu bezeichnen. Dagegen ist die Stelle im Steinbruch Lauster, wo ein Hirsch und ein Elefant zerlegt wurden, jünger als der Lehmhorizont.

Alle drei Fundlager sind offensichtlich zu einer Zeit entstanden, in der die Travertinbildung zum Stillstand kam. Das Gebiet war wohl eine schilfbewachsene, schlammige Tümpellandschaft, nicht weit vom Neckar entfernt und Teil eines großen Schwemmfächers, der sich zur Nutzung für Lager und Schlachtplätze vorzüglich eignete.

Ehemaliger Steinbruch Haas

Im Oberen Lehmhorizont des Steinbruchs kamen 1986 bei den Ausgrabungen fünf kleine Pfostenlöcher als erste Hinweise auf eine Behausung zutage, die wohl als einfacher Windschirm gebaut war. Unweit davon konnte man die Bruchstücke der ungefähr zweieinhalb Meter langen und drei Zentimeter dicken Holzlanze aus Feldahorn bergen. Schlachtabfälle von Elefanten sowie unzählige kleine Knochensplitter fanden sich zusammen mit annähernd

Die Fundstelle im Steinbruch Haas.

Stuttgart-Bad Cannstatt, Steinbruch Haas. Knochenartefakt.

Steinbruch Haas. Bruchstücke der Holzlanze.

b

a

Stuttgart-Bad Cannstatt, Steinbruch Lauster. Travertinblock aus der Hauptfundschicht. Geweih- und Knochenreste eines Zwölfenders. Daneben liegen noch die zum Ausbeinen benutzten Steinwerkzeuge. Mehrere hier gefundene Holzkohlen (Esche) weisen auf ein Feuer in der Nähe hin. a) Original, b) Umzeichnung.

1800 meist kleinen Artefakten aus Muschelkalk-hornstein. Alles spricht dafür, daß an dieser Fund-stelle ein Rast- und Lagerplatz war.

Ehemaliger Steinbruch Lauster

Der Obere Lehmhorizont ist hier größtenteils zu Sandstein verbacken, lediglich eine etwa fünf Zenti-meter mächtige Kluft läßt sich mit dem Befund der Grabungen im Fundlager Haas und im „Bunker" ver-gleichen. Aus ihr konnte man während der Stein-brucharbeiten Artefakte bergen. Die eigentliche Ausgrabung fand jedoch in einem darüberliegen-den Horizont statt, der teilweise als Schichtstufe ausgeprägt war. Bei dem harten Travertinfels kön-nen Funde und Befunde nur dann beobachtet wer-den, wenn der Stein sich beim Abbau spaltet. Kno-chen und Artefakte werden dabei oftmals ebenfalls gespalten, so daß eine Bergung nicht möglich ist.

Die seinerzeit trockengefallene Travertinfläche wurde offensichtlich nur kurz als Lagerplatz zum Aufbrechen und Zerlegen der Tiere genutzt. Augen-fällig wird dieser Ablauf am Beispiel eines Hirschs (Zwölfenders), den man hierher geschleppt und an-schließend nahezu vollständig ausgebeint hatte. Übrig blieben allein die aus dem Schädel gebroche-nen Geweihstangen und wenige Skeletteile, ebenso wie die beim Zerlegen benutzten und nicht weiter verwendeten Steinwerkzeuge. Kurz darauf muß wieder Lehm über diese Stelle geflossen sein, so daß die Abfälle rasch überdeckt und konserviert werden konnten. Wenige Meter entfernt wurde das nahezu vollständige Skelett eines Waldelefanten entdeckt, mehrere kleine Steinwerkzeuge deuten ebenfalls auf die Anwesenheit von Urmenschen. Offensichtlich brachen sie das Tier auf, um an die Weichteile zu gelangen. Weitere Zerlegungsspuren lassen sich am Skelett nicht feststellen. Auch hier muß die Lehmeinbettung sehr schnell wieder einge-setzt haben; auf chemischem Weg gelang es in die-sem Fall eindeutig vom Waldelefanten stammende Fette nachzuweisen. Das bedeutet, daß zwischen dem Tod des Tieres und seiner Konservierung im Lehm höchstens einige Wochen vergangen sein können.

Herausragende Werkzeugformen an dieser Fund-stelle sind Geröllgeräte oder sogenannte Chopper, also Flußkiesel, an denen mit wenigen Schlägen eine Schneide angebracht wurde. Daneben lagen zweiseitig hergerichtete Flußkiesel (Chopping-tools), dazu sind wenige Protofaustkeile und einige Levalloisabschläge zum Vorschein gekommen. Die Gerätschaften werden ergänzt durch Schleuder- und Schlagsteine sowie durch ein paar Knochenar-tefakte zum Graben und Hacken.

Ausgrabung „Bunker"

Die Fundstelle verdankt ihren Namen einem ehe-maligen Kohlebunker, der in einem aufgelassenen Travertinbruch angelegt war. Weitere Gruben zeu-gen zudem davon, daß hier auch Ocker gewonnen wurde.

Der Obere Lehmhorizont im Bunker weist eine anderthalb Meter mächtige Abfolge von rotem Ton, hart verbackenem Travertinschutt, Travertinknauer und Lehm auf. Obwohl sich dieser Befund wegen vorausgegangener Verkarstungen und abbaube-dingten Zerstörungen nicht mehr flächig erfassen ließ, barg er das fundreichste Ensemble im gesam-ten Cannstatter Travertin. Rund 2000 Steingeräte la-gen hier, zusammen mit Schlachtabfällen von Nas-horn, Bison, Auerochse, Rothirsch, Riesenhirsch, Wildpferd, Dachs und Biber. Dieses Fundensemble deutet auf einen zentralen Lager- und Schlachtplatz des Homo erectus hin. Aufgrund seiner günstigen Lage könnte er für die Menschengruppe eine Art Basislager gewesen sein, von dem aus die Wildbeu-ter auf dem großen Schwemmfächer und seiner Umgebung zur Jagd gingen und einen Großteil der Beute in den „Bunker" schleppten und verzehrten. Bedeutsam ist auch, daß sich in der Fundschicht ortsfremde, vom Menschen hergeschleppte, 20 bis 30 Zentimeter große und vier Zentimeter dicke Tra-vertinplatten fanden. Vermutlich handelt es sich bei diesem Befund um Reste einer Behausung.

– verbackener Travertinsandstein

– Lehm

– Verwitterungslehm, darüber Schlierenbildung

– Fundschicht

– lehmiger, teilweise hart verbackener Travertinschutt

Stuttgart-Bad Cannstatt. „Bunker" 1988
Profil mit der Stratigraphie der Fundstelle. Die fundführende Schuttschicht entstand während einer Unterbrechung der Travertinbildung, als Lehm von den höher gelegenen Hangpartien auf die Travertinoberfläche geschwemmt wurde. Vermutlich handelt es sich bei diesem Bereich um eine über längere Zeit trockengefallene Fläche.

34

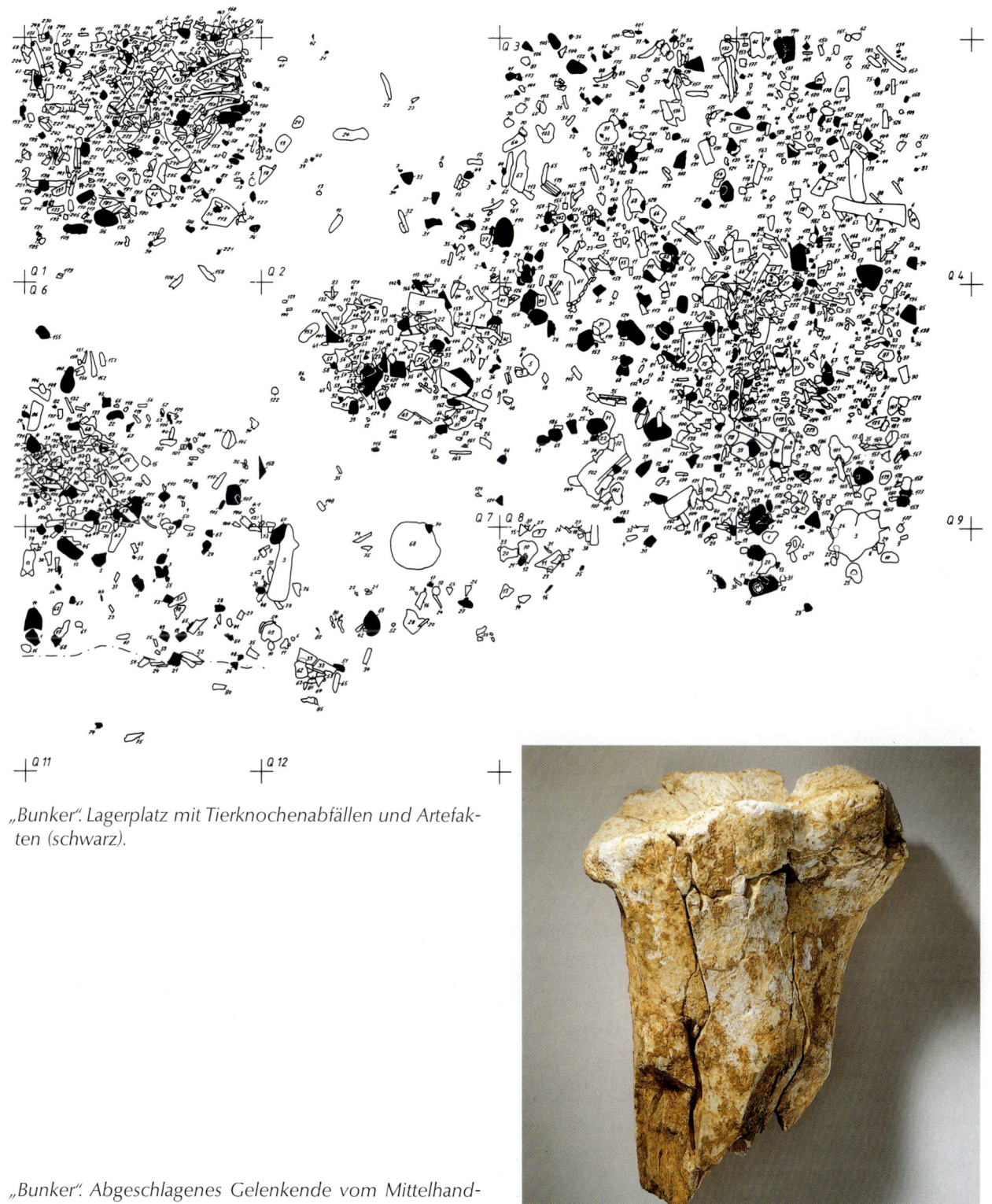

„Bunker". Lagerplatz mit Tierknochenabfällen und Artefakten (schwarz).

„Bunker". Abgeschlagenes Gelenkende vom Mittelhandknochen eines Urstiers.

„Bunker". Geröllgeräte.

Die Altmenschen Europas

Sonderstellung der Neandertaler

Im Neandertal bei Düsseldorf wurde bei Steinbrucharbeiten während des Sommers 1856 in der kleineren der beiden heute nicht mehr vorhandenen Feldhofer Grotten die Bestattung eines Altmenschen angegraben und geborgen. Die wissenschaftliche Bearbeitung dieses Fundes führte erstmals zur Beschreibung eines fossilen, im Körperbau vom heutigen abweichenden Menschen, dem Homo sapiens neanderthalensis.

Der „Neandertaler" gilt heute als regionale Sonderentwicklung Europas, wenn auch seine Verbreitung weit in den Vorderen Orient und nach Nordafrika reicht. Extreme, sogenannte klassische Neandertaler traten zum ersten Mal in der älteren Würm-Eiszeit vor etwa 70 000 Jahren auf.

Während also die Homininen-Entwicklung in der Zeit vor 120 000 bis vor 40 000 Jahren in Europa mit den Menschen des Neandertal-Typus einen gesonderten Weg einschlug, existierten in der übrigen Alten Welt nach wie vor die beschriebenen „Präsapienten" und deren Nachfahren. Zusehends verschwinden nun überall die archaischen Merkmale der Homo-erectus-Gruppe. Sowohl die wenigen Skelettfunde dieser Zeit als auch deren hohe Variationsbreite lassen außerhalb Europas bis heute allerdings kaum eine schlüssige Interpretation der Artentwicklung zu. So stehen sich zwei Hypothesen gegenüber. Die eine besagt, daß sich der heutige Mensch an verschiedenen Orten aus diesen „Präsapienten" – einschließlich der frühen Neandertaler – entwickelt haben könnte. Konträr hierzu ist die Auffassung, alle „modernen" Menschen seien afrikanischen Ursprungs.

Umwelt und Mensch vor 90 000 Jahren

Die Epoche des Neandertal-Menschen vom ersten nachweisbaren Auftreten bis zu seinem Verschwinden umfaßt etwa 80 000 bis 100 000 Jahre. Sie geht einher mit dem Ausklingen der letzten Warmzeit und der frühen und älteren Phase der letzten großen Klimaverschlechterung (Würmeiszeit), die in Europa vor zirka 110 000 Jahren mit ersten Gletschervorstößen aus den Alpen und Skandinavien beginnt. In unserer Gegend gingen die Jahrestemperaturen jedoch nicht auf solch extrem arktische Werte zurück, die menschliches Leben dauerhaft ausgeschlossen hätten. Die frühe und ältere Würmeiszeit läßt sich treffender als klimatischer Abschnitt beschreiben, bei dem sich subarktische und eher gemäßigte Phasen abwechselten.

Die aus Fundstellen des Neckarlands und der Schwäbischen Alb bekannte Fauna dieser Zeit ist einerseits durch eine kaltzeitliche Tierwelt charakterisiert, zu der vor allem Höhlenbär, Mammut, Wollnashorn, Rentier, Eisfuchs, Steinbock und Lemming gehörten. Doch Hirsch, Wildschaf, Bison oder Pferd weisen andererseits auch auf ein durchaus erträgliches Klima mit parkartiger Waldlandschaft und deutlichem Steppencharakter hin. Während des Frühglazials lebte hier demnach eine äußerst artenreiche Großsäugerfauna. In mehreren warmen Abschnitten stockten mancherorts sogar lichte Nadelwälder. Wohl nur einmal, zum Zeitpunkt des ersten Eis-

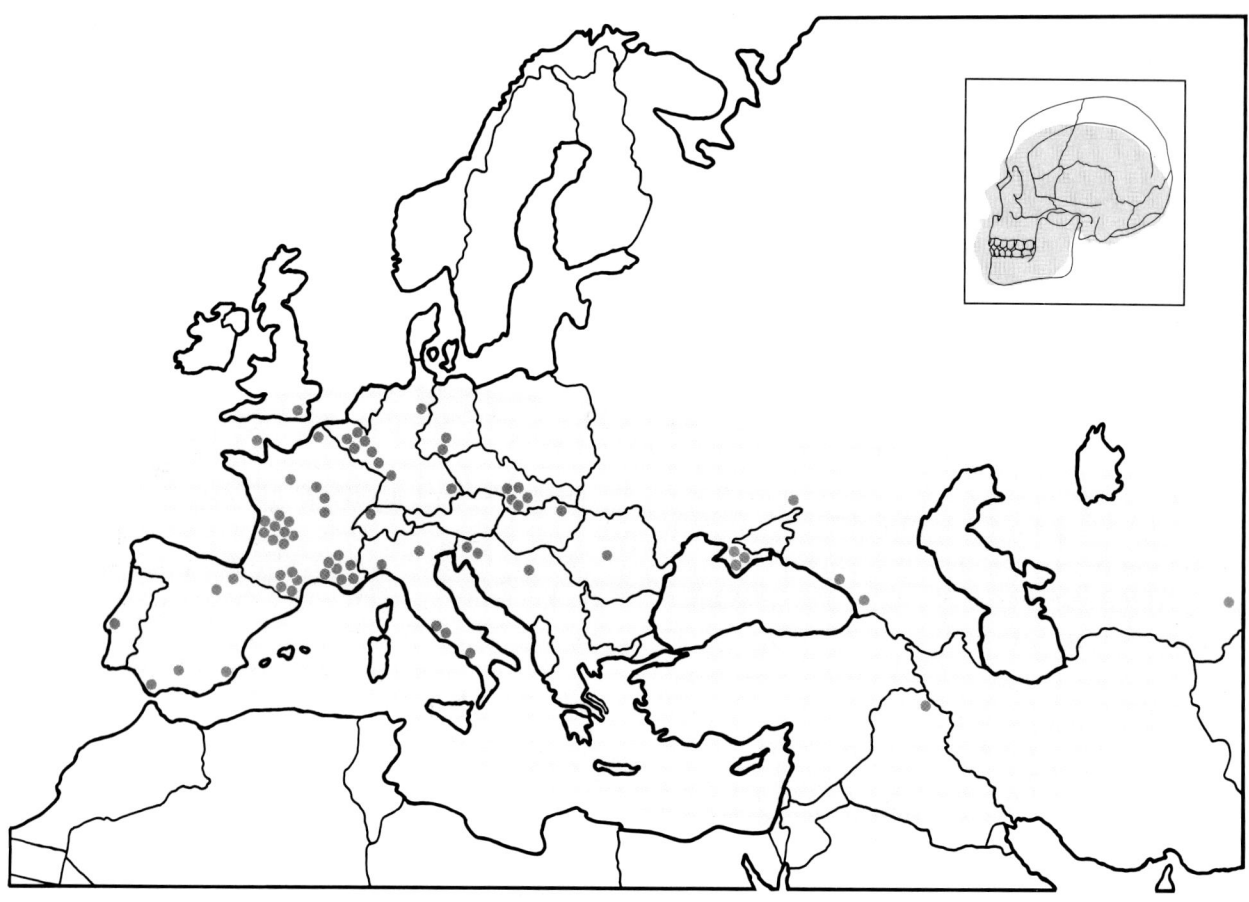

Verbreitungsgebiet der Altmenschen vom Neandertal-Typus.

höchststands in der älteren Würmzeit, erreichte die Säugetierfauna jenes glaziale Spektrum, das Jahrtausende später in Südwestdeutschland die Umwelt der ersten Kulturen des Jetztmenschen bestimmen wird.

Spitzgesicht und ovaler Hirnschädel

Der Schädel des europäischen Homo sapiens neanderthalensis weicht in der Morphologie sehr deutlich von den Erectus-Formen ab. Besondere Merkmale des europäischen Altmenschen waren sein Spitzgesicht und der ovale Hirnschädelumriß mit einer Hirnkapazität, wie sie dem heutigen Menschen entspricht. Der Neandertaler hatte einen kräftigen Überaugenwulst und ein fliehendes Kinn. Außer-

dem fehlte ihm die Wangengrube. Sein robustes Körperskelett unterscheidet sich zwar durch einige Besonderheiten von dem heutigen, ist aber durchaus „modern" und liegt meist noch innerhalb der heutigen Variabilität.

Insofern ist es völlig abwegig, sich den Neandertaler als einen schwerfälligen und primitiven, des aufrechten Gangs kaum fähigen Urmenschen vorzustellen. Diese weitverbreitete Darstellungsweise rührt mit aus den Lebensbild-Rekonstruktionen, die üblicherweise einen alten Mann aus La Chapelle-aux-Saints (Frankreich/Perigord) zum Vorbild nehmen – ein Greis, der zudem noch extreme Schädelmerkmale aufwies.

Aus Südwestdeutschland ist der Neandertaler bisher nur aufgrund eines Oberschenkelknochens nachgewiesen. Dieser wurde während der dreißiger Jahre in Moustérien-Schichten des Hohlenstein-Stadels (Lonetal) ausgegraben.

Das Mittelpaläolithikum – die Zeit des Altmenschen

Je nach Definition setzt man den Beginn der mittleren Altsteinzeit frühestens mit dem Ausklingen der vorletzten Warmzeit vor etwa 250 000 Jahren gleich. Besonders in Süddeutschland jedoch läßt sie sich eng mit dem frühen Neandertaler in Verbindung bringen. Seine Spuren sind hier erstmals vom Ende des Rißglazials her bekannt, und so wurde es üblich, diese Kulturstufe vor 130 000 Jahren beginnen zu lassen – das Mittelpaläolithikum ist hierzulande demnach die Zeit des Neandertalers. Zwar gibt es aus Südwestdeutschland, verglichen mit Frankreich oder Ostmitteleuropa, recht wenig Fundstellen dieser Zeit. Dennoch lassen sich auch hier Entwicklungen erkennen, wie sie für die Epoche des Altmenschen allgemein typisch sind.

Wohl in engem Zusammenhang mit dem Erscheinen dieser Menschenart stehen mehrere kulturelle Errungenschaften. Offenbar waren die Lagerplätze damals so strukturiert, daß sich aus den Verteilungen von Feuerstellen, Geräten oder den Speiseabfällen auch heute noch verschiedene Tätigkeitszonen erschließen lassen. Einbauten aus Holz und Stein sorgten nun dafür, daß in den großen, von Natur aus ungeschützten, zugigen Höhlenplätzen ein für den Menschen angenehmes Mikroklima entstehen konnte.

Die Altmenschen hatten übrigens weit mehr Fähigkeiten, als lediglich technisch-organisatorische Abläufe erfolgreich zu gestalten. So kennen wir von ihnen die ersten eindeutigen Bestattungen, und der erste Gebrauch von Farbstoffen sowie mehrmals belegte Verwendung von geritzten Zeichen sind Belege dafür, daß Inhalte nicht mehr nur rein sprachlich, sondern auch abstrakt vermittelt wurden.

Die Kulturgruppen

Die Steinwerkzeuge des Mittelpaläolithikums gehören mehreren Formengruppen an, die als Ergebnis verschiedener Traditionen in den unterschiedlichen Landschaften gewertet werden können. Aufgrund charakteristischer Werkzeugensembles gelingt es den Archäologen für die Zeit vor 100 000 Jahren erstmals, regionale „Kulturgruppen" zu fassen. Verschiedene Menschengruppen haben also spezifische handwerkliche Gewohnheiten für die Steinbearbeitung entwickelt. Es scheint nun so, als ob sich solche einmal festgelegten Formen fast während der gesamten Neandertaler-Kulturen nicht mehr entscheidend verändert hätten. Sie können durch das Vorkommen charakteristischer Artefakte zu einem Technokomplex, also einer Steingeräte-„Kultur" zusammengefaßt werden.

Für Südwestdeutschland lassen sich drei derartige Formengruppen feststellen:
– Das Micoquien, wie es vom Bockstein im Lonetal, aber auch der Heidenschmiede in Heidenheim bekanntgeworden ist und an das Ende der letzten Warmzeit datiert. Typisch sind kleine Faustkeile, Faustkeilblätter und Keilmesser mit einem geraden Rücken.
– Das Moustérien ohne Faustkeile, das vom Ende der vorletzten Eiszeit bis weit in die letzte Eiszeit reicht. Es ist vor allem gekennzeichnet durch Abschlagindustrien sowie Levalloistechnik und damit hergestellten Schabern oder Spitzen. Ein weiteres Moustérieninventar läßt sich anhand dicker, herzförmiger Faustkeile definieren sowie durch rückengestumpfte Messer, Schaber und Kratzer. Es datiert in die letzte Eiszeit und ist vorwiegend aus Südwesteuropa bekannt.
– Am Ende der Kulturen des Neandertalers und damit auch am Ende des Mittelpaläolithikums tau-

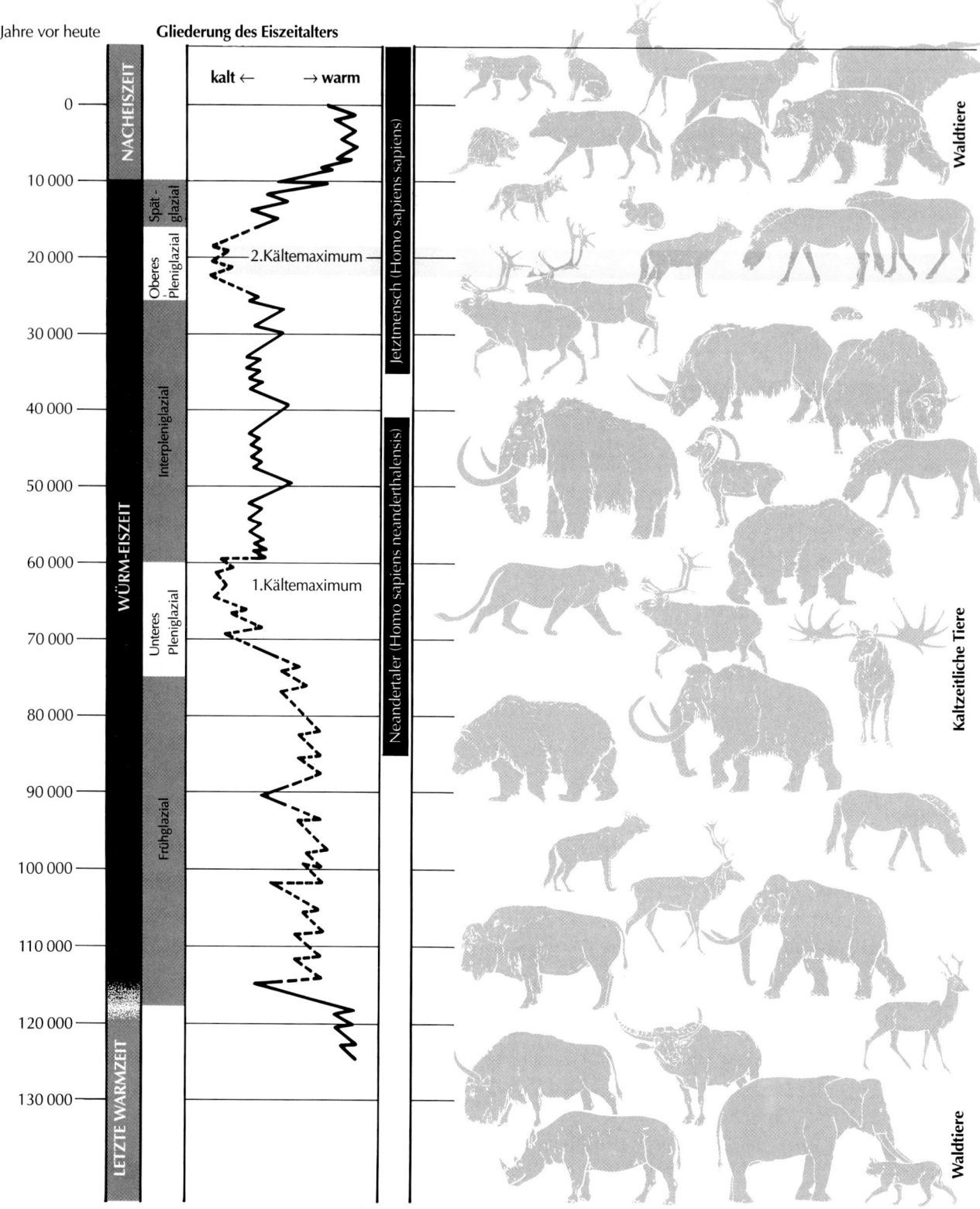

Jahre vor heute

Gliederung des Eiszeitalters

kalt ← → warm

NACHEISZEIT

0

10 000

Spät-glazial

Oberes Pleniglazial

2.Kältemaximum

20 000

30 000

Interpleniglazial

40 000

50 000

60 000

1.Kältemaximum

Unteres Pleniglazial

70 000

80 000

Frühglazial

90 000

WÜRM-EISZEIT

100 000

110 000

120 000

LETZTE WARMZEIT

130 000

Jetztmensch (Homo sapiens sapiens)

Neandertaler (Homo sapiens neanderthalensis)

Waldtiere

Kaltzeitliche Tiere

Waldtiere

Die letzte Eiszeit begann vor annähernd 115 000 Jahren und ist gekennzeichnet durch mehrfache Klimaschwankungen mit weitgreifenden Gletschervorstößen. In Süddeutschland kann man sie vereinfacht in fünf große Abschnitte unterteilen:

– Das Frühglazial der beginnenden Würmeiszeit.

– Es mündet vor ca. 70 000 Jahren in den ersten von zwei Kältegipfeln (unteres Pleniglazial = älteres Vollglazial).

– Dann das sogenannte Interpleniglazial, die Zeit zwischen den beiden Gletscherhöchstständen; eine Phase, die im Blick auf das beginnende Jungpaläolithikum besonders interessant ist. Zwischen den beiden Vereisungsgipfeln liegen 40 000 Jahre, die durch mindestens fünf größere Erwärmungsphasen und damit einhergehenden Feuchtigkeitszunahmen unterbrochen sind, sonst aber über weite Strecken durch ein trockenes und kühles bis kaltes Klima geprägt werden. Die Pegel der vereisten Ozeane und großen Binnenseen lagen damals mehrere Dezimeter unter ihrem heutigen Stand; so waren etwa große Gebiete der heutigen Nordsee Festland. Zusätzlich bedeckte das Eis weite Wasserflächen, wodurch der uns heute geläufige Wasseraustausch mit der Atmosphäre stark reduziert wurde, was die Bildung von Wolken nahezu verhinderte. Der vorherrschende Westwind brachte kaum Niederschläge, dafür feinen, gelben Lößstaub, der sich auf den offenen Flächen meterhoch ablagerte. Durchweg fehlen aufgrund dieser Trockenheit – weniger wegen der Kälte – große, zusammenhängende Strauch- oder Waldflächen. Bäume wuchsen nur an geschützten Stellen in unmittelbarer Wassernähe. Vom Ural bis an die Atlantikküste war die Landschaft von riesigen Flächen mit kräuter- und wildreicher Lößsteppe geprägt. Dank des wolkenlosen Himmels und der daraus resultierenden längeren Sonnenscheindauer waren die Sommertage so warm wie heute. Indes wurde die nächtliche Kälte bei diesem kontinentalen Klima von Wolken kaum gedämpft; die Winter waren deshalb sehr kalt.

– Den vierten Abschnitt der letzten Eiszeit bildet schließlich das obere Pleniglazial. Gut 3000 Jahre lang herrschten in weiten Gebieten Europas, sogar in den eisfreien Zonen, unwirtliche, geradezu lebensfeindliche klimatische Bedingungen. Unser Kontinent war in dieser Zeit durch den skandinavischen Eisschild und die Alpenvergletscherung im Süden gewissermaßen zweigeteilt. Dazwischen hielten sich offensichtlich nur wenige Lebewesen auf.

– Das letzte Kapitel der Würmeiszeit begann mit dem endgültigen Rückzug der Gletscher. Dieser jüngste Abschnitt – das Spätglazial – mit seinen schnellen Wechseln von Kalt- und Warmphasen endete vor 10 000 Jahren in einer Wiedererwärmung. Mit ihr setzte die heute noch andauernde erdgeschichtliche Gegenwart, das Holozän, ein.

Die Blattspitzen aus der Haldensteinhöhle bei Urspring (Alb-Donau-Kreis).

chen in weiten Teilen Europas Steingeräte auf, die sich von den vorausgehenden Hinterlassenschaften des Altmenschen deutlich unterscheiden: Man bezeichnet sie nach der Form des auffallendsten Steingeräts als „Blattspitzen-Inventare"; geographisch ist uns dabei die Altmühlgruppe am nächsten. Zusammen mit den verschieden geformten Blattspitzen kommen hier Schaber und aus Abschlägen hergestellte Spitzen vor. Vor allem in Westfrankreich und auch in Thüringen sind Blattspitzen bereits mit Klingengeräten vergesellschaftet, dem kennzeichnenden Gerät des folgenden Jungpaläolithikums. Es scheint daher wahrscheinlich, daß handwerkliche Traditionen vom Mittel- zum Jungpaläolithikum überkommen sind.

Zeugnisse der Altmenschen aus Württemberg

Die altpaläolithischen, warmzeitlichen Fundstellen in den Travertinen Cannstatts sind hinsichtlich Zeitstellung und Fundreichtum bisher nicht nur für Südwestdeutschland einmalig. Sie gehören weltweit zu

Waiblingen-Beinstein (Rems-Murr-Kreis). Kleiner mittel-paläolithischer Faustkeil.

den am besten beobachteten und wohl auch bedeutendsten Lagerplätzen des Frühmenschen.

Dagegen sind aus der nachfolgenden Rißeiszeit bis heute nur wenige gesicherte Funde aus Württemberg bekannt. Erst mit der darauffolgenden letzten Warmzeit des Pleistozän, zwischen Riß- und Würmeiszeit („Stuttgarter Thermal"), sind neuerlich Spuren von frühen Menschen belegt, darunter, besonders erwähnenswert, die Einschlüsse in den warmzeitlichen Travertinbildungen auf der Markung Untertürkheim. Bereits in den dreißiger Jahren unseres Jahrhunderts kamen hier im Travertinbruch Biedermann Feuerstellen und Mahlzeitenabfälle, Ansammlungen von Geröllen und bearbeitete Steingeräte des Mittelpaläolithikums zum Vorschein.

In diese Zeit vor 140 000 bis 120 000 Jahren datieren wohl auch die ältesten der zahlreichen Freilandfunde im vorderen Remstal: Hier werden seit Jahrzehnten Artefakte aus dem Lößboden aufgesammelt, darunter zahlreiche Faustkeile und Abschlaggeräte.

Ferner ist aus der weiten Neckaraue bei Rottenburg seit kurzem ein kleines mittelpaläolithisches Inventar bekannt.

Auch die Hochfläche der Schwäbischen Alb haben die Neandertaler-Menschen auf ihren Streifzügen anscheinend öfter aufgesucht. So deuten entsprechende Artefakte aus einer ansonsten neolithischen Fundstelle bei Wittlingen oberhalb Bad Urachs auf einen Lagerplatz des Altmenschen im Freiland hin.

Am Ende des letzten Interglazials schließlich setzte vermehrt die heute noch vorhandene Sedimentbildung in den Höhlen der Schwäbischen Alb ein. Die Erhaltungsbedingungen verbesserten sich damit deutlich. Wir verdanken ihnen die Überlieferung mehrerer Lagerplätze des Neandertalers, so im Vogelherd und in der Bockstein-Höhle (beide Lonetal). Doch läßt sich mit dem Wenigen an Fundstellen und Kulturschichtresten aus diesen alten Zeiten noch lange keine schlüssige Antwort auf Art und Dauer der Besiedlung durch Ur- und Altmenschen unseres Raums entwickeln, dafür sind zu wenige Spuren in den Ablagerungen überliefert.

Das liegt aber nicht, wie man meinen sollte, an der mangelnden Intensität archäologischer Forschung, sondern an der geologischen Dynamik der letzten Eiszeit. Damals wurde die Landschaft von großflächigen Überdeckungen und Ausräumungen geprägt. Über alten Lagerplätzen kam es zu meterhohen Lößaufwehungen, noch häufiger aber sorgte die Erosionskraft der sich in die alten Oberflächen einschneidenden Bäche und Flüsse für die vollständige Abtragung von Fundstellen. Die meisten zur Neckarseite der Schwäbischen Alb hin gelegenen Höhlen verloren ihre Sedimente, einige fielen der Abtragung ganz zum Opfer.

So könnte man anhand der Funddichte von den Altmenschen hierzulande glauben, es hätte sie während der Warmzeiten vor allem an die Quellen der

Sauerwasserkalke bei Stuttgart und deren nähere Umgebung gezogen, während in der letzten Kaltzeit Höhlen der südlichen, donauzugewandten Seite der Schwäbischen Alb als Wohnstätten zur Verfügung gestanden hatten. Sicher wurden aber zu allen Zeiten feste Lager im Freiland weitaus häufiger benutzt als die Höhlen. Deshalb ist die Gleichsetzung des Neandertalers mit dem „Höhlenmenschen" sicher nicht richtig. Daß dieser Gedanke dennoch äußerst populär wurde, liegt allein an den geschilderten, ungleichwertigen Erhaltungsbedingungen, die uns heute für große Landstriche eine scheinbare Siedlungsleere suggerieren.

Zwei Fundstellen der Schwäbischen Alb

Ein Regendach: Die Heidenschmiede in Heidenheim

An der südwestlichen Eckbastion des Heidenheimer Schloßfelsens bildet eine Weißjurawand 35 Meter über der Talaue einen kleinen Felsüberhang – ein „Abri". Zusammen mit dem Vorplatz ergibt sich eine Fläche von etwa 30 Quadratmetern. Der wettergeschützte Platz unter dem Abri mißt gerade acht Quadratmeter. Trotz ihrer geringen Ausmaße wurde die

Die Heidenschmiede in Heidenheim. Die Ausgrabung im Sommer 1930.

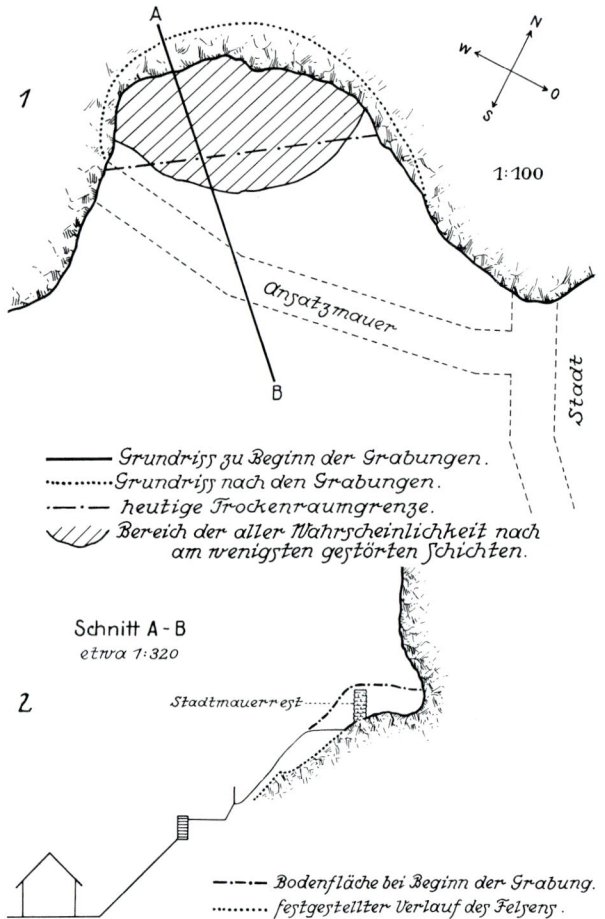

1

1:100

Schnitt A - B
etwa 1:320

2

——— Grundriss zu Beginn der Grabungen.
············· Grundriss nach den Grabungen.
—·—·— heutige Trockenraumgrenze.
〰〰〰 Bereich der aller Wahrscheinlichkeit nach
am wenigsten gestörten Schichten.

—·—·— Bodenfläche bei Beginn der Grabung.
············· festgestellter Verlauf des Felsens.

Heidenschmiede. Grabungsskizzen.

den wenigen Notizen zu Grabungsverlauf und Befund hervorgeht, müssen die Fundschichten bis zu 1,3 Meter mächtig gewesen sein. Allerdings hat man während der Ausgrabung keine Befunddokumentation erstellt. Somit liegen auch keinerlei Informationen über die sicherlich mehrschichtige Stratigraphie vor. Anhand der Artefakte läßt sich heute nur noch feststellen, daß in der Heidenschmiede offensichtlich mehrere mittelpaläolithische Kulturen vertreten waren, von denen sich typologisch einwandfrei allein das Micoquien definieren läßt. Charakteristisch hierfür ist der „Micoque-Keil" mit verdicktem Knauf und betont lang und dünn gearbeiteter Spitzenpartie. Bei diesem Steinwerkzeug wurde die eine Längskante bevorzugt bearbeitet, die gegenüberliegende blieb im unteren Teil rückenartig stumpf. Wie zahlreiche andere Stücke wurde auch dies Artefakt aus einem Brocken Süßwasserquarzit hergestellt, ein recht hartes Gestein, das im sieben Kilometer entfernten Steinheimer Becken ansteht.

Heidenschmiede. Großer Micoque-Faustkeil.

Felsnische immer wieder von Altmenschen aufgesucht. Grund dafür mag die prachtvolle Aussicht ins weite, offene Brenztal gewesen sein, das ein hervorragendes Jagdrevier darstellte.

1930 wurden die Ablagerungen der Heidenschmiede durchgegraben, wobei erstmals Faustkeile in Württemberg nachgewiesen werden konnten, so daß dem Fundplatz große forschungsgeschichtliche Bedeutung zukommt. Etwa 5000 Geräte und Abschläge sowie fünf Kilogramm teilweise verkohlter Tierknochen wurden hier geborgen.

Soweit es sich heute noch beurteilen läßt, gehören die charakteristischen Werkzeuge überwiegend der beginnenden Würmeiszeit an. Wie aus

Heidenschmiede. Faustkeil, Schaber und Spitze.

Schlachtabfälle von Mammut, Fellnashorn, Pferd, Ren, Wolf, Fuchs, Hase und Murmeltier zeigen, welche Tiere der Neandertaler gejagt hat. Das Murmeltier, ein typischer Bewohner der baumarmen Regionen mit kräuterreichen Wiesen, ist nur in der Heidenschmiede und der flußabwärts gelegenen Irpfelhöhle nachgewiesen, aus der ebenfalls einige wenige mittelpaläolithische Artefakte stammen. An Vögeln vertreten sind Saatgans, Silbermöve, Stockente, Kampfläufer, Moorschneehuhn, Dohle und Uhu. Die kälteliebenden Tierarten unter ihnen lassen auf eine Tundrenlandschaft mit subarktischem Wald in geschützten Lagen schließen.

Das Steinbockrevier:
Die Große Grotte über Blaubeuren

In der Großen Grotte unter dem Rusenschloß fanden sich durchschnittlich zweieinhalb Meter hohe Sedimenteinlagen. Sie enthielten elf gut trennbare Kulturschichten, die den Zeitraum vom Ende der letzten Warmzeit bis etwa zur Mitte der letzten Eiszeit abdecken. Bei einer solchen Spanne von annähernd 50 000 Jahren verwundert es kaum, daß die Ausgrabungen bis heute die am besten gegliederte und gesicherte Abfolge des Mittelpaläolithikums in einer Schwäbischen Albhöhle erbrachten. Das Fundmaterial umfaßt 2000 Geräte und Abfallstücke, wobei die einzelnen Schichten eine jeweils recht unterschiedliche Fundmenge lieferten.

Anfangs diente die Große Grotte fast ausschließlich als Unterschlupf für Höhlenbären. Der Eingang muß damals eng und niedrig gewesen sein, das Innere war wohl warm und feucht. Erst als die talwärtige Felswand einstürzte und dadurch ein torartiger Zugang frei wurde, kamen auch Neandertaler häufiger in die Höhle. Nun war der Innenraum aufgrund

Blaubeuren (Alb-Donau-Kreis), Große Grotte. Faustkeile, Schaber und Blattspitze.

Große Grotte. Knochenspitze.

des neu entstandenen, 17 Meter hohen Höhlenlochs allerdings Wind und Wetter stärker ausgesetzt, so daß man den Zugang mit einer Steinmauer verbaute; mit simplen Mitteln wurde so ein regulierbares Eigenklima geschaffen.

Die Gründe für den mehrfach nachgewiesenen Aufenthalt von Neandertalern in der Großen Grotte liegen nahe. Der Ausblick über das umgebende, gut 100 Hektar große Jagdrevier war hervorragend. In unmittelbarer Umgebung scheint auch der Steinbock sein Revier gehabt zu haben – kein alltägliches Wild für diese Gegend, aber aufgefundene Schlachtabfälle in allen elf Schichten zeigen, daß hier seiner Jagd besondere Bedeutung zukam. Von anderen Fundstellen dieser Art und Zeitstellung kennt man den Steinbock bisher nicht.

Große Grotte. Rekonstruktion des Höhlenplatzes und seiner Umgebung zur Zeit der Neandertaler.

Begegnung zweier Welten:
Neandertaler und Jetztmensch

Inmitten der Würmeiszeit, also vor nahezu 40 000 Jahren, setzt mit dem Jungpaläolithikum die jüngste Epoche der Altsteinzeit ein. Zumindest in Europa sind ihre Anfänge eng verknüpft mit dem bisher letzten großen Schritt der menschlichen Artentwicklung, dem ersten Auftreten des Jetztmenschen (Homo sapiens sapiens). Er stellt seit dieser Zeit global die einzig lebende Unterart der Homininen dar.

Rätselhaftes Ende der Neandertaler

Die Genese des Homo sapiens sapiens ist aus anthropologischer Sicht immer noch Gegenstand teilweise kontroverser Forschungsauffassungen. Denn die schrittweise Evolution vom Homo erectus über die Präsapiensformen hin zum Jetztmenschen läßt sich in ihrer Dynamik nur lückenhaft beschrieben.

Erschwerend wirkt sich dabei vor allem die mangelhafte Belegdichte von Menschenfunden aus den letzten 200 000 Jahren aus.

Von den beiden heute vorwiegend vertretenen Theorien besagt vereinfacht die eine, daß alle Jetztmenschen, biogenetisch betrachtet, afrikanischen Ursprungs sind. Europa kommt dabei mit der Entwicklung des Neandertalers eine Sonderstellung zu. Die andere Theorie geht davon aus, daß sich die Artentstehung parallel in all jenen Gebieten der Alten Welt vollzogen haben könnte, die bereits vom Homo erectus besiedelt waren. Sie bezieht ihre Erkenntnisse vorwiegend aus metrisch gewonnenen Merkmalsanalysen des Schädels und anderer Skeletteile. Einig ist man sich weitgehend über den Zeitpunkt, zu dem sich die ersten Anzeichen für die Herausbildung der Jetztmenschen erkennen lassen; er liegt etwa 200 000 Jahre zurück. Doch auf welchem Weg der bereits im Vorderen Orient belegte Jetztmensch das eiszeitliche Europa besiedelte, kann noch nicht bis ins Detail nachvollzogen werden. Hier trifft er auf den Altmenschen des Neandertaltypus', dessen Spuren sich daraufhin binnen weniger Jahrtausende verlieren.

Kultureller Wandel

Es ist seit langem unbestritten, daß in Europa ein ursächlicher Zusammenhang zwischen dem Verschwinden der Neandertaler und dem Auftreten von Menschen der Gattung Homo sapiens sapiens besteht. Viele Fragen zu dem vor 40 000 Jahren einsetzenden, tiefgreifenden kulturellen Wandel, der den Übergang vom Alt- zum Jetztmenschen mit sich bringt, sind aber noch offen. Vor allem aus dem östlichen Mitteleuropa und Westfrankreich liegen Befunde vor, die sich einem rätselhaften, mehrere Jahrtausende dauernden Zeitraum zuordnen lassen. In dieser „Übergangszeit" mischen sich ganz offensichtlich handwerkliche Traditionen des Mittelpaläolithikums mit technischen Neuerungen, wie sie danach die Kulturen der jüngeren Eiszeit prägen. Vor allem handelt es sich dabei um „jungpaläolithische" Inventare von Steingeräten, in denen noch „mittelpaläolithische" Schlagtechniken, etwa die Levallois-Technik, angewendet werden. Auch zählen dazu Fundvergesellschaftungen, in denen Blatt-

Neandertaler und Menschen des Jungpaläolithikums. Mögliche Arten der Begegnung.

spitzen und „jungpaläolithische" Klingen gleichzeitig an einer Stelle vorkommen.

Die Schwierigkeit bei der Interpretation dieses Zeithorizonts liegt vor allem darin, daß es bisher keine eindeutigen Skelettfunde gibt, die mit dem vorgefundenen Artefaktinventar korrespondieren. Somit bleibt die Frage offen, ob dieses Fundmaterial noch dem Alt- oder bereits dem Jetztmenschen zuzuschreiben ist. Die Beobachtung, daß mittelpaläolithische Traditionen der Werkzeugherstellung und Benutzung besonderer, altertümlich wirkender Werkzeugformen noch in einer Zeit lokal fortgeführt werden, die als Frühphase des Jungpaläolithikums bezeichnet werden kann, läßt mehrere Hypothesen zu:

– So könnten die Neandertaler beim Zusammentreffen mit dem Jetztmenschen von ihm gewisse Techniken der Klingenproduktion und die vermehrte Herstellung von Artefakten aus Knochen gelernt und übernommen haben, ohne mit ihrer Auffassung vom Steinschlagen vollkommen zu brechen.

– Ebenso ist denkbar, daß der Jetztmensch Blattspitzentechnik und Herstellung von Levallois-Abschlägen vom Neandertaler übernommen hat.

– Schließlich ist nicht völlig auszuschließen, daß die Einwanderer zumindest die Levallois-Technik bereits vor ihrem Eintreffen in Europa kannten, dies Verfahren also mitbrachten.

Setzen die beiden erstgenannten Modelle voraus, daß beide Menschenarten in dieser „Übergangszeit" regelmäßig Kontakte miteinander hatten, so zielt das dritte mehr auf das generelle Phänomen einer „technisch-kulturellen Explosion" des frühen Homo sapiens sapiens. Sie ist in fast allen Teilen der Alten Welt vor 40 000 bis 30 000 Jahren zu beobachten.

Auch wenn wir bei den ersten beiden Modellvorstellungen bleiben, für die einiges spricht, so gibt es bis heute doch keine eindeutigen Befunde zur Auseinandersetzung zwischen Neandertalern und Jetztmenschen, aus denen man Fakten über das Verschwinden der Ureinwohner gewinnen könnte.

Offenkundig ist allein die Tatsache, daß die Neuankömmlinge in ihrem handwerklichen Vermögen und ihren Befähigungen zur Kommunikation von Beginn an den Neandertalern überlegen waren.

Vorstellbar ist daher ein Verdrängungsprozeß, bei dem die Neandertaler in Gebiete ausweichen mußten, die auf Dauer keine ausreichende Ernährungsgrundlage mehr boten. Unterernährung und erhöhte (Kinder-)Sterblichkeit dezimierten die ohnehin kleinen, weit verstreut lebenden Gruppen, so daß ein Zeitraum von 5000 Jahren zum Aussterben der Neandertaler reichte, auch ohne größere Gewaltanwendung der Neuankömmlinge. Möglich und derzeit wieder heftig diskutiert ist aber auch, daß die Altmenschen biologisch im jetzigen Menschen „aufgingen".

Traditionen in Handwerk und Technik

Seit der ersten Beschreibung wird immer wieder auf eine anatomische und vor allem kulturelle Kluft zwischen Alt- und Jetztmensch verwiesen. Sie erscheint heutzutage aber nicht mehr so tief wie früher angenommen. Auch geht man von teils eng verwandten Verhaltensweisen aus, welche die Kulturen des frühen Jetztmenschen mit denen seines älteren europäischen „Vetters" verbinden.

Beiden Kulturen eigen ist erst einmal die von Jagen und Sammeln geprägte Lebensweise in einer teilweise unwirtlichen und weithin auch kalten Welt. Ein solches Leben setzte vor allem intensive Kenntnisse der Tier- und Pflanzenwelt voraus: Eingebunden in den Wechsel der Jahreszeiten, wußten bereits die Altmenschen schon früh um die ökologischen Voraussetzungen, mit denen im Jahresverlauf auch die wechselnden Standorte des Jagdwilds verbunden waren. Die Vertrautheit mit den Wanderwegen der Tiere und vor allem das Wissen um den spezifischen Bewuchs von Hochflächen, Flußtälern und weiten Ebenen waren gerade in Kaltzeiten die Grundlage für eine aneignende Wirtschaftsweise. Die ausgedehnten Wanderungen innerhalb eines großen, sich über mehrere tausend Quadratkilometer erstreckenden Einzugsgebiets, in dem spezifische, teilweise auch spezialisierte, den Jahreszeiten entsprechende Tätigkeiten beherrscht werden mußten, gelten somit auch als strukturelles Merkmal beider Jäger- und Sammlerkulturen.

Schon früh läßt sich auch ein komplexes Wissen technisch-handwerklicher Art feststellen, dessen gezielte Beherrschung zu immer besseren, den Bedürfnissen immer genauer angepaßten, spezialisierten Geräten führte. Die Eroberung unwirtlicher Regionen der Alten Welt und damit das Entstehen von Kulturen in einer eigentlich lebensfeindlichen, kalten Umwelt stellt sicherlich nicht erst eine Errungenschaft des Jetztmenschen dar. Im Gegenteil. Die Neandertaler Europas können geradezu als derjenige Menschentyp bezeichnet werden, der physisch an die Kaltzeit am besten angepaßt war.

Jungpaläolithikum – Zeit neuer Lebensformen

Entscheidend für die Beurteilung der Kulturen des frühen Jetztmenschen ist die hohe Qualität seiner Naturbeherrschung, die er mit Hilfe einer von Grund auf neuen und sich immens schnell verbessernden Technik erreichte. Stellt sich das Jahrhunderttausend der Neandertaler-Vorherrschaft in Europa als langsamer, von wenigen grundlegenden Neuerungen geprägter Kulturfluß dar, der durch lange während Traditionen gekennzeichnet scheint, so sind, verglichen damit, die nicht einmal 25 000 Jahre des darauffolgenden Jungpaläolithikums eine sich schnell wandelnde, von zahlreichen Innovationen gekennzeichnete Epoche.

Bezeichnend ist vor allem ein dem Jetztmenschen eigenes, deutlich erweitertes Selbstverständnis. Es wurzelt in Kommunikations- und Denkstrukturen, die so zuvor fehlten. Von Beginn an entwickelt der Homo sapiens sapiens in Europa vielfältige, nicht gekannte Strategien des Lebens in extremer Umgebung, die schon recht früh eine nahezu perfekte Anpassung an die jeweiligen klimatischen Bedingungen ermöglichen. Hierdurch ließ sich die Nutzungsgrenze innerhalb der eiszeitlich geprägten Landschaft extrem erweitern, eine Entwicklung, die an den Hinterlassenschaften der Menschen auf vielfältige Weise deutlich wird, etwa an der Art, Steine zu schlagen, Knochen zu bearbeiten oder auch zu kommunizieren, eine Befähigung, die sich nun zu manifestieren beginnt.

Materielle Kultur

Mit den ersten Nachweisen des „modernen" Menschen in Europa ändert sich die Art und Weise des Steineschlagens abrupt. Die Inventare bestehen nun aus schmalen, langgestreckten Klingen, die von vorpräparierten, konischen oder zylindrischen Feuersteinknollen abgeschlagen wurden. Durch weitere Zurichtung entstanden aus diesen Klingen dann verschiedene Formen von Kratzern, Sticheln, Bohrern und Messern. Im Verlauf des Jungpaläolithikums nahm die Größe der Geräte dann immer mehr ab, Schlagtechnik und Ausführung wurden ständig optimiert. Aus einem Silexknollen konnten so weitaus mehr Geräte als zuvor gewonnen werden. Demnach war die Methode der Klingenproduktion von Beginn an darauf angelegt, unter geringem Zeitaufwand möglichst viele Halbzeuge aus dem Ausgangsmaterial herzustellen. Knollen, also geeignete Steine, nahmen die Menschen nun über große Distanz mit, um sie, wann immer es nötig war, woanders weiter zu präparieren und Geräte daraus zu schlagen.

Viele spezialisierte Arbeitsgänge wurden erst durch die Vielfalt dieser Gerätschaften möglich. Materialien, die bis dahin nicht oder nur schwer zu bearbeiten waren, konnten mit dem neuen Handwerkszeug aus Steinklingen geschnitten, gebohrt und geglättet werden. Hierzu zählen vor allem Geweih, Elfenbein und Knochen. Kombiniert mit dem Steingerät entstanden nun völlig neue, auf Schäftung in Holz, Knochen und Geweih beruhende Werkzeugpaletten. Diese kleinen, scharfen Feuersteingeräte haben außerdem erstmals in größerem Umfang die Fertigung von Schmuck ermöglicht. Ein solcher Kleiderbesatz spiegelt zumindest die Freude, sich zu schmücken wider, sicher zeigt er aber auch den Rang eines Menschen innerhalb seiner Gemeinschaft. Neben Knochen- und Elfenbein-

a

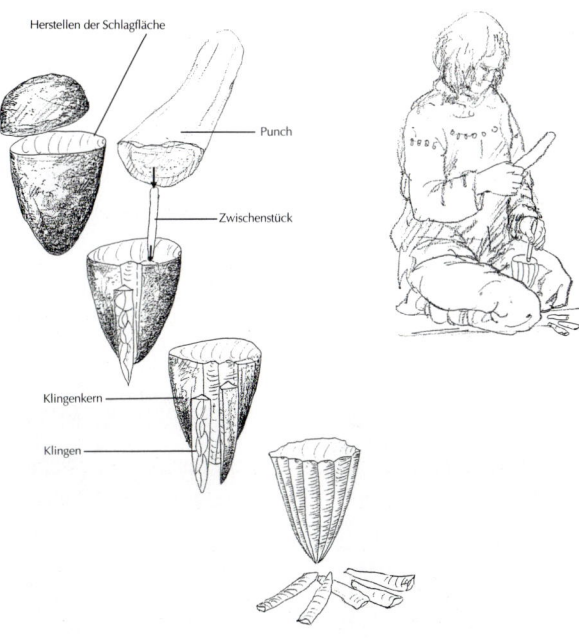

Herstellen der Schlagfläche

Punch

Zwischenstück

Klingenkern

Klingen

Klingengeräte

Kratzer   Stichel   Bohrer

b

Stichel

Kratzer

Rückenmesser

Bohrer   c

Steintechnik im Jungpaläolithikum.
a) Kern und Klingen, 1989 hergestellt. Die Klingen wurden nach dem Schlagvorgang wieder zusammengesetzt.
b) In zielgerichteten Arbeitsschritten stellte man während des Jungpaläolithikums zylindrische oder konische Kernsteine her, von denen sich langgestreckte Klingen abschlagen ließen, aus denen über weitere Arbeitsgänge spezialisierte Werkzeuge entstanden. Doch erst das Schäften in einer Handhabe machte viele dieser Feuersteingeräte funktionsfähig.
c) Engen-Bittelbrunn (Kreis Konstanz), Petersfels. Klingengeräte der Späteiszeit (Magdalénien).

schnitzereien setzt sich dieser Kleiderbesatz vorwiegend aus Tierzähnen, fossilem Holz (Gagat), Muscheln, Schnecken und Ammoniten zusammen. Die zu Schmuck verarbeiteten Versteinerungen stammen meistens aus Fossillagerstätten der Schwäbischen Alb. Doch hat man sie auch über große Entfernungen transportiert oder durch Tausch erworben. So wurden in Südwestdeutschland Schnecken und Muscheln vom Mittelmeer und Atlantik gefunden. Diese Fundstücke belegen die Entfernungen, die Jäger und Sammler der jüngeren Altsteinzeit überbrückten. Ebenso erhält man eine Vorstellung von den weitreichenden Kontakten zu anderen Bevölkerungsgruppen, mit denen die Menschen des Jungpaläolithikums in Verbindung standen.

Auch die innere Organisation der Siedlungsstellen scheint mit dem Beginn des Jungpaläolithikums komplexer, vielschichtiger zu werden. Das Vorkommen deutlich unterscheidbarer Aktivitäts-Zonen in nahezu allen Fundstellen spricht für eine soziale Differenzierung innerhalb der Gruppe, die am treffendsten mit „latenter Arbeitsteilung" zu charakterisieren ist.

Kunst der Eiszeit in Südwestdeutschland

Vor 35 000 bis 29 000 Jahren (Aurignacien)
Aus drei Höhlen der östlichen und mittleren Schwäbischen Alb stammen die wohl ältesten eindeutigen Kunstwerke.

Vor 26 000 bis 22 000 Jahren (Gravettien)
Nun überwiegen vor allem aus Stein und Elfenbein geschnitzte Frauendarstellungen. Auch werden erstmals Tiere aus Ton geknetet und gebrannt.

Vor 15 000 bis 12 000 Jahren (Magdalénien)
Analogien zu den bekannten Höhlenmalereien aus Frankreich und Spanien gibt es auf der Schwäbischen Alb nicht. Der vorliegende Bestand setzt sich aus Schnitzereien und Gravierungen zusammen. Neben stilisierten Frauen wurden hauptsächlich Tiere naturgetreu auf Knochenstücke und Steinplatten geritzt. Auch mit abstrakten Mustern bemalte Steine und Knochen sind bekannt.

Kunst und Kommunikation

Weit über das rein Handwerkliche hinaus gehen nun erstmals sicher belegte künstlerische Tätigkeiten. Als eine der beeindruckendsten Neuerungen, die den Jetztmenschen schon früh auszeichnen, kommt der „Eiszeitkunst" ein wohl entscheidender Stellenwert in der Beurteilung dieser subrezenten

Stetten ob Lontal (Kreis Heidenheim), Vogelherd. Löwenkopf. Aurignacien.

a

*Die Kunstwerke aus dem Geißenklösterle
(a) „Adorant".*

b

c

Jäger- und Sammlerkulturen zu. Ihre Motive werden bestimmt durch die Wiedergabe von Tieren. Doch gibt es ebenso, wenngleich weniger zahlreich belegt, unterschiedlichste Darstellungen vom Menschen selbst. Als Bindeglied zwischen Tier und Mensch in Form eines Mischwesens wie die kleine Halbplastik aus dem Geißenklösterle oder als Manifestation weiblicher Fruchtbarkeit, wie es die zahl-

Brillenhöhle. Bruchstücke einer weiblichen Figur. Gravettien.

Heubach (Ostalbkreis), Kleine Scheuer unter dem Rosenstein. Aus Gagat geschnitzte Larve einer Rentier-Dasselfliege. Magdalénien.

d

(b) Bison (c) Bär (d) Mammut.
Aurignacien.

Engen-Bittelbrunn, Petersfels. Knochenlamelle mit stark stilisierten Frauendarstellungen. Magdalénien.

55

reichen „Venusfigürchen" suggerieren. Eine andere, einfache Zeichen und komplexe, ungegenständliche Motive umfassende Gruppe weist auf die Vermittlung abstrakter und symbolischer Werte. Als Beispiel seien hier die Ornamentierungen auf den Figürchen des Geißenklösterle genannt.

Diese frühesten künstlerischen Äußerungen stellen erstmals ein uns selbstverständlich gewordenes Kommunikationsmittel dar, vielschichtige Zusammenhänge abseits der sprachlichen Ebene auf einem anderen Abstraktionsniveau zu erzeugen und zu begreifen. Zum ersten Mal scheint nun der Mensch die Möglichkeit wahrgenommen zu haben, seine Stellung in der Welt zu reflektieren und darzustellen. Gestalterisch beginnt er, die ihn zentral beschäftigenden Themen umzusetzen; so verschafft er ihnen zusätzliche Bedeutung. Gleichzeitig erhält er die Möglichkeit, seine Vorstellungen um eine ihm eigene Bilder- und Geschichtenwelt festzuhalten und zu erweitern.

Wenn sich nun im Lauf der Eiszeit die Techniken, teils aber auch Auswahl und Bedeutung der Motive ändern, gehören geschnitzte Figuren, Malereien und Reliefs doch während des gesamten Jungpaläolithikums zum festen Bestandteil der materiellen Kultur. Erst mit dem Ende der Eiszeit verschwinden zumindest in Mitteleuropa die narrativen Elemente zusehends: Die ältere Vorgeschichte Mitteleuropas ist über weite Strecken nahezu bilderlos.

Abfolge jungpaläolithischer Kulturen in Südwestdeutschland

Das Jungpaläolithikum beginnt in einer gemäßigten Phase der letzten Eiszeit, dem Interpleniglazial, das um 40 000 angesetzt wird. In Südwestdeutschland gibt es aus dieser Zeit keine gesicherten, eindeutigen Befunde, doch deuten einzelne Funde auf die schon andernorts festgestellte Verbindung zwischen dem späten Mittelpaläolithikum und dem Aurignacien hin. Hierzu zählen vor allem die beiden Blattspitzen aus der Haldensteinhöhle bei Ursprung.

Die Abfolge der jungpaläolithischen Kulturen Südwestdeutschlands zwischen 35 000 und 10 000 Jahren vor unserer Zeit gliedert sich in drei gut belegte Abschnitte. Ihre Benennung richtet sich dabei nach französischen Vorbildern.

Älteres Jungpaläolithikum

Die frühesten Fundstellen auf der Schwäbischen Alb sind 35 000 Jahre alt und gehören damit ins Aurignacien. Anfangs ist es zu dieser Zeit kalt-trocken, ohne daß die Landschaft bereits extrem kaltzeitlich geprägt wäre, doch kommt es vor 30 000 Jahren zu einer abrupten Erwärmung („Arcy-Interstadial"), die etwa 2000 Jahre dauerte. Das Aurignacien läßt sich nahezu über Gesamteuropa, vom Ural bis zum Atlantik feststellen. Für die Steinartefakte kennzeichnend ist erstmals die reine Klingentechnik. Von nun an bestimmt sie alle folgenden Kulturen der jüngeren Eiszeit. Gleiches gilt für die jetzt einsetzende Vielfalt und Stetigkeit von Schmuck aus Knochen, Geweih und Elfenbein. Besonders bedeutend sind die Anfänge der figürlichen Kleinkunst. Ihre ersten Belege stammen bisher aus drei Höhlen der Schwäbischen Alb. In einer von ihnen, dem Geißenklösterle bei Blaubeuren, sind darüber hinaus spärliche Farbreste auf Steinen bekannt – möglicherweise die ersten Anfänge von Malerei.

Das anschließende Gravettien, dessen Gesamtdauer zwischen 30 000 und 22 000 Jahren vor heute liegt, beginnt mit einer mehr feuchten und gemäßigten Klimaphase, während der auf den weiten Lößflächen vermutlich durch vermehrten Niederschlag Bodenbildung und Pflanzenbewuchs einsetzten. Anschließend sanken die Temperaturen und die Abkühlung führte schließlich zu hochglazialen Verhältnissen. In Südwestdeutschland besteht wahrscheinlich zwischen Aurignacien und Gravettien eine Lücke, deren Dauer auf annähernd 5000

Jahre geschätzt wird. Die frühesten Daten aus Kulturschichten dieser Zeit sind zumindest nicht älter als 25 000 Jahre. Auf der Schwäbischen Alb lassen sich für das Gravettien zum ersten Mal Hüttengrundrisse belegen. In der Brillenhöhle bei Blaubeuren fanden sich an zwei verschiedenen Stellen solche aus Trockenmauerwerk errichtete, stellenweise noch fast einen Meter hohe Einbauten. Darin und darum herum waren Anreicherungen von Knochen und Artefakten zu beobachten, die zugehörige Siedlungsschicht wies Ascheverfärbungen auf.

Hochglazial

Von 22 000 bis 18 000 vor heute läßt sich in Südwestdeutschland keinerlei Besiedlung nachweisen, wenngleich das Donautal wohl auch während dieser Zeit eine eisfreie, zumindest theoretisch begehbare Verbindung von Ost nach West war. Es ist dies die Zeit des eigentlichen Hochglazials mit Permafrostboden und stark reduzierter Vegetation; weder Mensch noch Tier hatten damals ausreichende Lebensbedingungen.

Neu und zugleich kennzeichnend für das Jungpaläolithikum ist der häufige Gebrauch von Knochen, Geweih und Elfenbein – gut schnitzbare, aber dennoch harte Materialien. Aus ihnen stellte man Pfrieme, Glätter, Lochstäbe, Geschoßspitzen, Nadeln oder auch Perlen her. Vor allem Geräte und Waffen, darunter Speerspitzen, Harpunen, Speerschleudern und Lochstäbe (Pfeilschaftstrecker) wurden häufig aus Rentiergeweih gefertigt. Charakteristisch für das Herstellungsverfahren ist, daß lange Späne zur Weiterverarbeitung aus dem Geweih gelöst wurden. Aus dem Elfenbein des Mammuts entstanden geschnitzte Stäbe als Zwischenschäfte, Speerspitzen, Anhäger und Kunstobjekte. Die Materialien wurden gespalten wie Holz, dann in handliche Späne zerlegt und schließlich geschnitzt. Aus Tiersehnen ließen sich durch Kauen, Einfetten, Drehen oder Flechten feste, elastische Schnüre herstellen, aus Tierhäuten Riemen, Zeltplanen, Säcke oder auch Kleidung. Die Häute wurden wegen der Haltbarkeit teilweise mit Rötel eingerieben. Zur Fellbearbeitung gab es natürliche Gerbsäuren und Mineralien.

(a) Knochennadel (b) Harpunen aus Rehgeweih
(c) Geschnitzte Stäbe aus Knochenlamellen
(d) Harpune aus Mammut-Elfenbein. Alle Brillenhöhle.

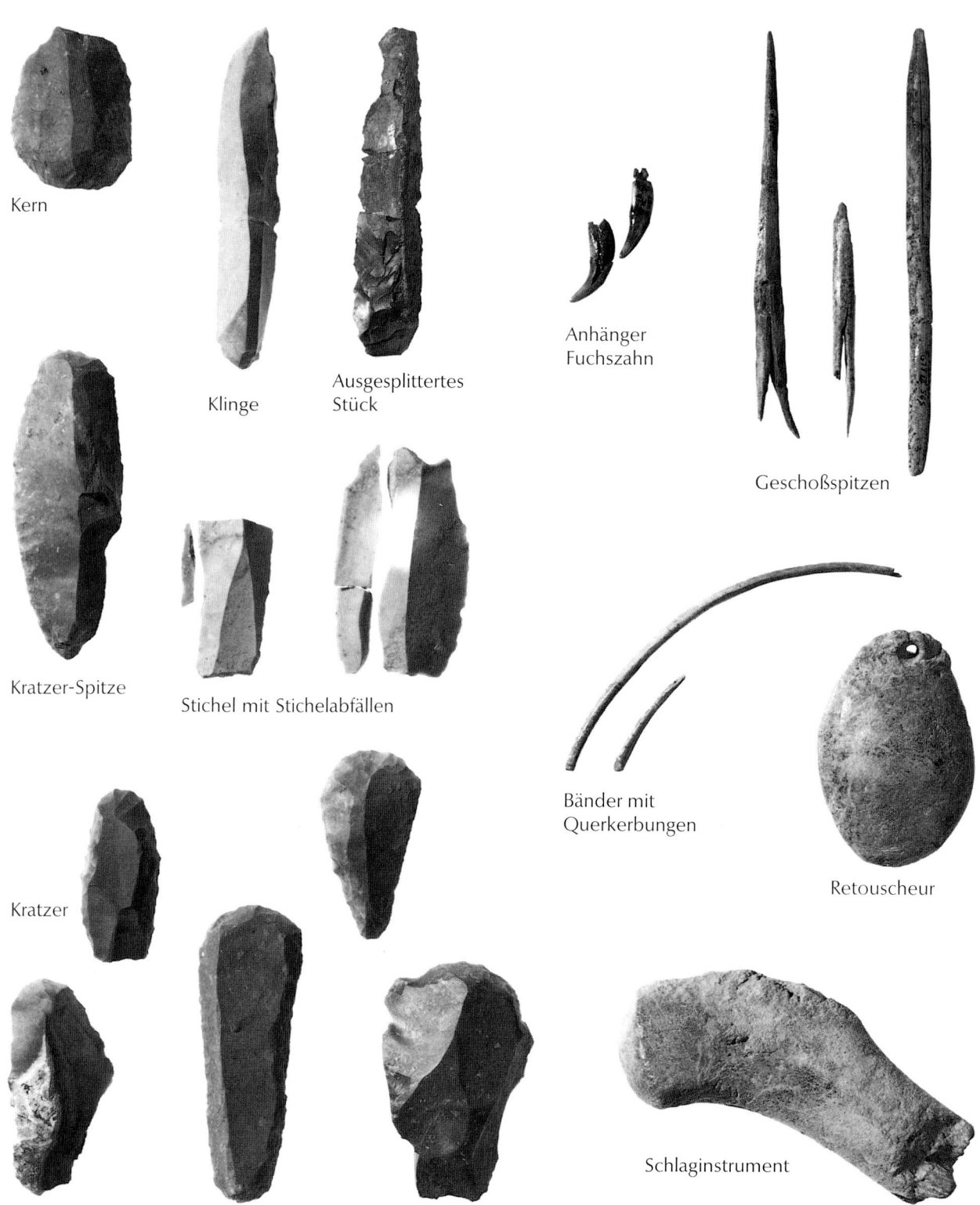

Kern

Klinge

Ausgesplittertes
Stück

Anhänger
Fuchszahn

Geschoßspitzen

Kratzer-Spitze

Stichel mit Stichelabfällen

Bänder mit
Querkerbungen

Retouscheur

Kratzer

Schlaginstrument

Geißenklösterle. Ausgewählte Funde aus den Aurignacien-Horizonten.

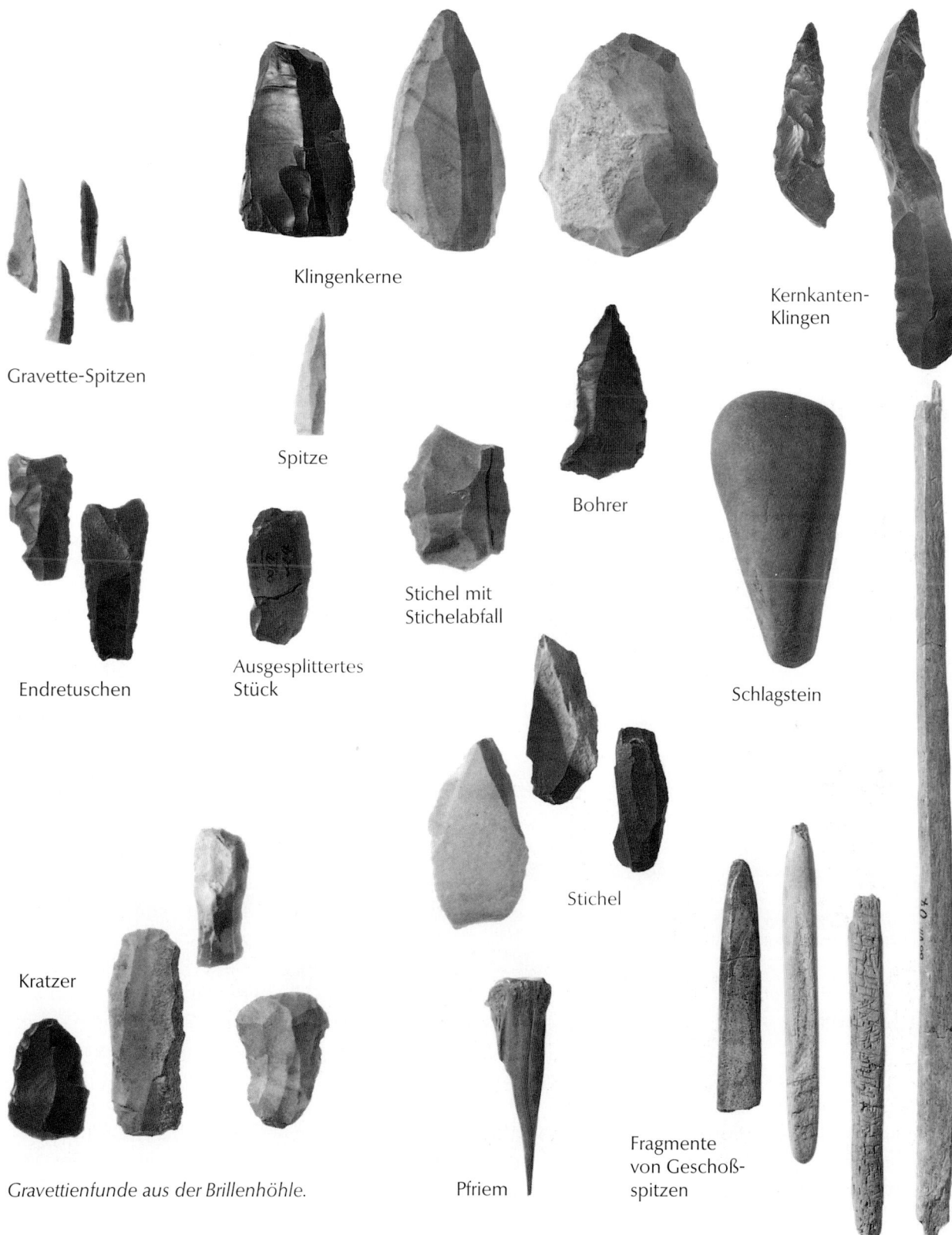

Gravette-Spitzen

Klingenkerne

Kernkanten-
Klingen

Spitze

Bohrer

Endretuschen

Ausgesplittertes
Stück

Stichel mit
Stichelabfall

Schlagstein

Kratzer

Stichel

Pfriem

Fragmente
von Geschoß-
spitzen

Gravettienfunde aus der Brillenhöhle.

59

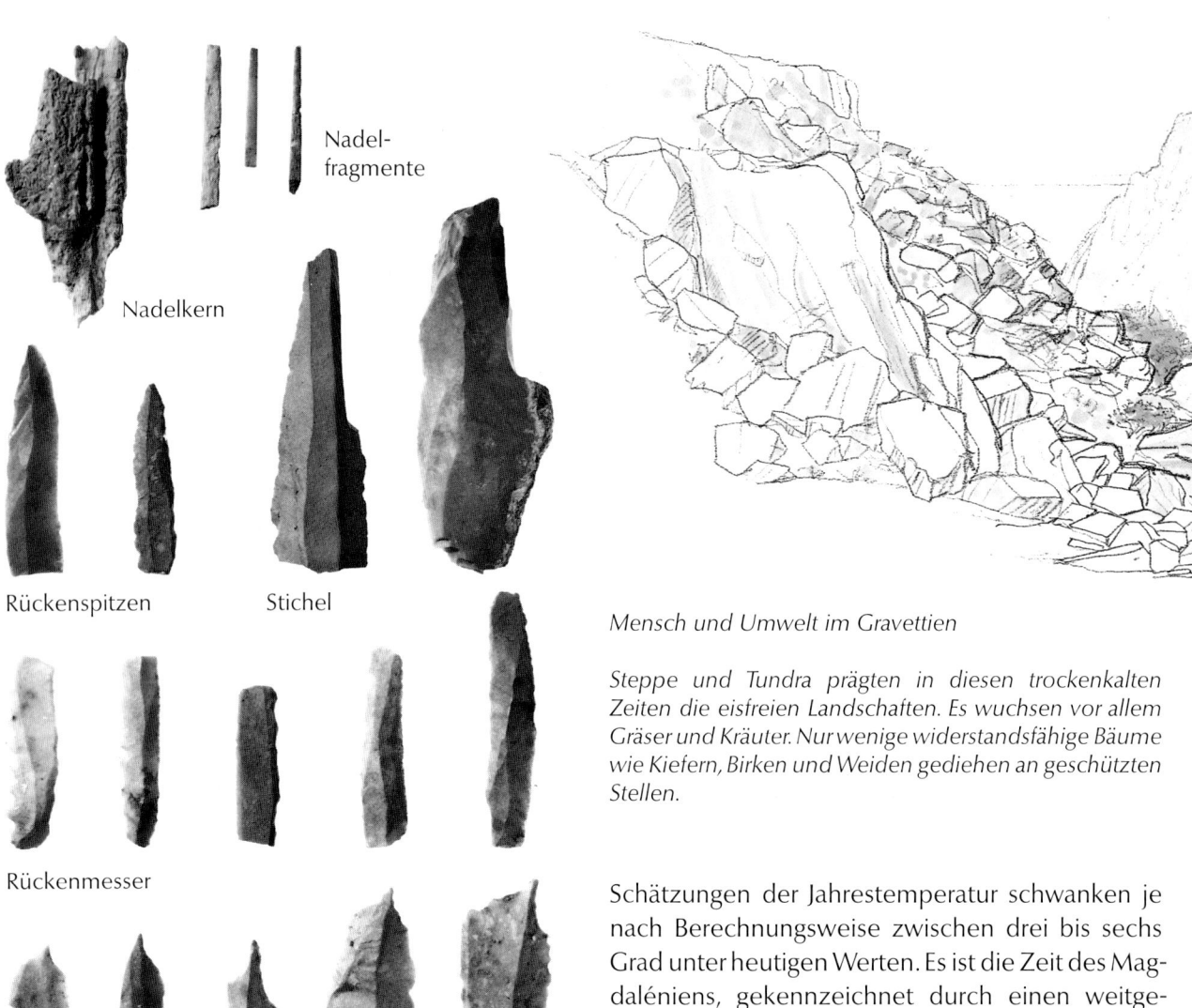

Nadel-
fragmente

Nadelkern

Rückenspitzen   Stichel

Rückenmesser

Bohrer

Magdalénienfunde aus dem Felsställe.

Mensch und Umwelt im Gravettien

Steppe und Tundra prägten in diesen trockenkalten Zeiten die eisfreien Landschaften. Es wuchsen vor allem Gräser und Kräuter. Nur wenige widerstandsfähige Bäume wie Kiefern, Birken und Weiden gediehen an geschützten Stellen.

Schätzungen der Jahrestemperatur schwanken je nach Berechnungsweise zwischen drei bis sechs Grad unter heutigen Werten. Es ist die Zeit des Magdaléniens, gekennzeichnet durch einen weitgehend normierten Bestand von Feuerstein, Knochen und Geweihwerkzeugen.

Vom Bewuchs her läßt sich Südwestdeutschland in dieser Zeit mit der heutigen Tundra in Sibirien vergleichen. Ein geschlossener Pflanzenteppich aus Gräsern und Kräutern bedeckte den Boden, an Sträuchern und Bäumen sind Sanddorn und Wacholder, vereinzelt Kiefern, Birken und Weiden nachweisbar – ein Gebiet, ideal vor allem für große Rentierherden. Mammut und Wollnashorn ertrugen dagegen die Belastungen der schnellen Klimaveränderungen nicht und starben aus. Inwieweit auch hieran der Mensch durch sein Jagdverhalten beteiligt war, ist vorläufig ungeklärt.

Magdalénien

Erst um 16 000 vor heute waren die hochglazialen Verhältnisse endgültig vorüber und es stellten sich während der nächsten 5000 Jahre Umweltbedingungen ein, die durch den Gletscherrückzug und steigende Temperaturen gekennzeichnet sind. Die

Die Tierwelt entsprach dem kaltzeitlichen Klima. Durch die offenen Landschaften streiften Herden großer Pflanzenfresser – Mammut, Wollnashorn, Wildpferd, Wildrind und Rentier. Sie wanderten im jahreszeitlichen Wechsel durch verschiedene Gebiete. Eine Fallstudie über die eiszeitliche Vegetation der Schwäbischen Alb kommt zu dem Schluß, daß das Nahrungsangebot gleichzeitig für etwa 8000 Rentiere, 2000 Wildpferde und 2000 andere Tiere wie Mammut, Steinbock, Gemse, Wildrind und Nashorn gereicht haben könnte. Zahlenmäßig weitaus geringer vertreten waren Raubtiere wie Höhlenlöwe, Höhlenbär, Höhlenhyäne, Wolf, Eisfuchs und Vielfraß.

Höhlen und Abris – drei Fundstellen auf der Schwäbischen Alb

Bis heute gibt es nur vereinzelte, durch große zeitliche Lücken getrennte Belege für die Anwesenheit früher eiszeitlicher Jäger und Sammler in Südwestdeutschland. Sicherlich war unser Raum in der jüngeren Eiszeit kein bevorzugtes Aufenthaltsgebiet jungpaläolithischer Jäger und Sammler. Erst in der Zeit nach dem Gletscherhöchststand – dem Magdalénien – nehmen die Fundstellen in geringem Maß

Die „Biomasse" bot nur kleinen, in ihrer Lebensweise stark angepaßten Gruppen von Jägern und Sammlern gute Überlebenschancen. Für die Schwäbische Alb läßt sich eine Bevölkerung von lediglich 500 bis 1000 Menschen annehmen. Ihre Jagdstrategien richteten sich immer mehr auf die Verfolgung der im jahreszeitlichen Wechsel wandernden Herden.

zu. Dennoch läßt sich aufgrund der seit Jahrzehnten intensiv betriebenen Ausgrabungs- und Auswertungstätigkeit ein schlüssiges und in vielen Aspekten auch detailliertes Bild von den Kulturen der jüngeren Eiszeit entwickeln.

Erhaltungsbedingt stellen die Fundstellen in den Höhlen am Südrand der Schwäbischen Alb einen Schwerpunkt der Forschung dar. Die durch Ausgrabungen erfaßten Plätze scheinen danach überwiegend im Frühjahr und Herbst, also zu Beginn und am Ende der günstigen, vegetationsreichen Jahreszeit, von kleinen Menschengruppen aufgesucht worden zu sein. Für dauernd genutzte Winterlager gibt es außer dem Befund im Felsställe weder in Höhlen noch im Freiland weitere eindeutige Nachweise. Demnach zogen sich die Menschen während der kalten Jahreszeit wohl eher in andere, klimatisch günstigere Gebiete zurück. So weiß man von Fundstellen –

sie sind allerdings selten und schwer einzuordnen – in der Rheinebene, auf den Lößflächen des Mittleren Neckarraums und auf der Filderebene, die man eben mit diesen saisonal wechselnden Standorten erklären könnte.

Geißenklösterle

Die Höhle liegt 60 Meter über der Ach mitten in einem Steilhang. Von U-förmig vorspringenden Felswänden eingerahmt, öffnet sie sich nach Westen zum Tal hin. 1957 bereits hat man mit den Ausgrabungen begonnen. Sie sind bis heute noch nicht abgeschlossen. Bisher kam eine außergewöhnlich dichte Abfolge steinzeitlicher Kulturschichten zutage. Die vorliegende Stratigraphie beginnt in der Zeit des Neandertalers und reicht über die gesamte jüngere Altsteinzeit bis hinauf in die frühe Mittelsteinzeit.

Die Schichten des Aurignacien liegen unter einem großflächigen Steinversturz der abgesprengten Höhlendecke. Zwar sind sie auf fünf Horizonte verteilt, doch spiegeln diese Schichten keine tatsächlichen Besiedlungsphasen wider. Sie lassen sich vielmehr durch Befunde, zusammengepaßte Bruchstücke und abgeschlagene Teile von Werkzeugen in zwei Hauptbelegungsphasen zusammenfassen, die mit „Horizont III" (älter) und „Horizont II" (jünger) bezeichnet werden.

Die wenigen Tierknochen wie auch die spärlichen Funde sonst deuten an, daß es in dieser Zeit wohl nur selten zu kurzzeitigen Begehungen gekommen ist. Das Geißenklösterle dürfte demnach nur in Ausnahmefällen aufgesucht worden sein, etwa, wenn bei schlechter Witterung die – vermutlich – im Talgrund liegende Siedlung zeitweilig verlassen werden mußte. Die botanischen, zoologischen und geologischen Untersuchungen lassen auf leichte Schwankungen eines allgemein kalten Klimas schließen, in dem, wie Blütenstaubreste belegen, eine an Bäumen arme, gras- und kräuterreiche Steppenvegetation gedieh.

Horizont III

Die Strukturen in Horizont III sprechen für eine einmalige, allerdings intensive Begehung. Nachweisen ließen sich eine Feuerstelle, ein T-förmiger Bereich mit vielen Artefakten, Asche- und Rötelflecken sowie eine Knochenansammlung. An der Feuerstelle wurde wohl ein Wärm- oder Arbeitsfeuer unterhalten; angebrannte Knochen und Knochenkohle deuten auf Knochenfettgewinnung und Fleischkonservierung hin.

Aus den vorgefundenen Artefakten läßt sich schließen, daß die Menschengruppe damals eine große Zahl Hornsteinknollen in die Höhle mitbrachte, wo sie für Werkzeuge zerlegt wurden, die man in der Höhle brauchte. Unter anderem hat man Speerspitzen aus Elfenbein geschnitzt und Knochenspitzen ersetzt. Auch entstand ein größerer Vorrat von Messerklingen, die aus der Höhle dann wieder mitgenommen wurden. Dies zeigt, daß man für die Herbst- beziehungsweise Winterjagd vorsorglich eine Reihe von Werkzeugen wie Messer und Speerspitzen auf Vorrat herrichtete. Die Nutzung der Höhle wird im späten Herbst erfolgt sein. Es läßt sich auch nicht völlig ausschließen, daß dort für kurze Zeit sogar ein Winterlager bestand.

Horizont II

Wenn die Höhle im Herbst zum ersten Mal genutzt wurde, dann spricht einiges dafür, ihre neuerliche, aurignacien-zeitliche Begehung für das Frühjahr anzunehmen. Der Mindestaufenthalt dabei kann anhand der nachweisbaren Tätigkeiten auf fünf Tage geschätzt werden. So wurden während der Besiedlung des Horizonts II b große Mengen an Knochen verheizt und über dem gesamten Höhlenboden lagen verkohlte Knochen verstreut. Solch stark geschürte Feuer wurden bei Kälteeinbrüchen im Frühjahr notwendig, die ohnedies zum Aufsuchen einer Höhle zwangen. Auch brauchte man solche Feuer zum Räuchern und, wie hier belegt, zur Weiterverarbeitung von Tierhäuten. Vor allem in der Höhle ge-

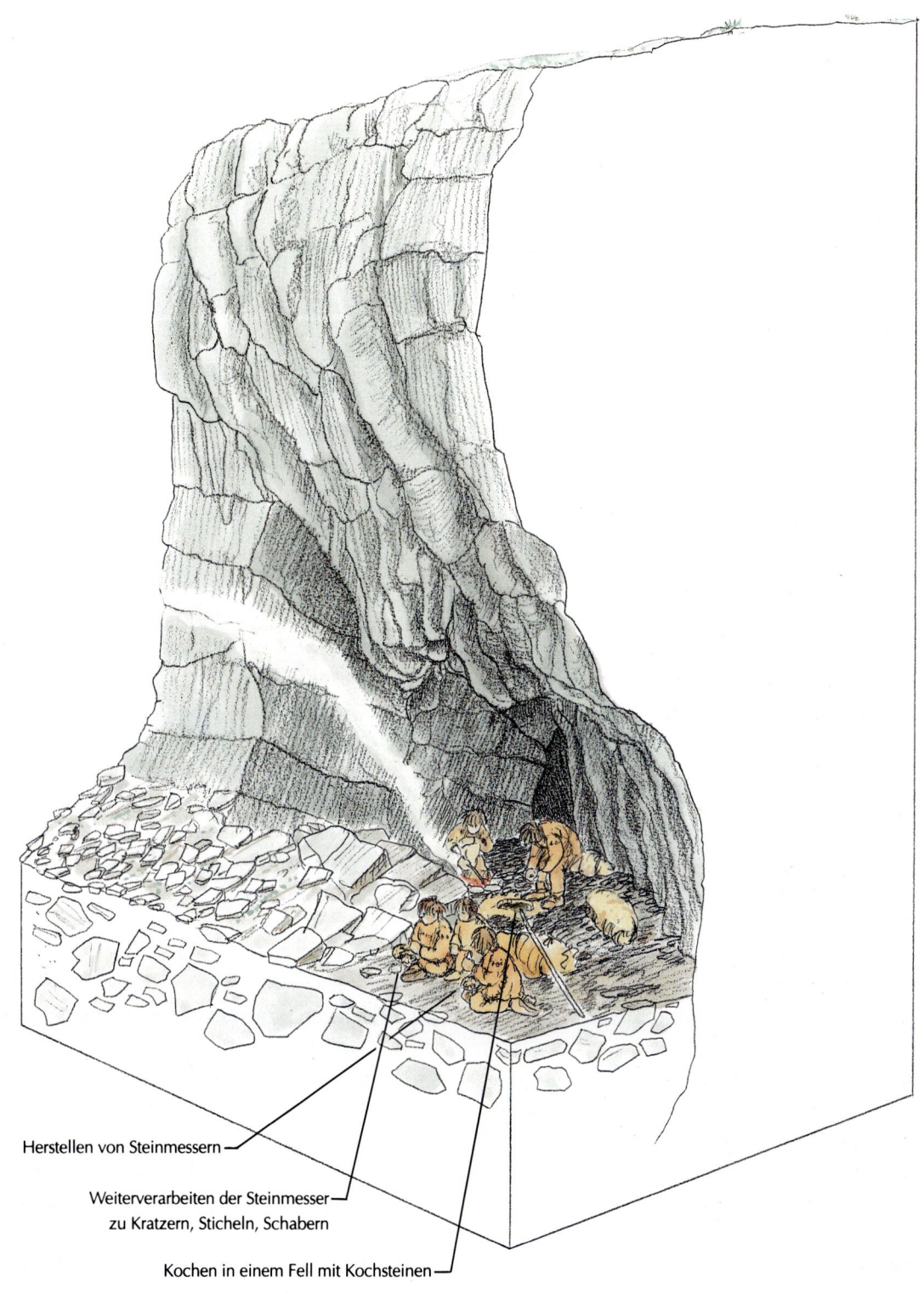

Herstellen von Steinmessern —

Weiterverarbeiten der Steinmesser —
zu Kratzern, Sticheln, Schabern —

Kochen in einem Fell mit Kochsteinen —

Das Geißenklösterle vor 35 000 Jahren.

fundene Pfrieme und ebenso Schmuck vom Kleiderbesatz sowie Gebrauchsspuren an Steinwerkzeugen weisen auf Fellbearbeitungen hin. Auch stellte man neue Elfenbeinanhänger her – alles Anzeichen für das Herrichten neuer Bekleidungsstücke als Ersatz für die Winterkleidung. Dazu paßt auch der Fund von drei aus Elfenbein geschnitzten Tierfiguren und eines Flachreliefs, die zum winterlichen Kleiderbesatz gehört haben könnten. Da sie zusammen mit anderen, später zerbrochenen Werkzeugen aus Geweih oder Elfenbein auftauchten ist es denkbar, daß hier ein Vorratsversteck angelegt, aber nicht mehr aufgesucht wurde. Nach dem Zustand der Artefakte gewinnt man den Eindruck, daß viele Werkzeuge schon fertig in die Höhle gebracht worden sind, um hier nachgeschärft und schließlich weggeworfen zu werden, nachdem sie verschlissen waren.

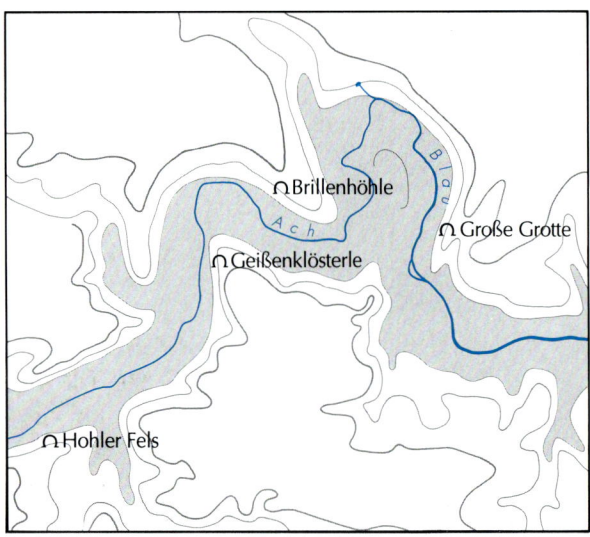

Das Achtal bei Blaubeuren. Brillenhöhle, Hohler Fels und Geißenklösterle wurden im Gravettien offenbar gleichzeitig besiedelt, was ein Vergleich der Feuersteingeräte aus beiden Höhlen beweist, denn einige darunter ließen sich aneinanderpassen, waren also vom selben Ausgangsstück abgeschlagen worden.

Es ist wahrscheinlich, daß man im Aurignacien allgemein die Steinkerne mit sich führte und nur bei Bedarf Stücke davon abschlug, die noch brauchbaren Restkerne aber wieder mitnahm. Die Rohstoffe für das Arbeitsgerät lassen den Schluß zu, daß das Einzugsgebiet dieser Menschengruppe nahezu 3000 Quadratkilometer groß war.

Brillenhöhle

Sie liegt rechts der Ach, etwa einen Kilometer südwestlich von Blaubeuren. Das Höhlentor öffnet sich nach Süden mit einem weiten Blick achaufwärts. Ähnlich wie das auf der anderen Talseite gelegene Geißenklösterle liegt die Höhle mit 95 Metern recht hoch über dem heutigen Talgrund. Bei einer Grundfläche von zirka 250 Quadratmetern und einer lichten Höhe von drei bis sechs Metern ist die Brillenhöhle recht geräumig.

Seit 1911 weiß man, daß es dort archäologisches Fundmaterial gibt. Planmäßig wurde die Höhle in den Jahren von 1956 bis 1963 ausgegraben. Die Stratigraphie umfaßt das gesamte Jungpaläolithikum, wobei nach heutigem Wissensstand der Horizont XIV in das Aurignacien zu datieren ist, die Horizonte VII bis V während des Gravettien besiedelt waren und Horizont IV eine nicht weiter trennbare Fundeinheit des Magdalénien darstellt. Besonders die Schichten des Gravettien enthielten reichhaltige Funde.

Feuerstellen und Reste einer Steinsetzung weisen auf die intensive Nutzung der Höhle hin. Die altsteinzeitlichen Bewohner stellten hier Werkzeuge und Elfenbeinanhänger her. Für das Gravettien gelangen Zusammensetzungen von Werkzeugen sowohl aus dem Hohler Fels als auch aus dem benachbarten Geißenklösterle. Hieraus kann man schließen, daß offensichtlich die Gravettien-Horizonte im Achtal Zeugnis einer einzigen Begehung sind.

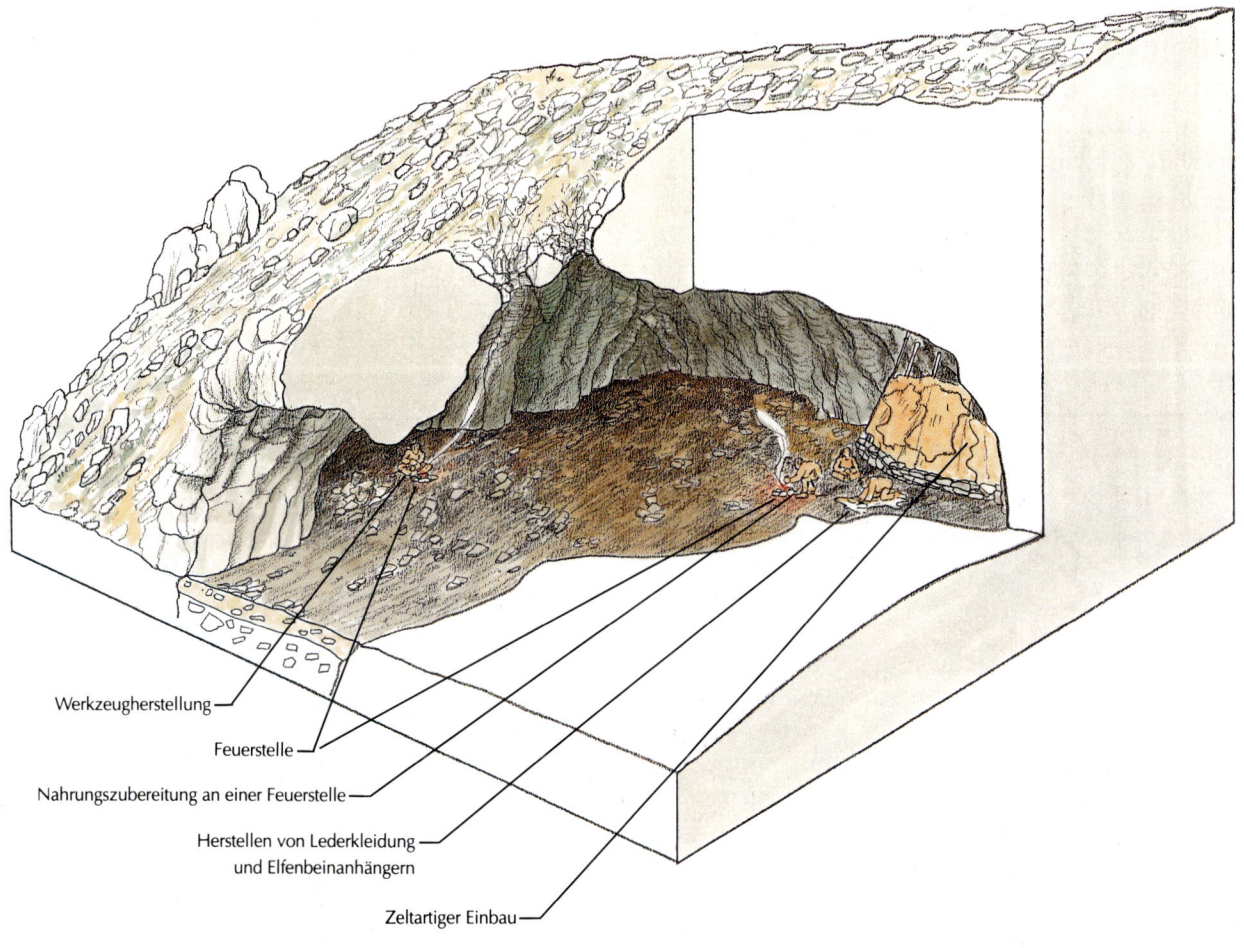

Werkzeugherstellung

Feuerstelle

Nahrungszubereitung an einer Feuerstelle

Herstellen von Lederkleidung
und Elfenbeinanhängern

Zeltartiger Einbau

Die Brillenhöhle vor 24 000 Jahren.

Felsställe

Das Felsställe befindet sich nordöstlich von Ober-
marchtal an einer alten Donauschlinge, dort, wo das
Mühlener Tal einmündet. Das nach Südwesten hin
orientierte Felsschutzdach war einst 40 Meter hoch.
Durch Verwitterung ist heute der mittlere Teil eingebrochen, die östliche Wand des Überhangs ging
durch Sprengungen verloren. Bei Ausgrabungsbe-
ginn waren die fundführenden Schichten strecken-
weise bereits durchwühlt und abplaniert.

Wie aus der Stratigraphie hervorgeht, muß das
Felsschutzdach überwiegend in einem eng ein-
grenzbaren Zeitraum Ziel von Jägern und Sammlern gewesen sein. Es kamen Schichten zutage, die
der späten Eiszeit (dem Magdalénien) und der frühen Nacheiszeit (dem Mesolithikum) angehören.
Insbesondere durch den Nachweis eines Winterla-
gers in den Schichten des Magdalénien läßt sich am
Felsställe exemplarisch aufzeigen, daß sich, verglichen mit dem Älteren Jungpaläolithikum, die Lebensbedingungen der Menschen deutlich verändert haben: Nach dem Ende der Maximalvereisung
wird das Klima milder, es gibt mehr Jagdwild sowie
Sammelpflanzen und das Gebiet südlich der Alb ist
nun das ganze Jahr über „nutzbar". Die Erkenntnisse

über Behausung, Ernährung, Werkzeugherstellung und Abfallbeseitigung – durch Auswertungen der Grabungsbefunde zustandegekommen – ergaben zudem ein äußerst lebendiges Bild über die vielfältigen Tätigkeiten in diesem Winterlager.

Die späteiszeitliche Fundschicht läßt sich in mindestens zwei voneinander unabhängige Besiedlungseinheiten gliedern. Reste einer massiven Behausung, offensichtlich in nur wenigen Jahren zu-

standegekommen, sind eindeutig als Überbleibsel von Siedlungsvorgängen zu werten, die jeweils auf wenige Wintermonate begrenzt waren. Vor allem die Analyse der Rentier- und Wildpferdereste belegt zweifelsfrei, daß am Felsställe im Winter gejagt wurde. Ein Zeltgrundriß, Feuerstellen, Fundkonzentrationen und Speiseabfälle zeigen die Lage der Behausungen und der hier verrichteten Arbeiten auf.

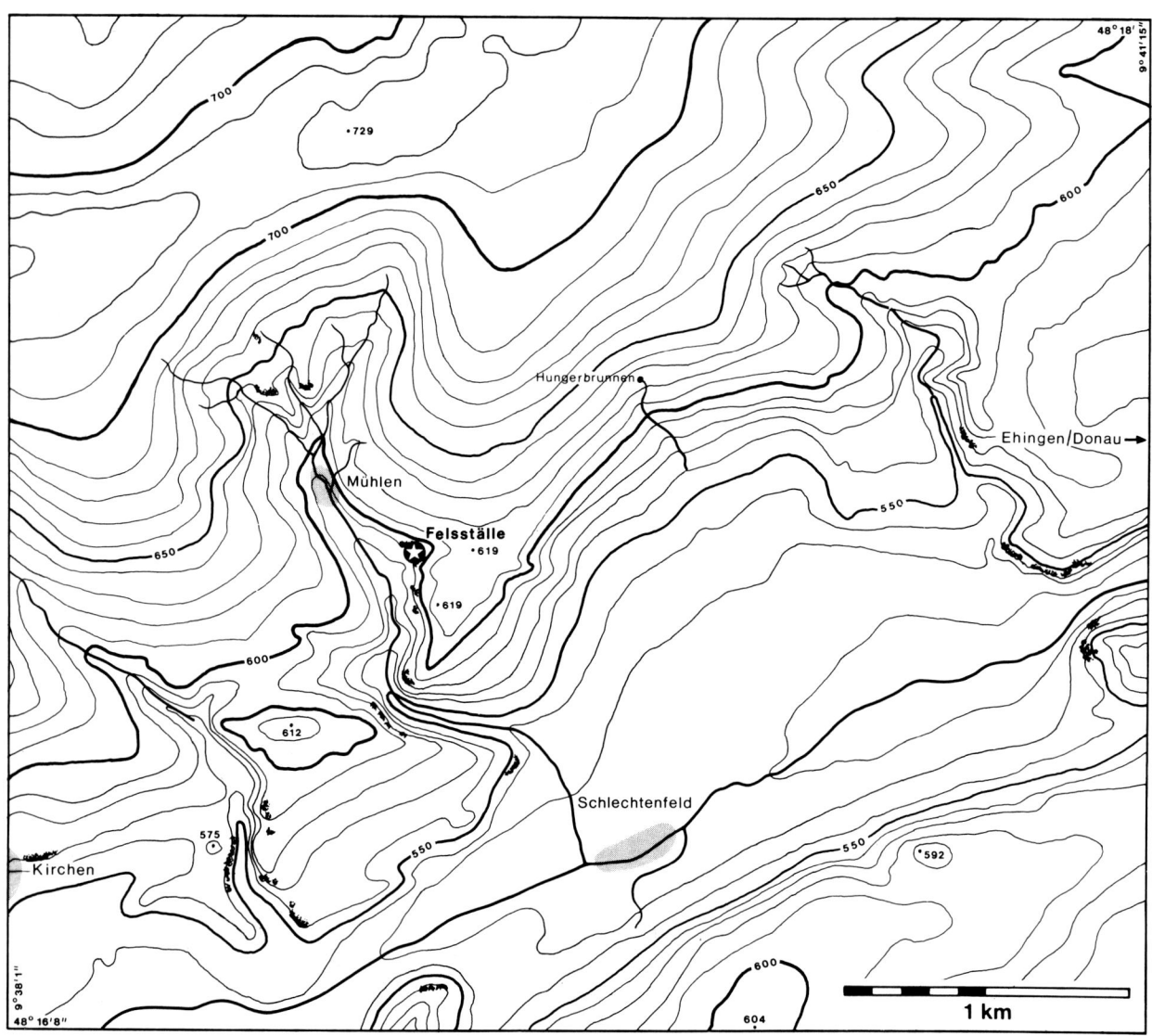

Felsställe. Das Abri und seine direkte Umgebung.

Das Felsställe von Osten.

Winterzelt

Die Befunde haben ergeben, daß hier ein Zelt gestanden haben mußte, das aus mitgeführten Stangen und Fell- oder Lederplanen errichtet und mit Steinplatten befestigt war. In seinem Inneren brannte über längere Zeit ein Feuer, denn zahlreiche Objekte zeigen Spuren seiner Einwirkungen.

Zur allmählichen Erhöhung der steinernen Umgrenzung für den Zeltbau hat man flache Kalksteinplatten gespalten und als Trockenmauer aufgeführt, offensichtlich eine Maßnahme gegen das sehr kalte Klima. Auch ließ sich durch das Erhöhen der Steinmauer die Stangen- und Fellkonstruktion des Zelts stabilisieren.

Zwar wurden auch Rohstücke und Feuersteingeräte mit ins Lager gebracht, doch sammelten die Jäger auf der Hochfläche nahezu 500 Feuersteinknollen zur Verarbeitung im Lager und dabei vorwiegend im Zelt. Aber noch andere Tätigkeiten lassen sich hier nachweisen, etwa die Herstellung zahlreicher Schmuckgegenstände sowie von Knochennadeln und Geschoßspitzen. Den Silexabfall innerhalb der Behausung räumten die Bewohner auf den Vorplatz.

Ebenfalls vor dem Zelt, im südwestlichen Hangbereich, wurden die gejagten Tiere zerlegt. Wie die Knochenabfälle zeigen, konnten im Lauf des Winters mehrere Rentiere, Wildpferde und ein Steinbock als Großtiere erbeutet werden. Dazu wurden auch Füchse, Hasen, Vögel, ein Luchs und ein Wolf erjagt. Aus der Donau oder einem ihrer Nebenflüsse stammen Forellen, Äschen und Hechte. Das Ende der Besiedlung zeigt die Verlegung der Feuerstelle aus dem Zelt hinaus an den südwestlichen Siedlungs-Außenbereich. Hier kippten die Paläolithiker das verbrannte Material gegen die Felswand und den Hang hinab.

Die Dauer der Besiedlung beläuft sich nach Schätzungen des Ausgräbers auf 760 Stunden reine Arbeitszeit. Bei fünf Stunden pro Tag und einer Gruppe von drei erwachsenen Personen mit Kindern kommt man auf 51 Arbeitstage. Die Daten lassen auf ein Verweilen von etwa zwei Monaten am Stück schließen, oder – ebenso möglich – über einige Jahre hinweg auf eine Besiedlung im Winter, wobei immer wieder der massive Zeltbau genutzt wurde.

Horizont II

Westlich vom Zelt grub man eine weitere Fundkonzentration des Magdalénien aus, die jedoch nichts mit dem eben beschriebenen Winterlager zu tun hat. Auch wenn es nur wenige indirekte Indizien gibt, scheinen die Fundansammlungen das Ergebnis kurzzeitiger Aufenthalte zu sein. Zur Besiedlung wird es hier am ehesten im Frühjahr oder Sommer gekommen sein.

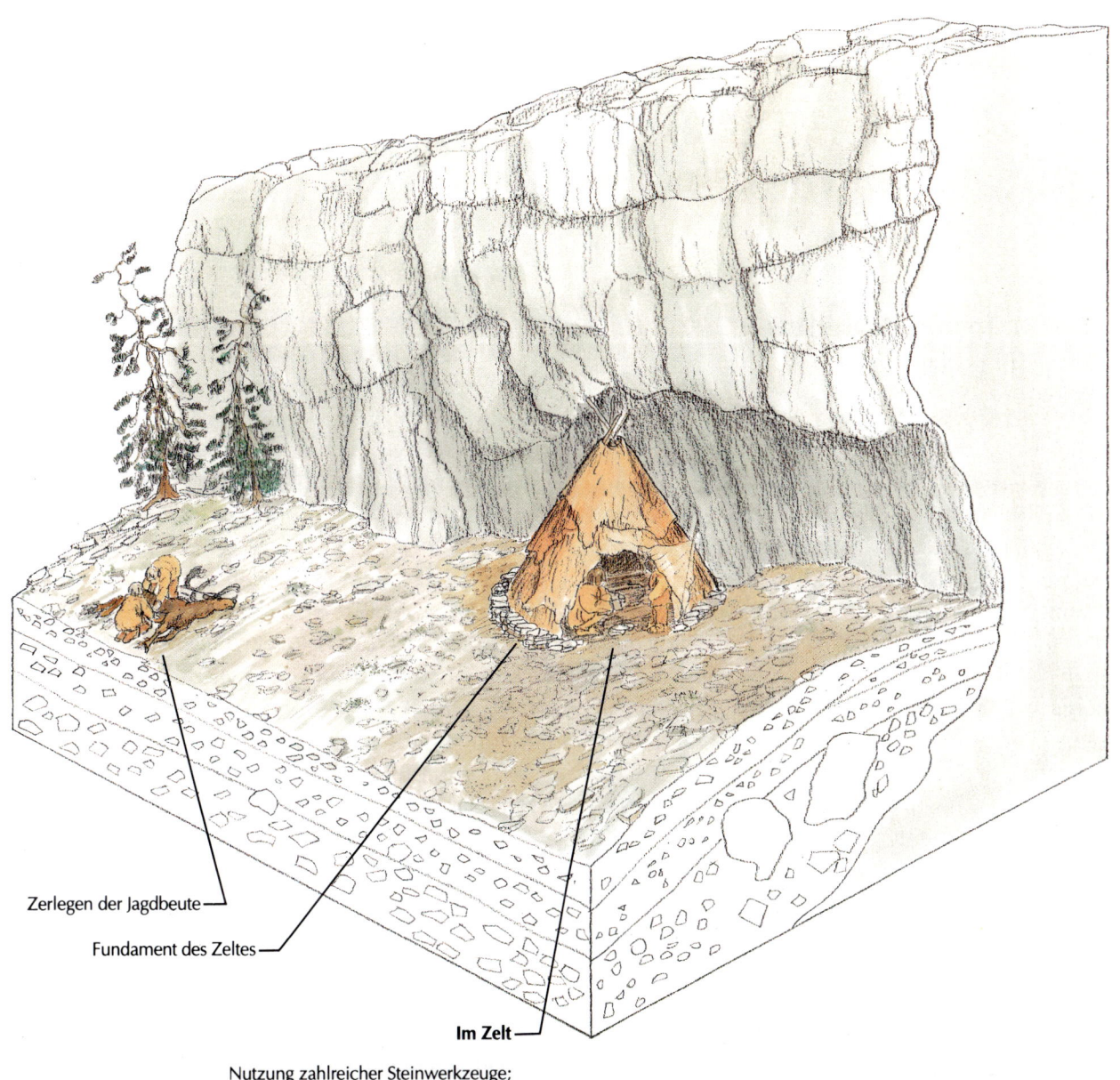

Zerlegen der Jagdbeute ─

Fundament des Zeltes ─

Im Zelt ─

Nutzung zahlreicher Steinwerkzeuge;
Ausbessern und Verzieren der Kleidung
Herstellen von Nähnadeln

Das Felsställe vor 12 000 Jahren.

69

Die letzten Jäger und Sammler –
Spätpaläolithikum und Mesolithikum

Das Spätpaläolithikum –
Am Ende der Eiszeit

Am Ende der Eiszeit bildeten sich Kulturen heraus, die in Südwestdeutschland nur schwache Spuren hinterließen. Da es für diese Phase an kleinräumig verbreiteten, charakteristischen Fundensembles mangelt, die namensgebend sein könnten, werden die Hinterlassenschaften dieser Zeit lediglich unter dem Begriff des „Spät-" oder auch „Epipaläolithikums" zusammengefaßt. Seine Dauer beschränkt sich auf die Zeit des Übergangs vom Ende der letzten Eiszeit bis zur nacheiszeitlichen Wiedererwärmung (11 500 bis 10 000 Jahre vor heute). Während dieses Zeitabschnitts zogen sich die Gletscher zurück, doch das sich erwärmende Klima war immer noch von kälteren Phasen durchsetzt. Diese sukzessive Wiederwärmung brachte gravierende Veränderungen in der Tier- und Pflanzenwelt mit sich. Zuvor nur vereinzelt vorkommende Kiefern- und Birkenbestände breiteten sich nun zu weiten und dichten Wäldern aus. Innerhalb weniger Generationen verdrängten Bäume die bisher landschaftsprägende Parktundra mit ihren weithin offenen Flächen. Dadurch verloren die ehedem in großen Herden vorkommenden Rentiere und Wildpferde ihre Lebensgrundlagen. Statt dessen wanderten waldangepaßte Tiere, unter anderem Reh, Hirsch, Auerochs, Biber oder Elch ein, und die Menge des jagdbaren Wilds nahm deutlich ab, die Existenzbedingungen von Jägern und Sammlern verschlechterten sich drastisch.

Die Jäger des Magdalénien waren nicht befähigt, sich innerhalb so kurzer Zeit von der Herdenjagd auf Einzelwildjagd im Wald umzustellen. Die Mehrzahl sah sich daher gezwungen, in Gebiete abzuwandern, wo gewohnte Lebensbedingungen herrschten, etwa in die norddeutsche Tiefebene. Zwar blieben auch in unseren Breiten noch Menschen und versuchten sich ihre Ernährung nach wie vor durch Jagen und Sammeln zu sichern, doch verschwanden die bisher gesammelten Gräser, Kräuter und Büsche. Reviere, die sich vormals im jährlichen Rhythmus nutzen und durchwandern ließen, waren mit einem Mal nicht mehr vorhanden. Das gesamte Nahrungsangebot hatte sich einschneidend verändert. In Südwestdeutschland war dieser ökologische Wandel mit einer tiefgreifenden ökonomischen Krise verbunden. Das Überleben in solch fremder werdenden Welt garantieren nun allein neue Strategien des Nahrungserwerbs. Es hat den Anschein, daß die Zurückgebliebenen das spärliche Wild jetzt Sommer wie Winter bei jeder sich bietenden Gelegenheit jagten. Der Wechsel zwischen Jagd- und Dauerlager, bisher so kennzeichnend für das Jungpaläolithikum, wird mehr und mehr aufgehoben, die Menschengruppen werden immer kleiner, ihr Aufenthalt an einer Stelle wohl auch immer kürzer.

Die Menschen des Spätpaläolithikums sind nun um einiges mobiler als die Jäger der vorangegangenen Zeiten. Höhlen und Abris werden jetzt zunehmend gemieden, dafür aber die Uferpartien der vielen neu entstandenen Seen Oberschwabens bevölkert. Auch bedingt die üppiger gewordene Vegetation, daß bisher genutzte Rohmate-

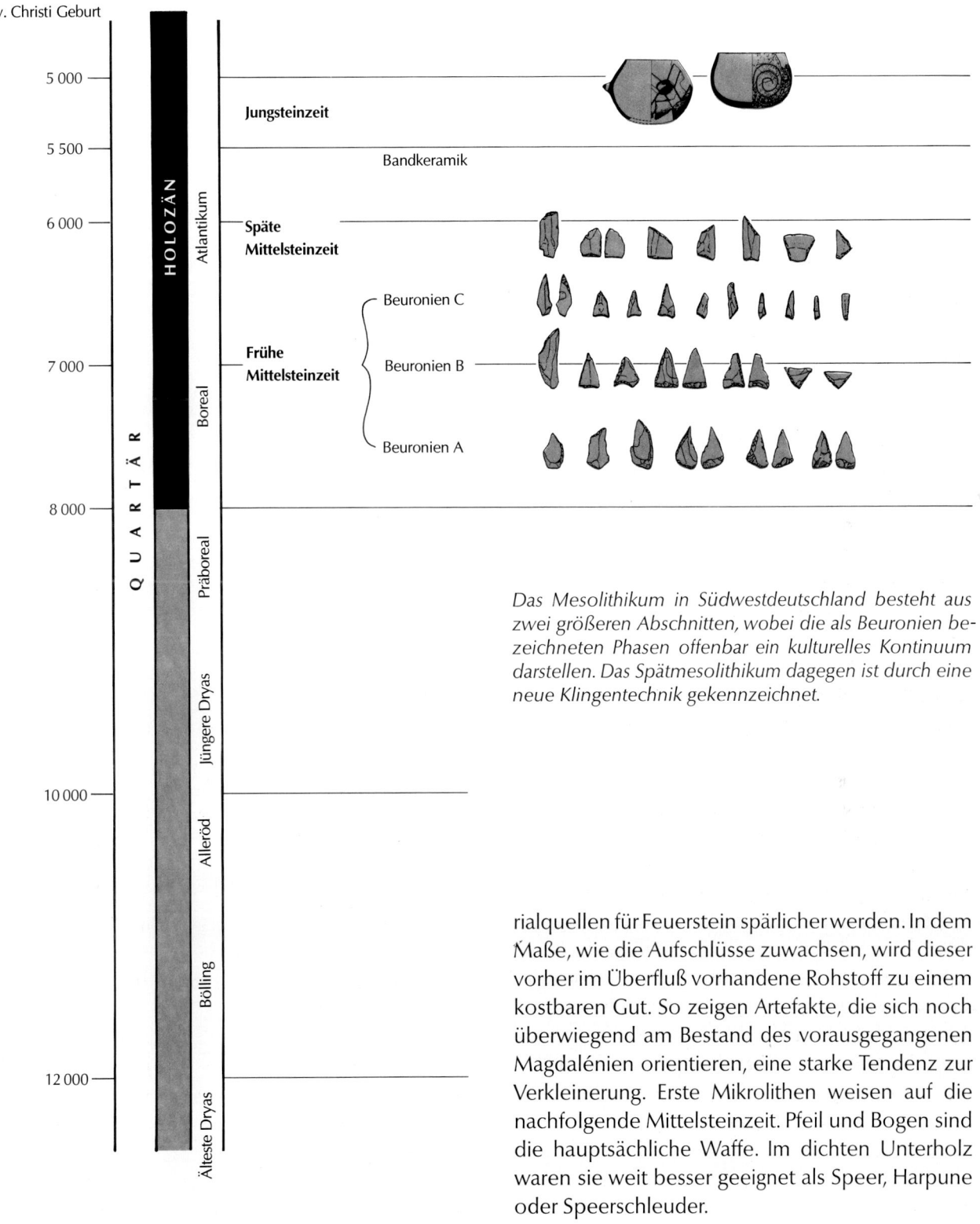

v. Christi Geburt

HOLOZÄN

QUARTÄR

Atlantikum

Boreal

Präboreal

Jüngere Dryas

Alleröd

Bölling

Älteste Dryas

5 000

5 500

6 000

7 000

8 000

10 000

12 000

Jungsteinzeit

Bandkeramik

Späte Mittelsteinzeit

Beuronien C

Frühe Mittelsteinzeit

Beuronien B

Beuronien A

Das Mesolithikum in Südwestdeutschland besteht aus zwei größeren Abschnitten, wobei die als Beuronien bezeichneten Phasen offenbar ein kulturelles Kontinuum darstellen. Das Spätmesolithikum dagegen ist durch eine neue Klingentechnik gekennzeichnet.

rialquellen für Feuerstein spärlicher werden. In dem Maße, wie die Aufschlüsse zuwachsen, wird dieser vorher im Überfluß vorhandene Rohstoff zu einem kostbaren Gut. So zeigen Artefakte, die sich noch überwiegend am Bestand des vorausgegangenen Magdalénien orientieren, eine starke Tendenz zur Verkleinerung. Erste Mikrolithen weisen auf die nachfolgende Mittelsteinzeit. Pfeil und Bogen sind die hauptsächliche Waffe. Im dichten Unterholz waren sie weit besser geeignet als Speer, Harpune oder Speerschleuder.

Das Mesolithikum – In den Urwäldern Südwestdeutschlands

Die Würm-Eiszeit endete vor 10 000 Jahren. Damals verschoben sich die Klimazonen der Erde endgültig auf die uns heute geläufigen Breiten. Zu Beginn herrschten noch, wie im Spätpaläolithikum, Kiefern und Birken vor. Dazu kamen Hasel, Eiche und Linde. Zweitausend Jahre später hatte sich diese Pionierbewaldung zu großen Eichenmischwäldern entwickelt.

So wurden die Kulturen des Mesolithikums durch die Adaption an eine sich vollkommen verändernde, durch dichte Wälder gekennzeichnete Umwelt geprägt. Pflanzen als Nahrungslieferanten wurden zwangsläufig immer bedeutender. Eine weitere Folge der Wiederbewaldung war die Wahl der Siedlungsplätze. Nun errichteten die Menschen ihre Lagerplätze immer häufiger an Seen und Flußufern; Fischfang und Sammeltätigkeit wurden zunehmend bedeutender.

Artefakte bestehen jetzt – nicht zuletzt, weil der Rohstoff Feuerstein äußerst schwierig zu beschaffen war – vor allem aus Mikrolithen („kleine Steine"), die in Holz geschäftet als Pfeilspitzen, Harpunen oder Lanzenspitzen Verwendung fanden. Meist zeigen sie eine rötliche Färbung, die durch Erhitzen auf über 300 Grad entstand. Diese Technik wurde angewendet, um die Brucheigenschaften bei der Geräteherstellung und im Gebrauch zu verbessern. Im Spätmesolithikum kommt eine neue Herstellungsart für Feuersteinklingen auf: Zum Abbau der Kerne wird eine Druck- oder Preßmethode angewendet. Hierbei entstehen charakteristische, sehr regelmäßig gestaltete Klingen. Diese Technik findet sich über das Ende des Mesolithikums hinaus auch in den Siedlungen der ältesten Bandkeramik.

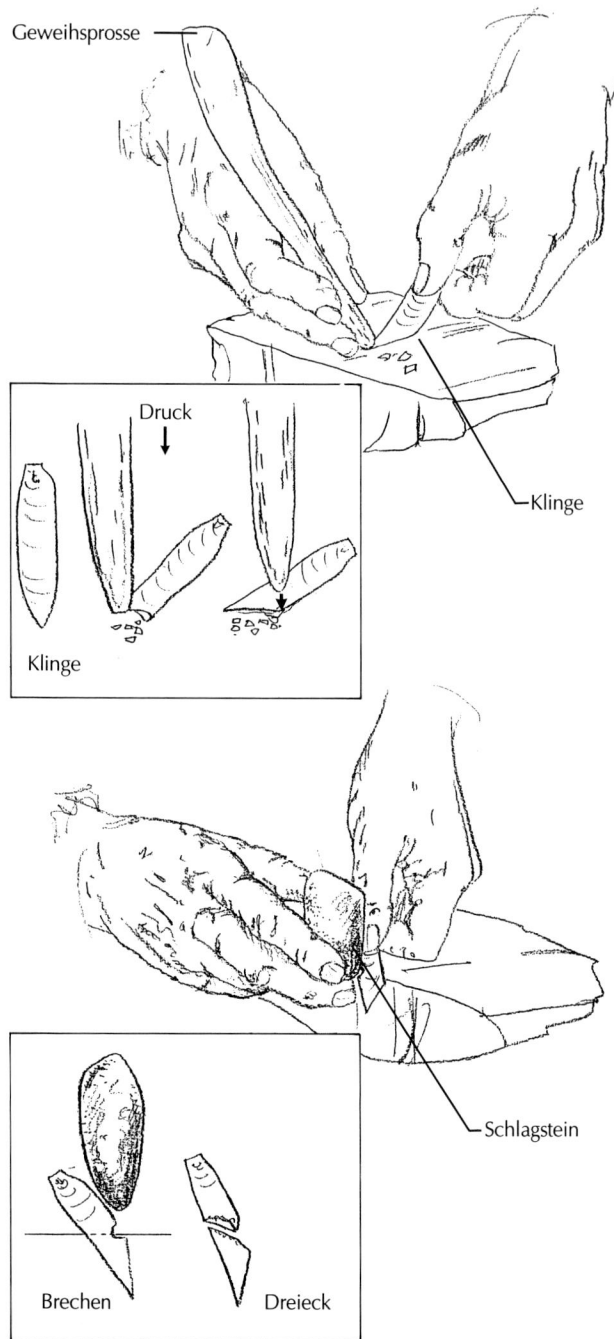

Mikrolithen und ihre Herstellung.

Am Ende der Eiszeit
Durch die kaltzeitlich geprägte kräuterreiche Parktundra Oberschwabens zogen im jahreszeitlichen Wechsel Rentier- und Wildpferdherden. Die zahlreichen Bäche und Seen waren reich an Fischen. Daß der Federsee häufig von altsteinzeitlichen Jägern und Sammlern aufgesucht wurde, zeigen die zahlreichen rings um den damals weitaus größeren See gelegenen Jagdlager und Rastplätze dieser Zeit.

Am Ufer des Federsees

Gletscherspuren sind auch heute noch bestimmend für die Landschaft Oberschwabens, wenngleich sie über die Jahrtausende durch den wirtschaftenden Menschen ihr eigenes Gepräge bekam. Die Vergletscherung hinterließ umfangreiche Ausräumungen und vor allem gewaltige Massen an Geschieben, insbesondere Kies. Diese Schotterkörper, meist in Form langgezogener Hügel, verleihen der Topographie ihr typisches Aussehen. Vor 10 000 Jahren stauten sich in den Senken Schmelzwässer auf und bildeten zahllose kleine Seen, denen eine Vielzahl von Rinnsalen mit geringer Fließgeschwindigkeit entsprang.

Direkt vor dem Rheingletscher lag der Federsee, ein großer, typischer Eisrandsee. Nach dem Rückzug der Gletscher war er ein bevorzugtes Aufenthaltsgebiet für die letzten Jäger und Sammler. Seit den Ausgrabungen an der Schussenquelle (1866) gab es um den See herum immer wieder Oberflächenbegehungen, wobei die Kartierung der Funde zur Entdeckung mehrerer mesolithischer Siedlungsschwerpunkte auf den Kuppen und Randhöhen führte. Überraschend in diesem Zusammenhang

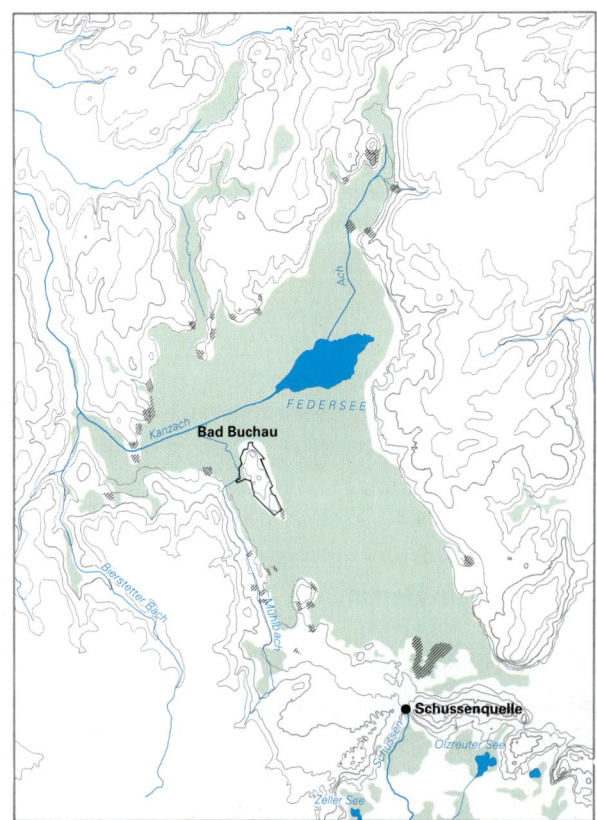

Spätpaläolithikum und Mesolithikum am Federsee
Bereits im Spätpaläolithikum hielten sich am Federseeufer Jäger und Sammler auf. Im Frühmesolithikum, aus dem über 50 Fundstellen rund um den See bekannt sind, intensivierte sich die Besiedlung. Recht schwach dagegen scheint sie im Spätmesolithikum gewesen zu sein. Die Fundstellen reduzieren sich nun auf ein Zehntel des bisherigen.

Die letzten Jäger und Sammler
Der See mit seinem dicht bewaldeten Umland bot den Menschen der Mittleren Steinzeit hervorragende Bedingungen zum Fischen, Jagen und Pflanzensammeln. Kleine Rastplätze direkt im Uferbereich und große Lagerplätze auf den Kiesrük-ken unweit des Sees zeugen von den fast 3000 Jahre bestehenden Kulturen der letzten Jäger und Sammler in dieser Gegend.

war die Erkenntnis, daß die Schotterkuppen bereits seit dem Spätpaläolithikum immer wieder als Jagd-lager genutzt wurden. Bisher nämlich war man da-von ausgegangen, das Federseebecken sei erst in der Mittleren Steinzeit zum ersten Mal besiedelt worden.

Das Lager am Henauhof

Im ehemaligen südwestlichen Uferbereich des Fe-dersees am heutigen Henauhof sind mehrere Fund-schichten aus Spätpaläolithikum, Mesolithikum und Neolithikum nachweisbar. Die Funde aus den seit 1980 regelmäßig unternommenen kleinen Gra-bungen stammen überwiegend aus sandigen Schichten des ehemaligen Strandes. Von besonde-rer Bedeutung ist die Erhaltung der organischen Re-ste. Durch ihre luftabgeschlossene Lage in den alten Seesedimenten haben Schlachtabfälle und Kno-chengeräte die Zeit besonders gut überdauert. Die charakteristische Zusammensetzung von Tierkno-

chen und Holzkohle weist darauf hin, daß der Platz während der Sommer- und Herbstmonate aufge-sucht wurde.

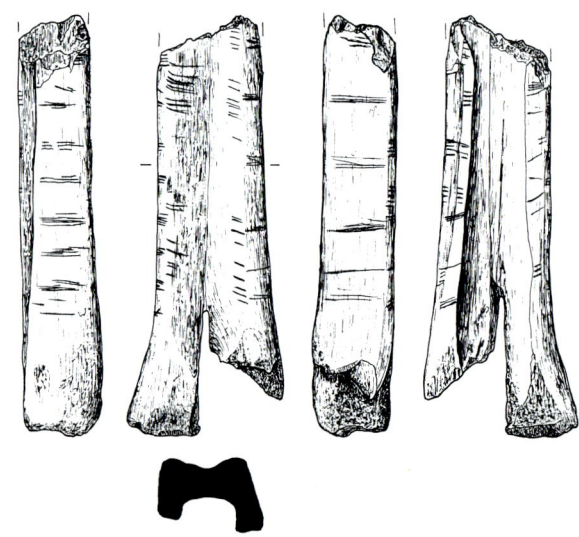

Henauhof. Ornamentierter Knochen, Frühmesolithikum.

Die ältere Jungsteinzeit

Das Neolithikum scheint in die mesolithische Welt regelrecht eingebrochen zu sein. Unaufhaltsam verschwindet jetzt die durch Sammeln und Jagen bestimmte Wirtschaftsweise, wie sie seit urmenschlichen Anfängen das Dasein gekennzeichnet hat und wodurch auch alle paläolithischen und mesolithischen Kulturen bestimmt wurden. Nun zerbricht jene urtümliche Verbundenheit mit der natürlichen Umwelt. Sie wird durch den revolutionären Schritt zum ingeniösen, wirtschaftenden und seine eigene Umwelt schaffenden Menschen abgelöst. Archäologisch läßt sich diese Umwälzung insbesondere durch Anzeichen wachsender Beherrschung von Natur und Technik erfassen. Mehr und mehr wird nun die Umwelt verändert, wird das urgeschichtliche Gesellschaftssystem differenzierter, komplexer, und nicht zuletzt nimmt die Bevölkerungsdichte in einem deutlich faßbaren Maß zu.

Anfänge im Vorderen Orient

Die Grundlagen zu diesem oftmals auch als „Psychorevolution" bezeichneten Umbruch wurden vor nahezu 10 000 Jahren im Vorderen Orient gelegt. Kaum 2000 Jahre danach haben sich Ackerbau und Viehhaltung betreibende Völker anatolischen Ursprungs auch auf der europäischen Seite des Ägäischen Meeres, in Thessalien und Zentralbulgarien, festgesetzt. Zu Wasser und zu Lande dringen Kolonisten über die Mittelmeerküsten wie auch entlang der großen Flüsse und Ebenen ins zentrale Europa vor. Von Beginn an kann man zwei primäre Ausbreitungswege und damit auch Kulturströme feststellen, die sich in ihrem Sachgut deutlich voneinander unterscheiden:

– Das balkanische Neolithikum. Erst auf Südosteuropa ausgerichtet, gelangt es donauaufwärts nach Mitteleuropa, weshalb man es auch als „Donauländisches Frühneolithikum" bezeichnet.
– Hiervon unabhängig breitet sich eine Kulturströmung den Mittelmeerküsten entlang nach Westen aus. Zwischen Dalmatien und Portugal entstehen zahlreiche frühneolithische, „mediterrane" Siedlungsgebiete. Ihr verbindendes Merkmal war vor allem eine eigentümliche Keramikverzierung, deren Muster mit gezackten Muschelschalen eingedrückt wurde. Die Kulturen der „Cardial-" und „Impresso-Keramik" expandierten allmählich von der Küste weg hinein nach Italien, Frankreich und Spanien. Damit nahm das westeuropäische Neolithikum seinen Anfang.

Diese im 6. Jahrtausend v. Chr. sich erstmals abzeichnenden Kulturgrenzen sind nun über weite Zeiträume für die vorgeschichtlichen Entwicklungen Europas bestimmend.

Ex oriente lux – donauländisches Neolithikum

Um 6000 v. Chr. hatte die östliche Kulturdrift Westungarn erreicht. Dort stand sozusagen die Wiege der „gesamteuropäischen" Jungsteinzeit-Kultur, und von Westungarn aus breitete sie sich in mehreren Schüben erstaunlich einheitlich aus. Der älteste Vorstoß gelangte noch vor Mitte des 6. Jahrtausends

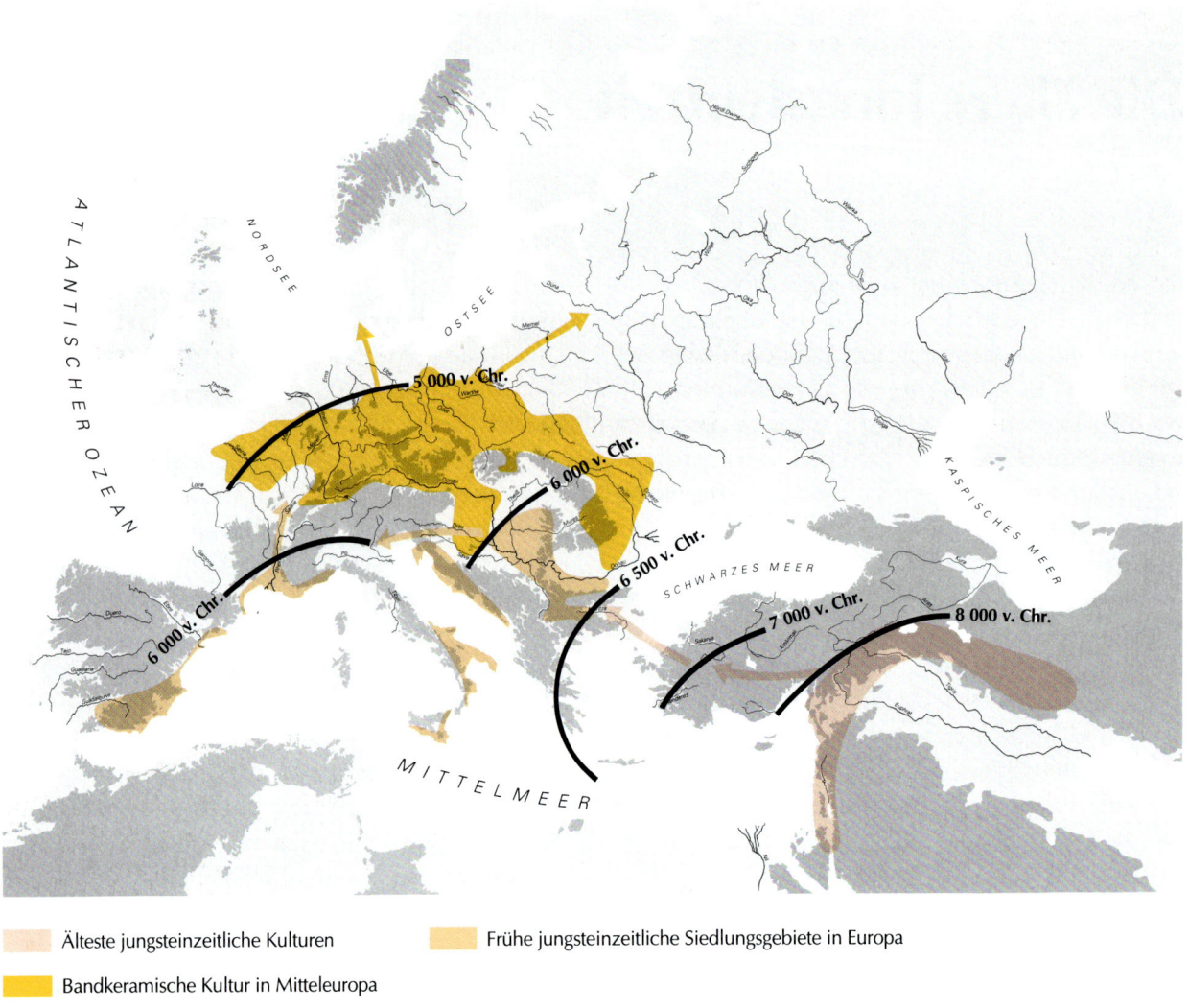

 Älteste jungsteinzeitliche Kulturen

Frühe jungsteinzeitliche Siedlungsgebiete in Europa

Bandkeramische Kultur in Mitteleuropa

Die Ausbreitung des Neolithikums nach Europa.

bis nach Südwestdeutschland. 500 Jahre später umfaßte ihr Verbreitungsgebiet bereits die riesige Fläche von der Seinemündung bis ans Schwarze Meer.

Diese donauländische Kultur heißt nach ihrer in allen Fundprovinzen vorkommenden, grundlegenden keramischen Zierweise „linearbandkeramische" oder einfach „bandkeramische Kultur". Sie gehört zu den Erscheinungen der älteren europäischen Vorgeschichte, die mit am besten erforscht sind. Das hängt vor allem damit zusammen, daß durch tiefe Bodeneingriffe der Bandkeramiker Be-

funde und Funde über Jahrtausende weitgehend unbeschadet von Erosion und nachfolgender landwirtschaftlicher Nutzung erhalten blieben. So waren die Pfosten ihrer Häuser weit ins Erdreich hinein grundiert, und noch heute sind die dunklen Erdverfärbungen im gelben Löß bei Ausgrabungen gut zu erkennen. Gruben unterschiedlicher Funktion wurden während der Besiedlung mit Schutt und Abfall gefüllt – Hausrat, Steinwerkzeuge, Schlachtabfälle, mineralisierte Früchte und Samen, Holzkohlen und oft auch Brandschutt gehören zum Wertvollsten, was der Archäologe aus diesen Eintiefungen birgt. Auf den Bestattungsplätzen wurden die einzelnen Gräber durchweg tief ausgeschachtet – auch dies eine Gewähr für lange unterirdische Erhaltung. Jene Bandkeramik, über deren Hausbau, Ernährungsweise, Umwelt und Totenbräuche wir ebenso gut informiert sind wie über deren Dauer und innere Gliederung, beginnt um 5700 v. Chr. Eine erste Phase, gleichzeitig auch die längste, dauert ungefähr 400 Jahre. Für die Zeit um 5300 v. Chr. läßt sich eine weitere Expansion ausmachen, das Siedlungsgebiet der Bandkeramiker reicht jetzt bereits bis an den Niederrhein und ins Pariser Becken. Die kommenden 400 Jahre bringen dann durch intensive Aufsiedlung und Bevölkerungsverdichtung regionale Gruppierungen, die sich in den Verzierungs-

weisen der Keramik, aber auch in der Architektur, im Grabbau und in der landwirtschaftlichen Nutzung voneinander unterscheiden.

Der westeuropäische Vorstoß – La Hoguette

Wohl gleichzeitig mit der schließlich in Südwestdeutschland erfolgreichen bandkeramischen Expansion gelangte ein zweiter Strom neolithischer Pioniere offensichtlich rhôneaufwärts bis ins Pariser Becken und sogar ins Elsaß. Diese Spielarten der „mediterranen" Kulturen hinterließen ihre Spuren in Form spezieller Steingeräte, andersartiger Gefäße und einem von der Bandkeramik abweichenden

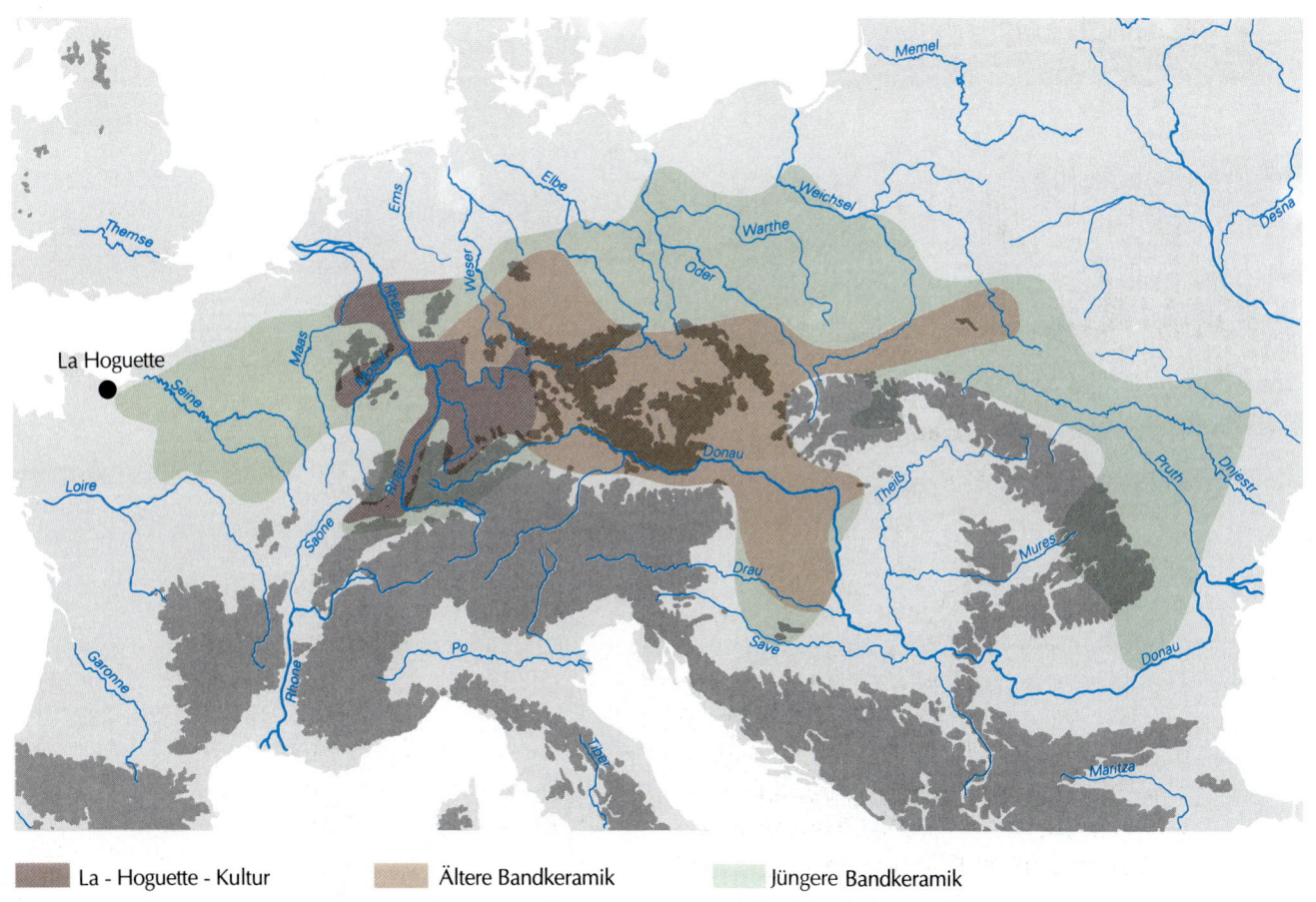

■ La - Hoguette - Kultur   ■ Ältere Bandkeramik   ■ Jüngere Bandkeramik

Das Verbreitungsgebiet der Bandkeramik und der La Hoguette- Kultur.

Theorien zur Neolithisierung Südwestdeutschlands.

A: Geringere Wahrscheinlichkeit

Günstige Sammel- und Jagdreviere, die nahe beieinander liegen und von einem während der Vegatationsperiode nicht mehr verlassenen Siedlungsplatz aus begangen werden, führen zu latenter Seßhaftigkeit. Über die Jagd auf Auerochs und Wildschwein kommt es allmählich zur Domestikation von Rind und Schwein. Fischfang und Vogeljagd spielen eine wichtige Rolle für die Nahrungsbeschaffung, ebenso das Sammeln von Wildgräsern, Beeren, Nüssen und sonstigen Früchten.

An dieser Schwelle zur Neolithisierung dringt das Ideengut des westeuropäisch-mediterranen und des donauländischen Neolithikums ein. Schaf und Ziege und die ersten Getreide gelangen als Handelsgut nach Mitteleuropa. Hieraus entstehen die ersten eigenständigen Bauernkulturen Südwestdeutschlands.

B: Größere Wahrscheinlichkeit

Eindringende Siedler „neolithisieren" die mesolithische Bevölkerung.

C: Größere Wahrscheinlichkeit

Die Kolonisierung führt zu einem schnellen, mit Gewalt verbundenen Rückzug der einheimischen Bevölkerung in nicht von Ackerbauern genutzte Gebiete. Doch auch diese „Reservate" werden im Lauf der Zeit von neolithischen Siedlern beansprucht.

D: Geringere Wahrscheinlichkeit

Zur Zeit der letzten Jäger und Sammler waren die Lößflächen bereits so zugewachsen, daß es kaum eine Überlebenschance in diesen großen, dunklen Urwäldern gab. Als die ersten Ackerbauern einwanderten, lebten demnach keine Mesolithiker mehr auf den Lößflächen. Lediglich an Flüssen, auf den nahe an die Lößgebiete heranreichenden Randhöhen, an Mooren und Seen hätte es demnach zu eher zufälligen Kontakten mit den ersten Bauern kommen können.

Schwäbisch Hall, Wolfsbühl. Kumpf. Der charakteristischen Gefäßbänderung verdankt die Bandkeramik ihren Namen.

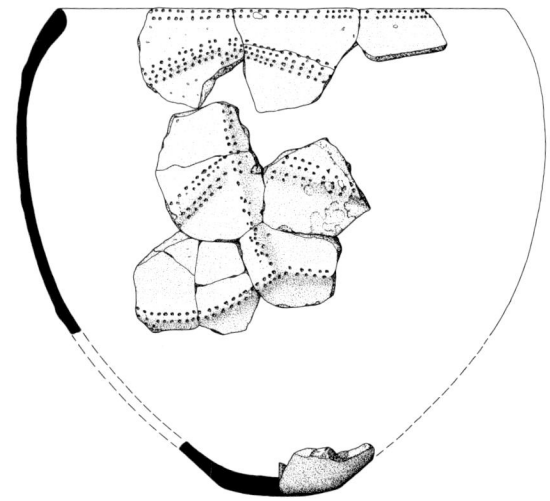

Filderstadt-Bernhausen (Kreis Esslingen). Gefäß der La Hoguette-Kultur.

Kulturpflanzen-Spektrum. So gehen allem Anschein nach Einfuhr und Anbau des Schlafmohns auf diese Pioniere zurück. Selbst in Südwestdeutschland läßt sich ein geringer Niederschlag dieser primär auf den Westen Europas ausgerichteten Landnahme feststellen. Nach einem Fundort in Nordwestfrankreich (Departement Calvados) wird die hier vorkommende, eigenständige Keramikproduktion mit der ihr eigenen Gefäßverzierung als La Hoguette-Stil bezeichnet. Er ging bei uns dann in der bandkeramischen Kultur auf.

Die unbekannte Rolle der letzten Jäger und Sammler

Recht wenig ist über das Schicksal von mesolithischen Jägern und Sammlern aus solchen Gebieten bekannt, die seit dem frühen 6. Jahrtausend v. Chr. von Ackerbau und Viehzucht in Beschlag genommen wurden. Spärlich nur sind ihre Spuren, die sich in den Lößgebieten ohnedies kaum dauerhaft erhalten konnten.

Allerdings ist die jahrzehntelang herrschende Auffassung, wonach diese Jäger und Sammler keinen Anteil an der Neolithisierung gehabt haben können, weil sie mit der bandkeramischen Landnahme zum schnellen Untergang verurteilt gewesen seien, nicht mehr unumstritten. Durch den Nachweis der La Hoguette-Kultur kann man sich nämlich ebenso die späten Jäger und Sammler als Vermittler oder sogar als Träger dieser ersten, unabhängig von der Bandkeramik stattfindenden Neolithisierung vorstellen. Hierfür spricht vor allem, daß Feuersteingeräte von bandkeramischen Siedlungsplätzen zum Teil deutlich die Handschrift mesolithischer Hersteller tragen. Ihre Formen passen nicht in den vertrauten Werkzeugkanon der ersten Bauernkulturen und stellen wohl spätmesolithische Erzeugnisse dar. Auch scheint der Feuersteinhandel dieser Zeit auf Wegen vonstatten gegangen zu sein, die bereits im Mesolithikum benutzt wurden.

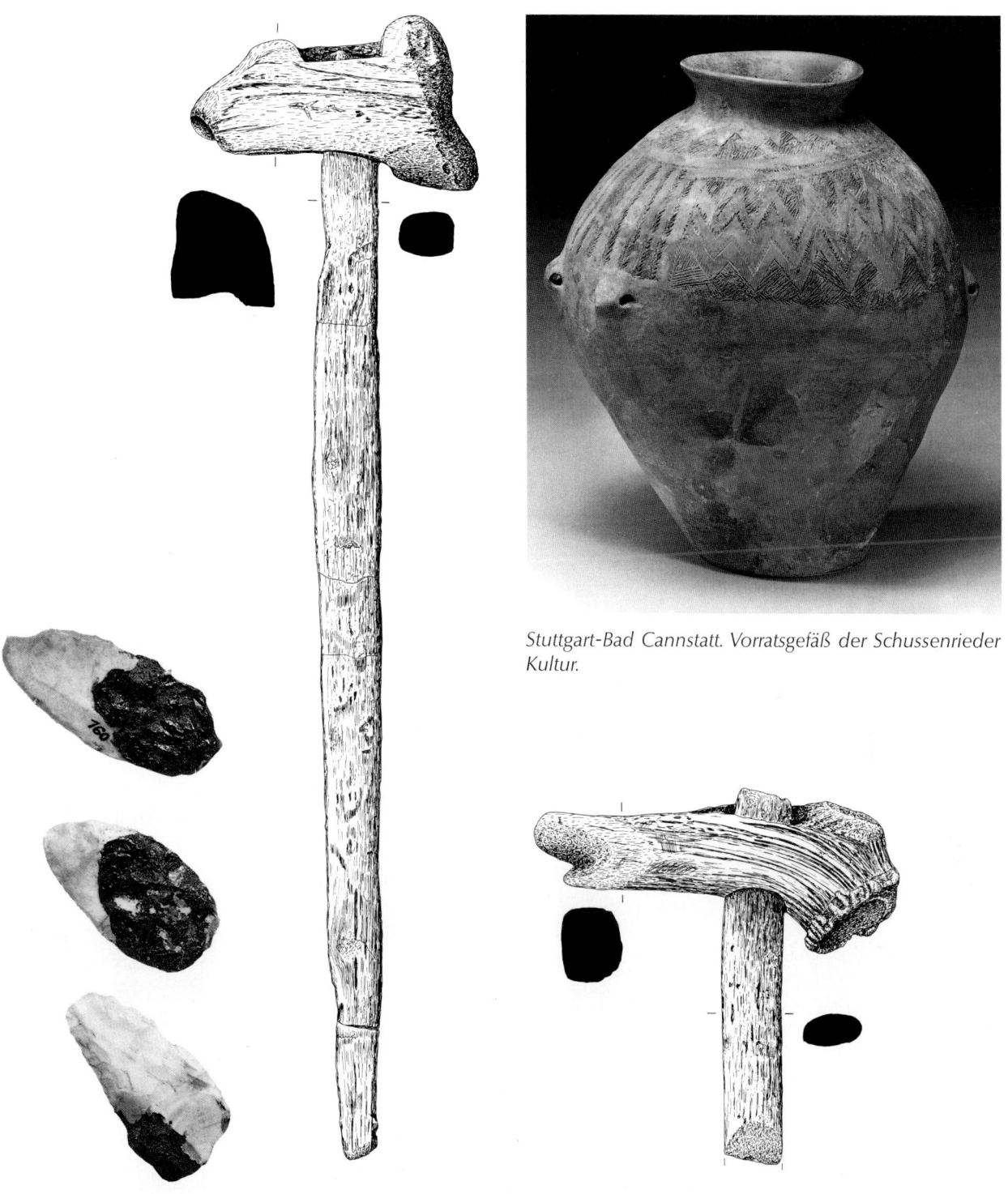

Stuttgart-Bad Cannstatt. Vorratsgefäß der Schussenrieder Kultur.

Sicheleinsätze aus Feuerstein mit Pechresten der Klebung und zwei Hirschgeweihhacken mit Holzstiel aus Blaustein-Ehrenstein (Alb-Donau-Kreis). Schussenrieder Kultur.

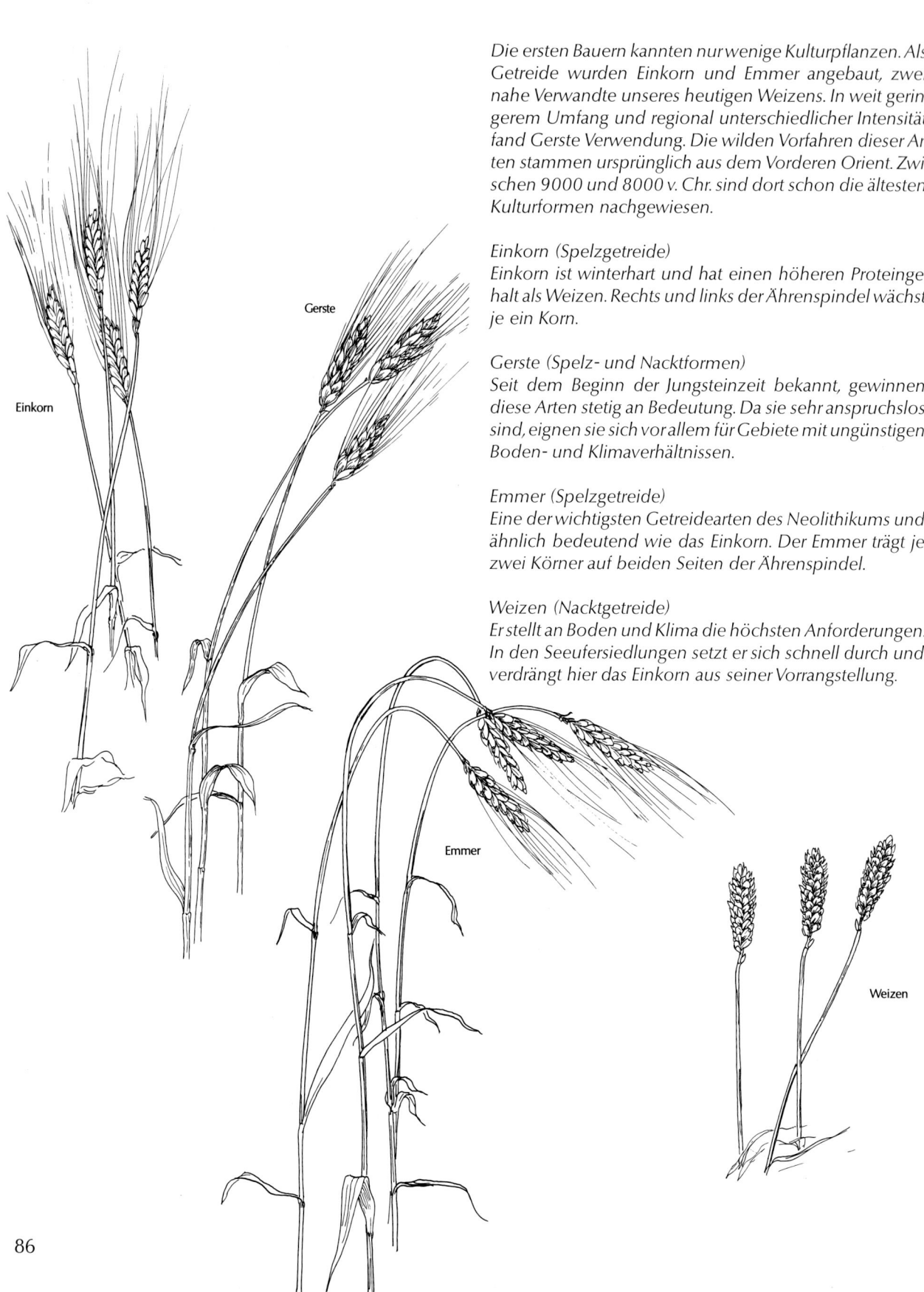

Die ersten Bauern kannten nur wenige Kulturpflanzen. Als Getreide wurden Einkorn und Emmer angebaut, zwei nahe Verwandte unseres heutigen Weizens. In weit geringerem Umfang und regional unterschiedlicher Intensität fand Gerste Verwendung. Die wilden Vorfahren dieser Arten stammen ursprünglich aus dem Vorderen Orient. Zwischen 9000 und 8000 v. Chr. sind dort schon die ältesten Kulturformen nachgewiesen.

Einkorn (Spelzgetreide)
Einkorn ist winterhart und hat einen höheren Proteingehalt als Weizen. Rechts und links der Ährenspindel wächst je ein Korn.

Gerste (Spelz- und Nacktformen)
Seit dem Beginn der Jungsteinzeit bekannt, gewinnen diese Arten stetig an Bedeutung. Da sie sehr anspruchslos sind, eignen sie sich vor allem für Gebiete mit ungünstigen Boden- und Klimaverhältnissen.

Emmer (Spelzgetreide)
Eine der wichtigsten Getreidearten des Neolithikums und ähnlich bedeutend wie das Einkorn. Der Emmer trägt je zwei Körner auf beiden Seiten der Ährenspindel.

Weizen (Nacktgetreide)
Er stellt an Boden und Klima die höchsten Anforderungen. In den Seeufersiedlungen setzt er sich schnell durch und verdrängt hier das Einkorn aus seiner Vorrangstellung.

Einkorn

Gerste

Emmer

Weizen

86

Getreide: Anbau, Ernte, Lagerung

Feldbestellung. Sie begann mit Furchenstöcken und Hakken. Erst im Lauf der Jungsteinzeit verbessert der Hakenpflug die Anbaumethoden.

Ernte
Das reife Getreide wurde mit Sicheln geschnitten. Hat man die Getreidehalme nahe genug am Boden abgeerntet, war das Stroh noch zur Dacheindeckung oder als Zuschlag für den Wandverputz geeignet.

Dreschen und Worfeln
Die noch mit den Ackerunkräutern vermischten trockenen Garben wurden gedroschen und dann geworfelt, wodurch man Unkrautsamen und Spreu absonderte.

Entspelzen
Spelzgetreide mußte erst von den Spelzen gelöst werden, um das Korn weiter aufzuschließen. Man trocknete es entweder an der Sonne oder in Darröfen, um es dann durch vorsichtiges Mahlen von den Spelzen zu befreien.

Lagerung
Das Korn wurde in Tongefäßen, Körben oder auch hölzernen Behältern für die Nahrungszubereitung aufbewahrt. Größere Mengen, so auch Saatgetreide, lagerte man in Speicherbauten oder Erdsilos.

Mahlen
Gemahlen wurde mit steinernen Mühlen, die aus einem festen Unterlieger und einem beweglichen Läuferstein bestanden.

Hacken

Schneiden

Worfeln

Mahlen

Die Tierwelt

Erst lange nachdem der Hund zum ersten gezähmten Begleiter des eiszeitlichen Menschen geworden war, zeichnet sich mit der Gewöhnung von bisher gejagten Herdentieren an die menschliche Hand das beginnende Neolithikum ab. Innerhalb mehrerer Jahrhunderte entwickelten sich aus dieser Gewöhnung Haustiere. Durch domestiziertes Verhalten, in ständiger Hege und Selektion entstanden, sowie durch ihre Wuchsform unterschieden sie sich schon bald von ihren wild lebenden Ausgangsformen. Bereits in der ersten bäuerlichen Kultur Mitteleuropas, der Bandkeramik, gehören neben dem Hund auch Schaf, Ziege, Schwein und Rind zum Haustierbestand. Knappe zweitausend Jahre später ist schließlich das Pferd dem Menschen zu Willen.

Neben ihrer direkten Verwertbarkeit läßt sich anhand arteigener Verhaltensweisen eine ganze Reihe weiterer nutzbringender Eigenschaften aufzählen. Haustiere lieferten nun den Dung für die Felder. Vor allem die Ziegen sorgten durch Sprossenverbiß an Bäumen und Sträuchern dafür, daß Freiflächen erhalten blieben. Schafe, Rinder und vor allem Pferde stellten durch Abweiden ein parkartiges Landschaftsbild her – eine erste Kulturlandschaft konnte entstehen. Schweine, aber auch Hunde wurden zu willkommenen Abfallverwertern in den Siedlungen.

Hund

Herdenhüter
Bewacher
Fleisch
Fell
Knochengeräte

Schaf

Fleisch
Milch
Leder, später Wolle
Geräte

Rind

Fleisch
Milch
Leder
Arbeitskraft (Ochse)
Geräte

Hund

Als heimisches Haustier und Begleiter des Menschen in Europa bereits seit der späten Eiszeit nachgewiesen. Während des Neolithikums herrschen kleine Hunderassen vor, sogenannte Torfspitze – anspruchslose, am Ende der dörflichen Nahrungskette stehende Tiere.

Schaf

Import aus dem „Fruchtbaren Halbmond". Zu Beginn des europäischen Neolithikums waren die Schafe durch Haarkleid und Gehörn (auch weibliche Schafe hatten noch Hörner) ihren wilden vorderasiatischen Ahnen trotz bedeutend kleinerem Wachstum recht ähnlich. Erst mit dem Jungneolithikum wird diese Rasse durch das heute noch gezüchtete Wollschaf abgelöst.

Rind

Der Ur, die Wildform des Hausrinds, war sowohl im Vorderen Orient als auch in Europa zu Hause. Das Rind stellt die höchsten Ansprüche an die Haustierhaltung, gleichzeitig ist es das wertvollste Arbeitstier und der ergiebigste Fleischlieferant.

Ziege

Ebenfalls im Vorderen Orient aus den dortigen Wildformen zum Haustier geworden.

Schwein

Wildschweine sind heute noch bei uns heimisch, und Einkreuzungen mit Hausschweinen waren bis in die Neuzeit hinein gang und gäbe. So scheint es möglich, daß diese Haustiere nicht importiert, sondern in den bandkeramischen Dörfern domestiziert wurden.

Pferd

Das Pferd ist das jüngste jungsteinzeitliche Haustier. Seine Haltung erfordert ausreichend große, waldfreie Flächen. In Südwestdeutschland waren vom frühen 4. Jahrtausend an diese Bedingungen in gewissen Zonen vorhanden. Zuerst wohl als Fleischlieferant gehalten, kommt ihm erst Jahrhunderte später die Funktion als Reittier zu.

Ziege

Fleisch
Milch
Leder
Geräte

Schwein

Fleisch
Geräte

Pferd

Fleisch
Arbeitskraft
Leder
Geräte
Fortbewegungsmittel (später)

Bandkeramik in Württemberg

Landnahme

Am Anfang war die bandkeramische Neolithisierung hier nicht flächendeckend. Zuerst wurden ausschließlich die nahezu vollständig bewaldeten Lößgebiete mit ihren ertragreichen, gut durchlüfteten Schwarzerdeböden aufgesucht. Gerade neuere botanische Untersuchungen zeigen, daß im ältesten Besiedlungshorizont die Wahl des Siedlungsorts erstaunliche Übereinstimmungen mit dem westungarischen Ausgangsgebiet dieser Kultur aufweist. Hieraus kann man schließen, daß es sich tatsächlich um die Einwanderung einer bäuerlichen Kultur und somit um eine Kolonisierung handelt. Erst in ihrer mittleren Phase dringt die Kultur der Bandkeramiker weiter auf bisher nicht genutzte Böden in den Lößgebieten vor.

Besiedlung

Die lößbedeckte Filderebene südlich des Stuttgarter Talkessels, umrahmt von Schönbuch, Neckar, Schwäbischer Alb und Schurwald, ist ein früh und intensiv besiedeltes Gebiet. Hier läßt sich in einem groben Raster die mindestens 600 Jahre dauernde bandkeramische Aufsiedlung nachvollziehen.

Als Bauland wählte man nach Möglichkeit einen flachen Sporn zwischen zwei Bachläufen; auf diese Weise war die ständige Versorgung mit Frischwasser gewährleistet. Kam eine weitere Siedlung hinzu, nahm man Rücksicht auf die bereits vorhandenen Nachbardörfer. So entstand vor 7000 Jahren eine dichte Kulturlandschaft.

Zur Blütezeit der Bandkeramik im späten 6. Jahrtausend v. Chr. lagen entlang der Plateauränder oberhalb von Neckar, Körsch und Aich die Dörfer nur einen bis anderthalb Kilometer voneinander entfernt. In den höchstens zehn Häusern eines solchen Weilers lebten bis zu 60 Menschen. Wegen der großen Abstände zwischen den Gebäuden bedeckten die Dörfer durchschnittlich fünf Hektar. Es läßt sich hochrechnen, daß für Dorf, Ackerland und Brachflächen etwa 35 Hektar Rodungsfläche nötig waren. Der gezielte Holzeinschlag lieferte die zum Bauen notwendigen Eichen und Eschen.

Bauten: Häuser und erste Erdwerke

Bandkeramische Häuser haben einen ganz und gar eigenen Charakter; kein anderer Baustil der Vorgeschichte kommt ihnen gleich. Trotz regionaler Konstruktionseigenheiten, vor allem bei den Wänden und dem hinteren Raumteil, hat das bandkeramische Haus insgesamt einen so hohen Wiedererkennungswert, daß sich darin bereits kulturspezifische Baugedanken äußern: Bei den Großbauten handelt es sich um vierschiffige Pfostenhäuser mit starker Bodenverspannung, die ein leichtes Dachinnengerüst ohne aufwendige Fachwerkbildung möglich machte. Oft über 30 Meter lang und 8 Meter breit, lassen sich in fast jedem Gebäude drei Raumzonen mit unterschiedlichen Funktionen erkennen. Der hintere Raumteil mit seinen massiv aus Spaltbohlen gesetzten Wänden war wohl Wohn- und Schlafraum für die Familie. Hierauf folgte der mittlere Hausbereich, in dem sich das handwerklich-technische Alltagsgeschehen abgespielt haben dürfte. Das letzte Hausdrittel unterscheidet sich durch doppelte Pfostensetzungen. Hier war wohl der Speicher mit seiner vom Erdboden abgehobenen Zwischenbodenkonstruktion. Die Überlegung, daß es darin auch Ställe gegeben haben könnte, wird heute verworfen, da sowohl das etwas wärmere Klima als auch die robusteren Tierarten im Winter keine Stallhaltung erforderten. Die Längsgruben am Haus entlang entstanden während des Bauens; hieraus stammte der Lehm für den Wandverputz. Den Hausbewohnern dienten sie dann zur Abfallbeseitigung.

Bandkeramische Wohnspeicherhäuser vereinten unter einem Dach alle notwendigen Lebens- und

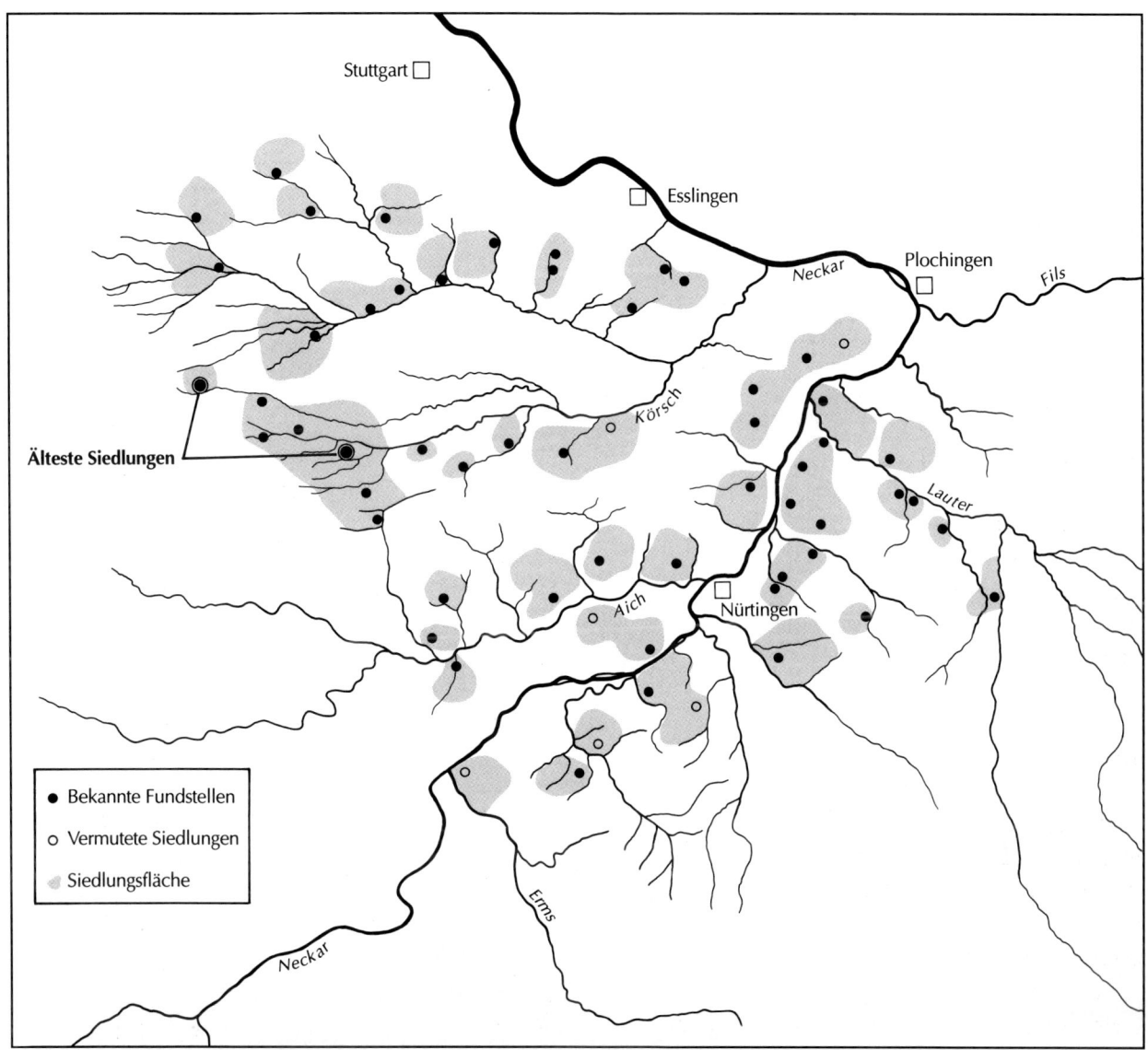

Die Besiedlung
Die südlich Stuttgarts gelegene Filderebene wurde systematisch auf Siedlungen des Altneolithikums durchforscht. Wenngleich die starke neuzeitliche Überbauung und tiefgreifende Erosionserscheinungen zu zahlreichen Lücken im steinzeitlichen Siedlungsbild führten, scheint die bandkeramische Besiedlung doch recht dicht gewesen zu sein.

Arbeitsbereiche für die darin wohnende Familie, die aus fünf bis sieben Personen bestanden haben dürfte. Ein solches Haus hielt schätzungsweise 30 bis 50 Jahre. Davon abweichende Bautypen sind in letzter Zeit vermehrt gefunden worden, vor allem kleinere, oft nur zweischiffige und auch trapezförmige Häuser, die aufgrund keramischer Funde der älteren Phase dieser Kultur zugeschrieben werden. Weiterhin, so zeigen es Grabungsergebnisse in Ulm-Eggingen, gehörten auch Nebengebäude und kleinere Wohnhäuser zum Siedlungsbild. Alles zusammen läßt an eine frühe Gehöftbildung denken.

Das Roden

Freiräume für die ersten Siedlungen mit ihren Ackerflächen mußten in den ausgedehnten Laubmischwäldern erst durch Rodungen geschaffen werden. An exponierten Südhängen waren die Wälder oft besonders licht, so daß hier bevorzugt erste Siedlungen entstanden. Der Holzeinschlag lieferte die zum Bauen notwendigen Eichen und Eschen. Auf weiteren Rodungsflächen entstanden erste Äcker. Vor allem Linden wurden geschnaitelt, um das Vieh auch im Winter versorgen zu können. Waldweide, Ziegen- und Schafverbiß sowie der andauernde Holzeinschlag – all das half, den Urwald zu dezimieren und das Waldbild nach den Ansprüchen des wirtschaftenden Menschen zu formen. Erst solche direkten, immer massiver werdenden Eingriffe in die Natur führten zu unserer Kulturlandschaft und den damit verbundenen Folgen.

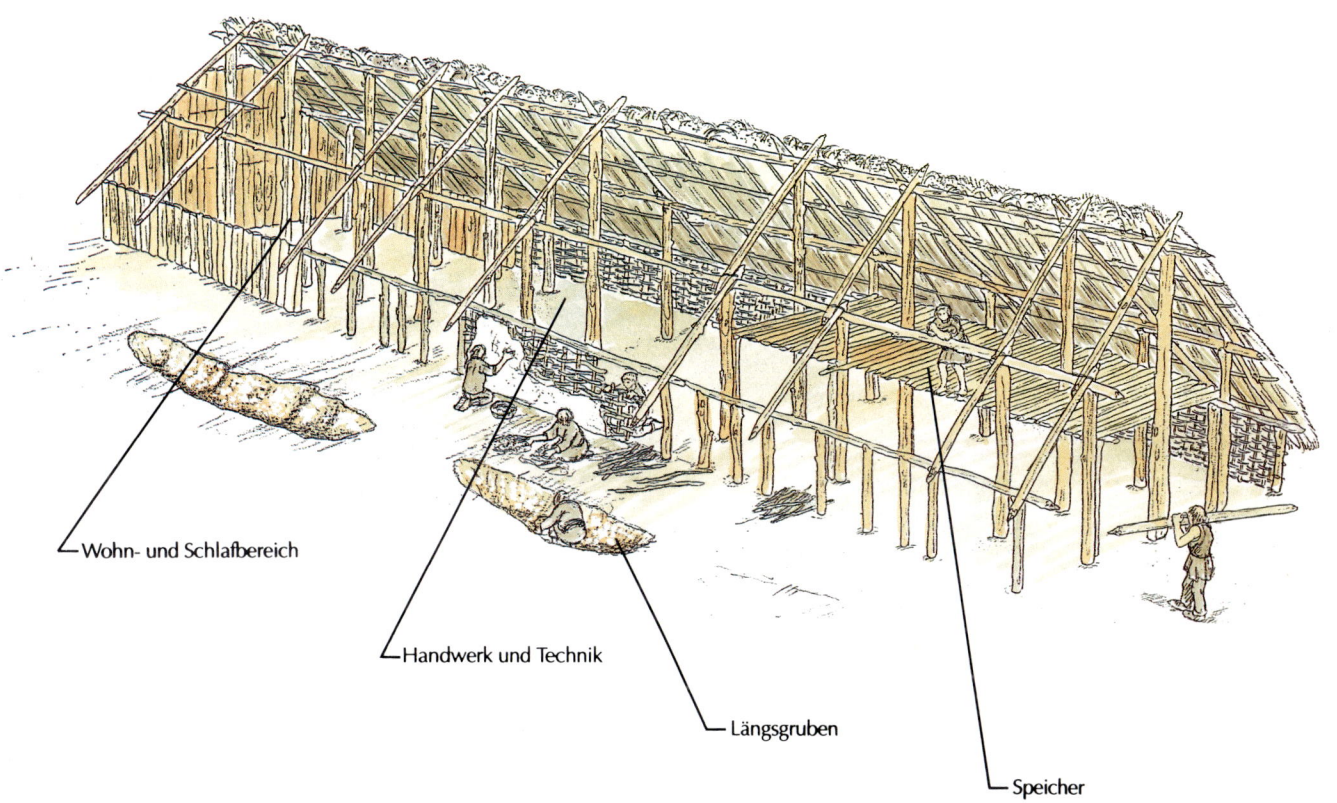

Wohn- und Schlafbereich

Handwerk und Technik

Längsgruben

Speicher

Erste Häuser und Speicher
Die neue, seßhafte Lebensweise erforderte architektonische Lösungen, die sich grundsätzlich von den mobilen Unterkünften früherer Zeiten unterschieden. Am Beginn der durch Holz, Lehm und Flechtwerk charakterisierten alteuropäischen Bauweise steht somit die überlebenswichtige Notwendigkeit, Mensch, Tier und Vorräten einen dauerhaften, funktionalen Ort zu schaffen.

Vereinzelt sind bereits aus der älteren Bandkeramik größere Gräben in Zusammenhang mit Siedlungsstellen bekannt. Bisher nur fragmentarisch untersucht und eher zufällig angeschnitten, wissen wir weder etwas über die Form der Gesamtanlage noch über deren Funktion. Recht zahlreich belegt sind dagegen kreisförmige bis ovale Erdwerke aus der jüngeren Bandkeramik. Sie konzentrieren sich nach vorläufigem Forschungsstand entlang der Donau und im Einzugsgebiet des Rheins.

Materielle Kultur

Fast alles, was aus diesen siedlerischen Anfängen die Zeiten überdauert hat und bei Aufsammlungen oder seltener bei Ausgrabungen nach über 7000 Jahren zum Gegenstand kulturgeschichtlicher Betrachtung wurde, besteht aus bearbeiteten Steinen, Knochen und zu Bruch gegangenen Gefäßen. So definieren nur wenige typische Formen das uns bekannte Bild der materiellen Kultur. Erst zusammen mit Grabungsbefunden und botanischen, zoologischen sowie anthropologischen Untersuchungen entsteht ein Bild über die Bevölkerung jener Zeit.

Stationen eines bandkeramischen Gefäßes.

Keramik

Nahezu das gesamte keramische Gefäßinventar besteht aus Größen- und Formvariationen der drei Grundformen Kumpf, Schale und Flasche. Dazu kommen Applikationen wie Knubben, Grifflappen und Ösenhenkel. Die dünnwandige und leichte Keramik ist aus feinsandigem Ton hergestellt, ihre Oberfläche poliert. Anfangs war solche Keramik noch innerhalb des gesamten Verbreitungsgebiets recht einheitlich verziert und gearbeitet; ihre Muster beschränkten sich auf die zentralen Motive Spirale, Winkel und Mäanderhaken. Dann aber lassen sich mit zunehmender Kulturdauer lokale Stile ausmachen. In der jüngeren Bandkeramik hat schließlich jeder größere Siedlungsbereich seinen eigenen Regionalstil. Für Südwestdeutschland gibt es davon mindestens vier, und zwar im Neckarmündungsgebiet, am Südlichen Oberrhein, am Mittleren Neckar sowie an der Tauber.

94

Kleine Plastiken, aus Ton geformt und gebrannt, sind regelhaft, wenn auch selten Bestandteil des Inventars. Meist handelt es sich um Darstellungen von Haustieren, insbesondere um Rinder. Menschendarstellungen, seien sie vollplastisch, als Relief oder auch als Ritzung auf einem Gefäß, sind uns nur in Ausnahmefällen überliefert.

Gruben, die Müllplätze der Jungsteinzeit
Nahezu alle Funde aus vorgeschichtlichen Siedlungen, sofern sie in Mineralböden lagerten, stammen aus Gruben. Meist waren sie als eine Art Keller zur Überwinterung von Vorräten angelegt und dienten danach der Abfallbeseitigung. In diese „Mülleimer" wanderte zerbrochener oder abgenutzter Hausrat, die Reste der Mahlzeiten und sonstiger Unrat. Auch die Brände in den Siedlungen und die damit verbundene Schuttbeseitigung tragen nicht unerheblich dazu bei, daß solche Grubeninhalte zu regelrechten Schatzkammern und Archiven der Sachkultur vorgeschichtlicher Gemeinschaften wurden. Eberdingen-Hochdorf (Kreis Ludwigsburg). Mit Siedlungs- und Bauschutt verfüllte Grube.

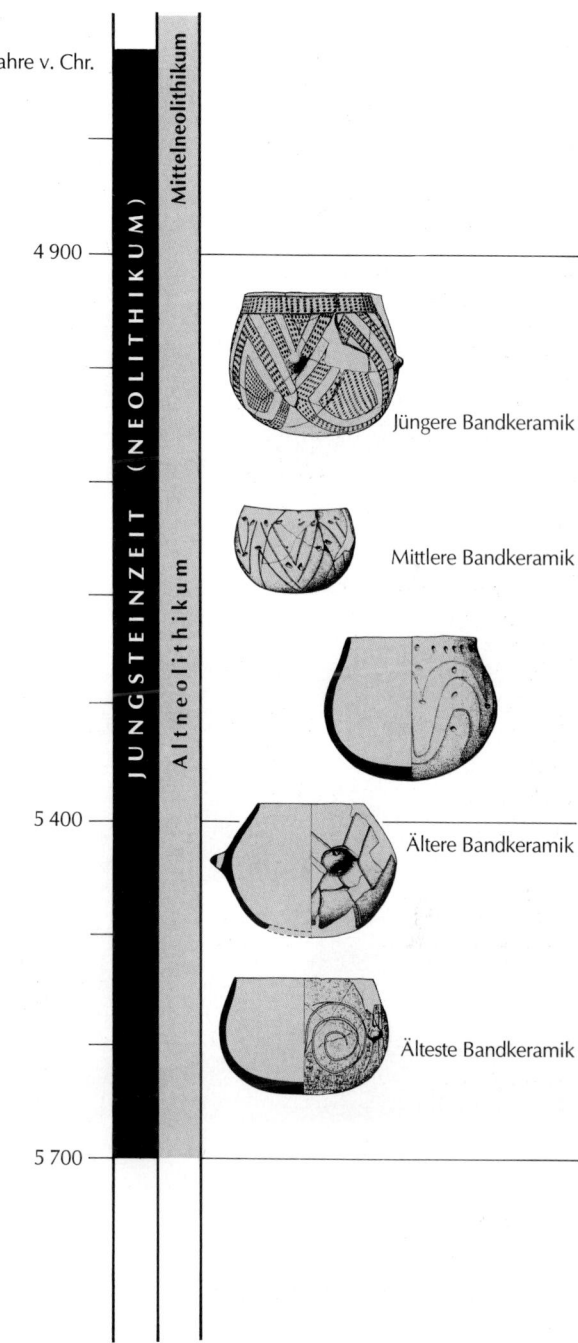

Jahre v. Chr.

Mittelneolithikum

JUNGSTEINZEIT (NEOLITHIKUM)

Altneolithikum

4 900

5 400

5 700

Jüngere Bandkeramik

Mittlere Bandkeramik

Ältere Bandkeramik

Älteste Bandkeramik

Im Lauf von nahezu acht Jahrhunderten Keramikentwicklung ändern sich weniger die Formen der Gefäße als deren Verzierungsmuster. Generell führt die Stilentwicklung von geritzten einfachen Mäanderhaken und -schleifen zu zahlreichen Nebenmotiven und eingestochenen Ornamentfüllungen.

Gefäßformen der Bandkeramik
Von links nach rechts: Verzierter Kumpf (Schwäbisch Hall). Kleine Flaschen mit Ösenhenkeln (Stuttgart-Mühlhausen). Zwei verzierte Kümpfe (Ditzingen-Schöckingen und Stuttgart-Mühlhausen). Vorratsgefäß (Steinheim/Murr). Im Hintergrund eine Butte (Leingarten-Großgartach).

Steinbeile – Gerät und Waffe

Ein Beil, Werkzeug und Waffe in einem, vereinigt viele Verwendungsmöglichkeiten: Als verlängerter Arm geschaffen, bündelt es an seiner Schneide die Körperkraft – wie ein künstlich geschaffener Hebel-arm. Erhalten sind fast ausschließlich Steinklingen. Für eine gute Klinge eigneten sich nur wenige Gesteinsarten, aus denen sich immerzu scharfbleibende, nicht absplitternde Schneiden und bruchfeste Beilkörper herstellen ließen. Es gibt kaum Gesteine, die solche Anforderungen erfüllen: Zu Be-

Stuttgart-Bad Cannstatt, Seelberg. Oberteil einer Butte. In die Randpartie ist als zentrales Motiv ein Gesicht eingearbeitet. Links davon die Darstellung einer stark vereinfachten menschlichen Gestalt.

ginn des Neolithikums finden wir fast ausschließlich Klingen aus Amphibolith, ein Stein, der bei uns nicht heimisch ist und deshalb über mehrere hundert Kilometer hinweg verhandelt wurde. Das elastische, dehnbare, geschmeidige und dennoch harte Holz für den Beilholm kam von Ulme und Esche.

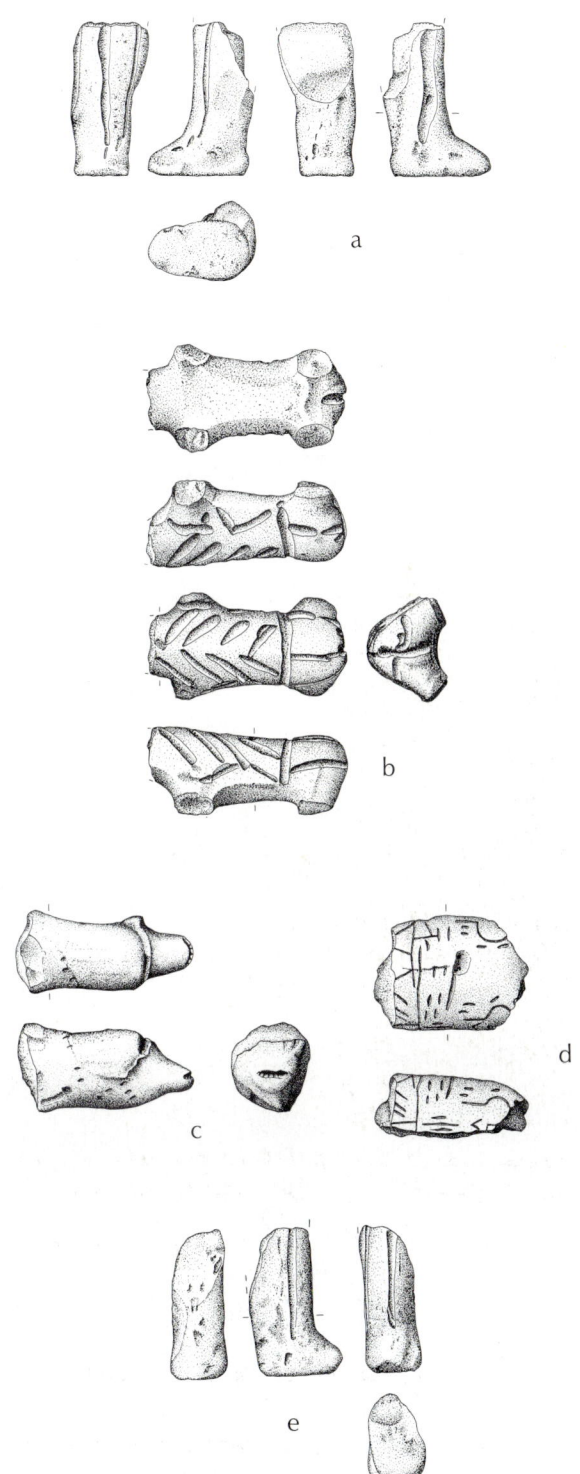

Fragmente bandkeramischer Kleinplastik aus (a), (b), (e) Stuttgart-Mühlhausen, (c) Fellbach, (d) Leonberg.

Steinbeile: Gerät und Waffe
Dechsel sind unverwechselbare Bestandteile des bandkeramischen Inventars. Sie variieren stark in ihrer Größe – von der mächtigen Fällaxt bis hin zum kleinen, für feine zimmermannstechnische Arbeiten geeigneten Gerät. Sie wurden vor allem bei Holzarbeiten benutzt. Die Steinklingen stammen aus Stuttgart-Mühlhausen (Viesenhäuser Hof). Bei den beiden voll-ständigen Beilen handelt es sich um Nachbildungen.

Die Beilklingen der Bandkeramik haben eine asymmetrische Schneidenpartie: oben stark ge-wölbt und unten nur flach ansteigend. Das bedeu-tet, daß die Klinge rechtwinklig zum Holm geschäf-tet sein muß, man bezeichnet dies als Dechselschäf-tung. Diese Schäftungsart und die Eigenschaften der Steinbeilklinge erforderten eine Schlagtechnik, die von der heutigen völlig abweicht. Am ehesten ist sie mit der Fälltechnik eines Bibers zu vergleichen.

Daß diese geschliffenen und geschäfteten Steinbeile nicht nur handwerklich nutzbar waren, sondern zugleich auch als Waffen dienten, zeigen eindrücklich die Hiebverletzungen der Toten des Massengrabs von Talheim.

Feuerstein

In weit größerem Maß als Formen und Verzierungen bei der Keramik wird die Form von Steinwerkzeugen durch technische Notwendigkeiten und handwerkliche Möglichkeiten bestimmt. Manchen steinzeitlichen Geräteformen wie Bohrern und Beilklingen sieht man heute noch ihre ehemalige Funktion an. Aus Silex gab es eine ganze Reihe verschiedener Gerätetypen, etwa Kratzer, Sichelklingen, Messer, Bohrer oder Pfeilspitzen. Neben den gebräuchlichsten dreieckigen Pfeilspitzen wurde eine weitere trapezförmige oder rechteckige Form verwendet. Diese Pfeilspitzen waren so geschäftet, daß eine lange Kante vorne lag. Solche Geschosse drangen zwar nicht sehr tief ein, rissen aber große Wunden, an denen das Opfer rasch verblutete.

Handel und Beschaffung

Der Werkstoff Feuerstein kommt nicht überall vor. Seine Beschaffung kann deshalb, ebenso wie die des Amphibolith, als wichtiger Wirtschaftsfaktor gelten. Die in den Siedlungen des Albvorlandes gefundenen Feuersteine etwa stammen überwiegend aus einem Vorkommen auf der Schwäbischen Alb bei Bad Urach. Dort wurde der anstehende Jurahornstein offensichtlich bergmännisch abgebaut.

Die Bewohner der einzelnen Siedlungen dürften sich diese Hornsteine dennoch kaum an Ort und Stelle beschafft haben. Bei einem leicht errechenbaren Bedarf von wenigen Kilogramm jährlich waren wahrscheinlich mehrere Dörfer in einem Verbund zusammengeschlossen, in dem von einer Zentralsiedlung aus die Versorgung mit Feuerstein organisiert wurde. Je größer dabei die Entfernung zum Feu-

Kern

Klopfer

Klingen

Sichelklingen

Bohrer   Abschlagskratzer

Feuersteingeräte der Bandkeramik. (Stuttgart-Mühlhausen).

Pfeilspitze mit Pechresten. (Blaustein-Ehrenstein).

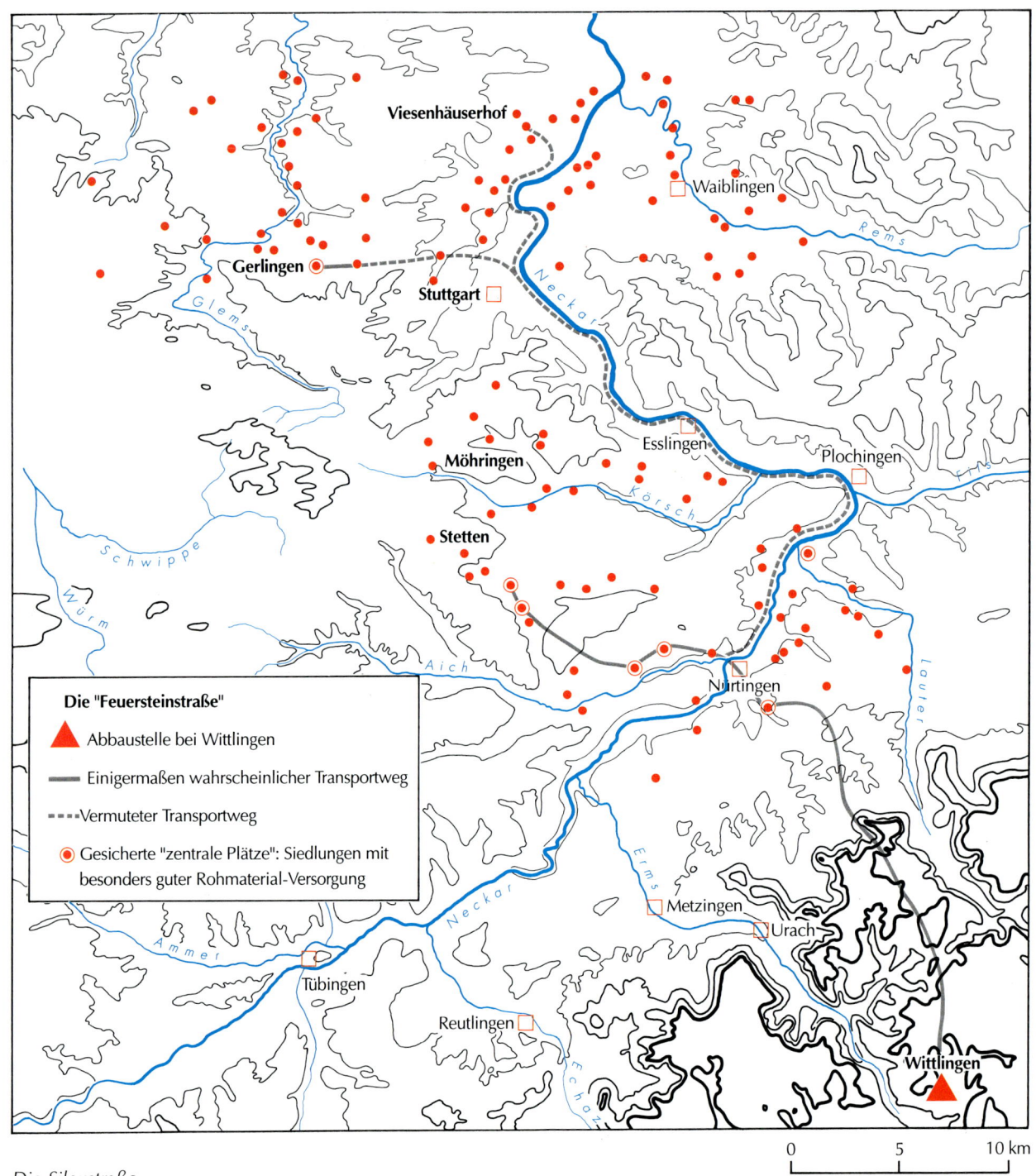

Die Silexstraße
Am Abbauplatz Wittlingen oberhalb von Bad Urach liegen heute noch riesige Mengen Abfall, doch fast keine Werkzeuge. Auch die großen Siedlungen der Filder weisen überwiegend Abfall auf, waren demnach gut mit dem Rohmaterial Feuerstein versorgt. Dagegen finden sich nördlich von Stuttgart und in den kleinen Siedlungen der Filder kaum noch große Abfallstücke, dafür aber viele unbrauchbar gewordene Werkzeuge.

ersteinvorkommen war, desto sparsamer mußte man naturgemäß mit diesem Werkstoff umgehen. Die bei den Ausgrabungen und Aufsammlungen gemachten Funde geben Einblick über die Ausnutzung des Rohmaterials, da es sich hierbei fast durchweg um liegengebliebene, nicht weiter für wertvoll erachtete Abfälle handelte.

Der Feuerstein war seit der mittleren Steinzeit ein kostbares, bis zum letzten ausgenutztes Gut geworden. Neben einigen selten gebrauchten, nahe bei den Siedlungen aufgelesenen Hornsteinvarianten finden sich in geringer Zahl auch Feuersteine aus größeren Entfernungen. Aus dem Rheinland gibt es Hinweise, daß sich solche Verbindungen nicht allein auf die rein wirtschaftliche Seite beschränkten, sondern auch in verwandten Keramikverzierungen vorkamen. Verbergen sich demnach hinter dem Gütertausch, von dem wir nur zufällige Ausschnitte fassen können, weitere soziale Phänomene? Auffallend ist, daß auf der Filderebene Kreidefeuersteine aus den Niederlanden vorkommen, jedoch so gut wie keine Hornsteine aus Bayern. Dies kann nur bedeuten, daß es Nord-Süd-Beziehungen gegeben haben muß. Im anschließenden Mittelneolithikum, das durch Importe von der Fränkischen Alb gekennzeichnet ist, überwogen dagegen Ost-West-Kontakte.

Wirtschaftsweise und Ernährung

Im allgemeinen sind alle bandkeramischen Kulturen bäuerlich, daher überwiegend von Ackerbau und Viehhaltung geprägt. Zwar hat zu Beginn der Besiedlung die Jagd noch eine recht große Bedeutung für das Nahrungsaufkommen; recht bald aber verliert sie sich, was die geringen Mengen an Schlachtabfällen von Wildtieren in den Abfallgruben bezeugen. Dagegen kommt der Versorgung mit Wildfrüchten nach wie vor große Bedeutung zu – Beeren, Nüsse und Wildäpfel stehen im Sommer und Herbst auf dem täglichen Speiseplan. Vermutungen gehen sogar dahin, daß solche Hecken, von denen man vorwiegend Früchte absammelte, regelrecht gehegt und gepflegt wurden.

Der Tod

Vorstellungen vom „ewigen Schlaf" könnten die Bandkeramiker veranlaßt haben, ihre Toten überwiegend in einer rechts- oder linksseitigen Schlafhaltung mit angewinkelten Armen und Beinen zu bestatten. Einige extrem angehockte Bestattungen in engen und kurzen Grabgruben sind offensichtlich durch die Fesselung der Toten bedingt. Lange Zeit waren aus der Bandkeramik Südwestdeutschlands ausschließlich solche charakteristischen „Hockergräber" bekannt. Seit kurzem aber werden mehr und mehr Brandbestattungen aufgedeckt. Hinter beiden Bestattungsarten stecken unterschiedliche religiöse Vorstellungen – hier der Schlaf in der Erde, dort das den Körper verzehrende Feuer. Inwieweit diese Auffassungen auch Einfluß auf das Leben oder soziale Hintergründe hatten, ist völlig unbekannt. Weder gibt es hierfür Hinweise in der materiellen Kultur, noch sind bisher entsprechende, dem Totenbrauchtum dienende Kultstätten bekannt.

Gewalt

Im bandkeramischen Massengrab bei Talheim wurden die Opfer eines regelrechten Massakers verscharrt. Offensichtlich gewinnt das Töten von Menschen nun eine andere Bedeutung. Die Psychorevolution der Neolithisierung bringt als wesentliches Merkmal ein bisher nicht gekanntes Aggressionspotential mit sich, das kriegerische Konflikte wie selbstverständlich mit einbezieht. Dieser martialische Aspekt gehört ebenso zu den Neolithikern wie die produzierende Nahrungsgewinnung. Besitzdenken, Ausgrenzung anderer Menschengruppen und ein intensiviertes Selbstbewußtsein scheinen von nun an die Bereitschaft zu planmäßigem und gewaltsamem Aneignen von anderem Besitz mit einzuschließen.

Beispiele

Erste Bauern auf der Schwäbischen Alb – die Siedlung Ulm-Eggingen

Auf dem Hochsträß westlich von Ulm, einen Kilometer südöstlich des heutigen Eggingen lag diese Ansiedlung. Die Ausgrabungen am Rand einer expandierenden Sandgrube dauerten von 1982 bis 1985. Die Anlage gehört zu den wenigen großflächig untersuchten Siedlungsstellen des Altneolithikums in Württemberg. Die Auswertung der Funde und Befunde führte erstmals zu recht verläßlichen Vorstellungen über bauliche Veränderungen während einer langen Besiedlungszeit an ein und demselben Ort – allerdings mit der Einschränkung, daß sich die ursprüngliche Größe des Dorfs wegen der Zerstörung durch den fortschreitenden Sandabbau nur noch schwer einschätzen läßt. Mit etwa sechs bis sieben Hektar dürfte es annähernd sechs mal so groß wie die eigentliche Ausgrabung gewesen sein.

Hier könnten während der 400 Jahre Siedlungsdauer mehr als 200 Häuser gestanden haben. In der noch ungestörten Restfläche von 16 000 Quadratmetern ließen sich nur noch 34 bandkeramische Hausgrundrisse aufdecken. Bei zwölf Befunden handelte es sich um für die bandkeramische Architektur typische Großbauten. Weitere zwölf Häuser

Ulm-Eggingen. Luftbild der bandkeramischen Siedlung während der Ausgrabung.

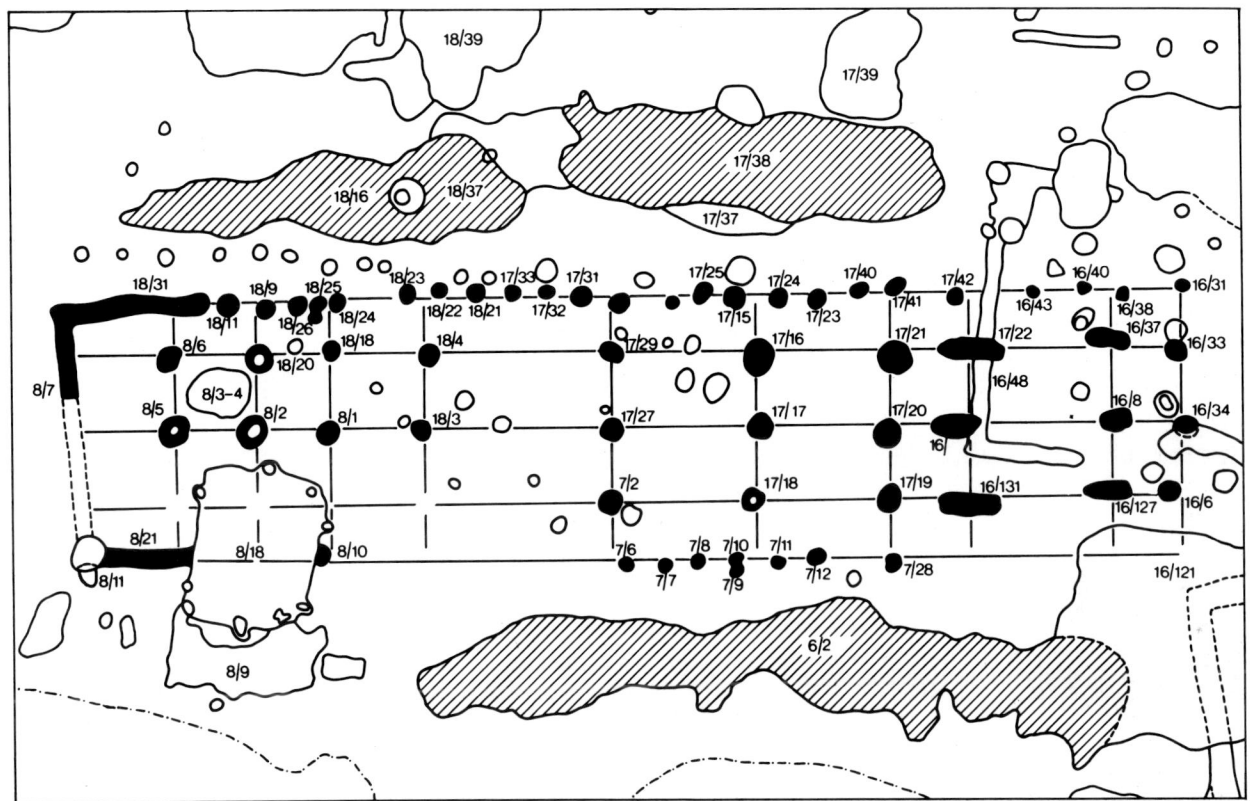

Eggingen. Grundriß von Haus 10 (Bauperiode 6)

waren als mittelgroße Gebäude zu erkennen. Sieben Kleinbauten bestanden nur aus dem Mittelteil der Großhäuser. Drei weitere Grundrisse waren zu fragmentarisch erhalten, als daß man sie noch näher hätte bestimmen können. Alle Häuser waren von Längsgruben begleitet. Anhand von charakteristischen Verzierungen auf Keramikscherben ließ sich der Siedlungsbefund in acht aufeinanderfolgende, teilweise ineinander übergehende Bauphasen untergliedern. Das Dorf wurde demnach am Ende der älteren bandkeramischen Kultur gegründet, erlebte seine größte Ausdehnung in deren mittlerer Phase bis man es schließlich während der jüngeren Bandkeramik verließ.

Gräben im Löß – das Erdwerk Heilbronn-Neckargartach

Erst 1980 entdeckt, mußte das Erdwerk 1987 ausgegraben werden, bevor das Gelände überbaut wurde. Luftbilderfassung und geomagnetische Prospektion ergaben bereits vor der Grabungstätigkeit zahlreiche Anhaltspunkte über Ausdehnung, Form und Bedeutung dieser Anlage, bis die Ausgrabung dann zu folgendem Befund führte: Das ovale Erdwerk hatte ursprünglich wohl aus drei Ringgräben bestanden, von denen die beiden inneren infolge hochgradiger Bodenerosion nur noch in Ausschnitten erhalten waren. Wenige Pfostenspuren und Gruben lassen nichts Konkretes über Sinn und Zweck dieser Anlage erkennen, lediglich ihre Datierung in die jüngere Bandkeramik scheint aufgrund des vorgefundenen Scherbenmaterials gesichert.

Heilbronn-Nek-
kargartach. Das
bandkeramische
Erdwerk.

Die Graben-
ringe im Luftbild
zeichnen sich als
dunkle, humus-
gefüllte Verfär-
bungen im Acker
ab.

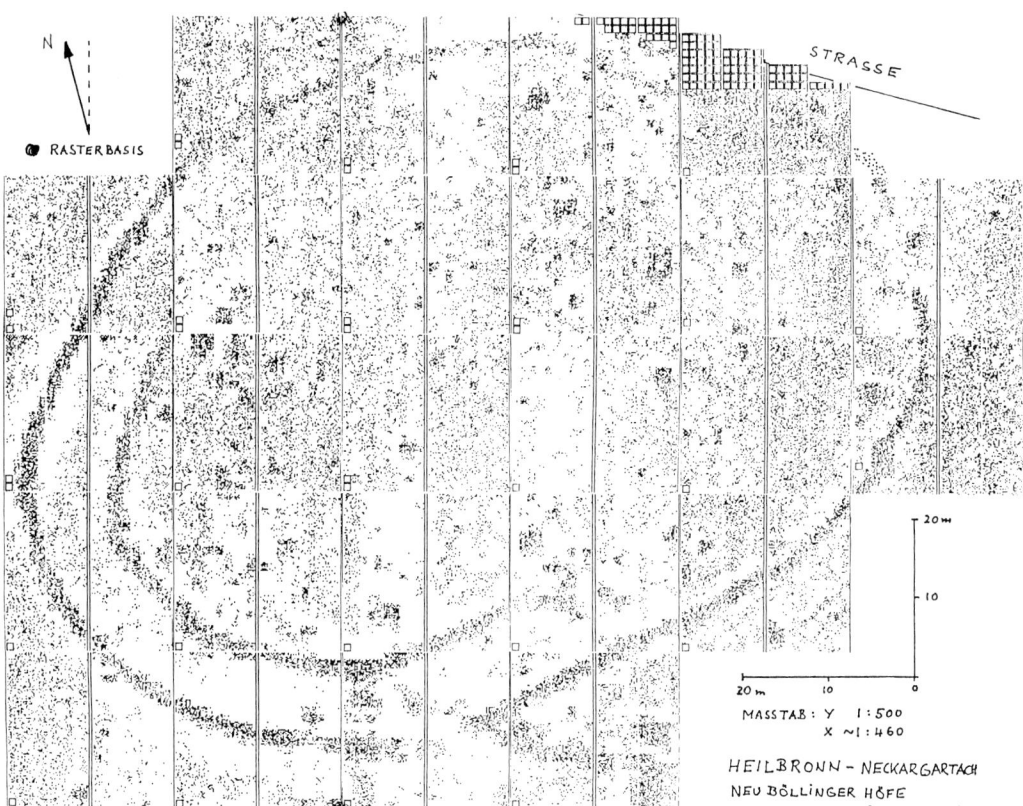

N

RASTERBASIS

STRASSE

20 m

10

20 m   10   0

MASSTAB : Y 1:500
         X ~1:460

HEILBRONN - NECKARGARTACH
NEU BÖLLINGER HÖFE
20.4.1988 JANSEN

Mit Hilfe geoma-
gnetischer Pro-
spektionen las-
sen sich die im
Boden verborge-
nen Baulichkei-
ten als Anoma-
lien erkennen.

Bei der Ausgrabung werden alle Boden-verfärbungen im hellen Lößboden freigelegt und dokumentiert.

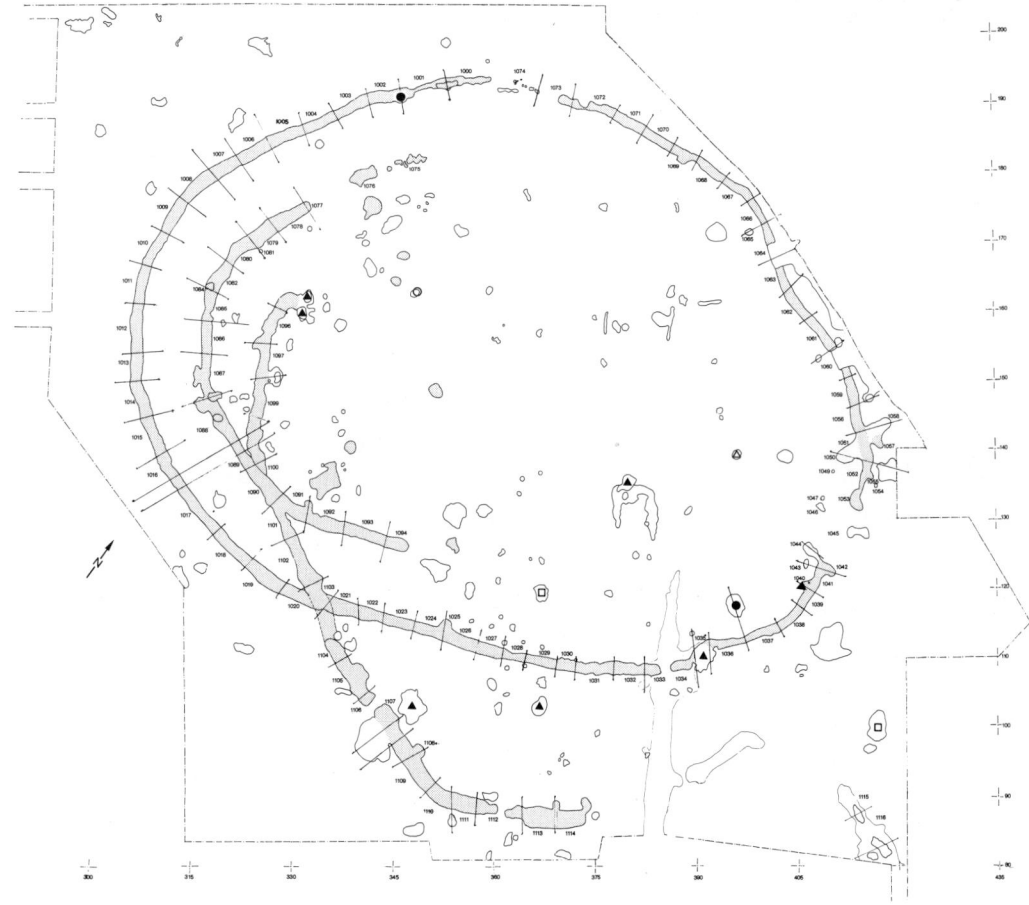

Der nach der Ausgrabung zusammengestellte Gesamtplan gibt den tatsächlich ergrabenen Befund wieder.

Ein Dorffriedhof –
Gräberfeld Viesenhäuser Hof

Die sich nach Osten hin öffnende, lößüberdeckte Senke des Viesenhäuser Hofs zwischen Kornwestheim und Neckar war wohl während der gesamten Bandkeramik-Zeit besiedelt. La-Hoguette-Gefäße und solche der frühesten Bandkeramik belegen hier eine Siedlung noch vor Mitte des 6. Jahrtausends v. Chr. Mehrere Kleinplastiken heben das Fundspektrum aus dem Üblichen heraus. 1920 wurden erstmals verbrannte Steine und rohe Scherben aus der Jungsteinzeit in den „Fundberichten aus Schwaben" bekanntgemacht. Darauf erbrachten zahlreiche Begehungen und einige Grabungen die Erkenntnis, daß rund um den Viesenhäuser Hof vor allem während Alt- und Mittelneolithikum, aber auch noch in den vorrömischen Metallzeiten eine rege Siedlungstätigkeit geherrscht haben mußte.

Zur Klärung der Befundsituation unternahm das Denkmalamt zwischen 1931 und 1933 eine ausgedehnte Grabung, die den alt- und mittelneolithi-

● Frauen
● Männer
● Kinder

● Unbestimmbare Gräber
• Nicht orientierbare Gräber, vollständig gestörte Gräber
▨ Ungefähre Orientierung des Grabes

Stuttgart-Mühlhausen, Viesenhäuser Hof. Gesamtplan des 1982 freigelegten Gräberfelds.

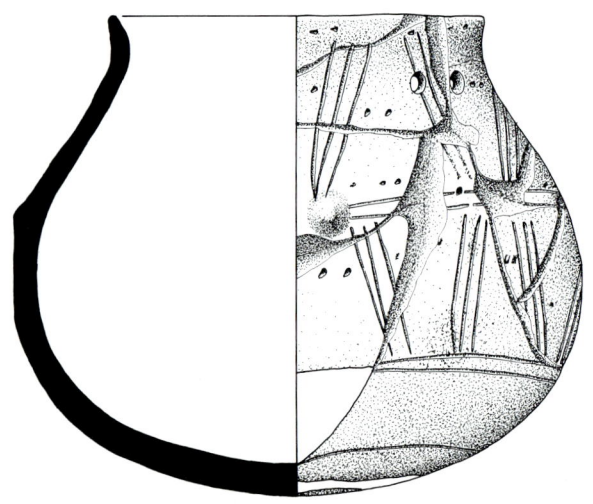

Bandkeramischer Kumpf mit einer alten Flickung, erkennbar an den Bohrlöchern beidseits des Bruchs: Die Scherben wurden mit Birkenpech geklebt und zusätzlich mit Fäden verschnürt, die man durch die Bohrung führte. Stuttgart-Mühlhausen, Gefäß aus der Grabung von 1932.

schen Gruben galt. Dabei konnten auch Reste eines bandkeramischen Erdwerks sowie drei in die gleiche Zeit gehörende Gräber aufgedeckt werden. 1982 erfolgte eine weitere Grabung, die das seit langem bekannte bandkeramische Gräberfeld zum Ziel hatte. Seit 1991 schließlich finden groß angelegte Siedlungsgrabungen statt, weil das Gelände bebaut werden soll.

Die Grabung des Jahres 1982

Damals konnten noch 82 Körpergräber nachgewiesen werden. Das Gräberfeld gehört damit zu den wenigen großen bandkeramischen Friedhöfen Württembergs. Daß es noch um einiges größer ge-

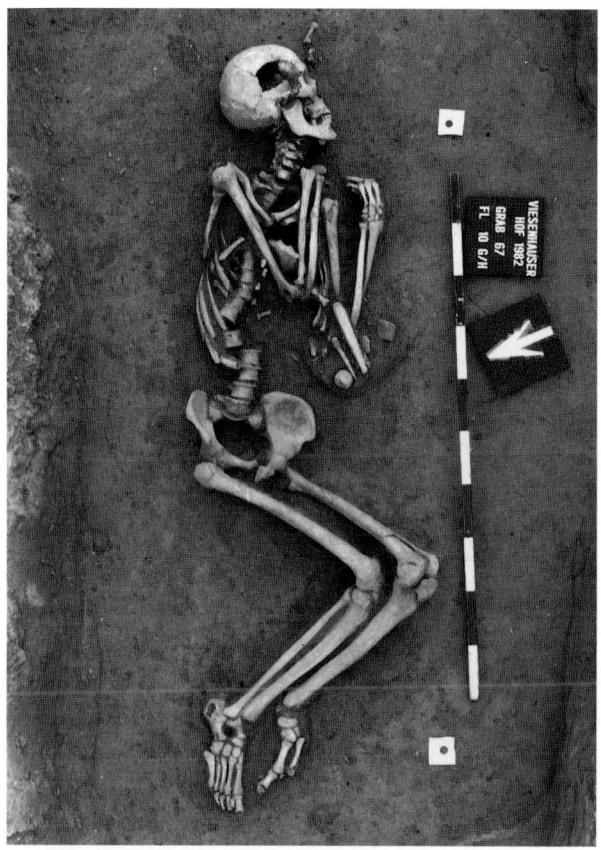

Viesenhäuser Hof, Grab 67

Bestattet ist ein 40 bis 50 Jahre alter Mann in Seitenlage. Die Beine sind in der üblichen Art angehockt. In einer Tasche oder einem Beutel nahe der Hüfte hatte er einige für die Zeit typische Werkzeuge, deren Anzahl und Auswahl seine Bestattung von den anderen abhebt. Offensichtlich hat sich der vergleichsweise betagte Mann, bei dem altersbedingte Gebrechen nachzuweisen waren, vorwiegend im häuslichen Bereich bewegt und mit entsprechenden Tätigkeiten wie Wartung und Herstellung von Geräten des täglichen Gebrauchs beschäftigt. Vermutlich hat man Geschick und Erfahrungen dieses Mannes in der kleinen Gemeinschaft so sehr geachtet, daß man ihm als spezialisiertem Handwerker seine Werkzeuge mit ins Grab gab.

Viesenhäuser Hof, Grab 47

Der 30 bis 40 Jahre alte Mann wurde auf dem Rücken liegend bestattet. Die Gefäßbeigaben waren zehn Zentimeter über den Grabboden gestellt, was den Schluß nahe legt, daß die Keramik ursprünglich auf einer nicht mehr erhaltenen Grababdeckung niedergelegt wurde. Auffällig ist die unnatürlich abgeknickte Haltung des rechten Oberarms. Sie rührt von einem unverheilten Bruch her. Dort war die Knochensubstanz brüchig, teilweise aufgelöst und von Metastasen befallen. Vermutlich hatte dieser Mann Knochenkrebs, der kurz vor oder kurz nach dem Tod zur Fraktur des Oberarms führte. Seinen rechten Arm konnte er wegen dieser Krankheit nicht mehr gebrauchen. Dies ist wohl auch der Grund, weshalb man ihm sein Steinbeil in die gesunde Linke und nicht in die Rechte, die „Arbeitshand" legte.

wesen sein muß, zeigen sowohl ausgepflügte Grabbeigaben als auch mehrere, durch vorgeschichtliche Bodeneingriffe zerstörte Bestattungen. Zahlreiche Gräber waren zudem durch den Pflug, aber auch durch nachfolgende vorgeschichtliche Besied-

lungen der späten Hallstatt- und Frühlatènezeit gestört.

Durch den unverkennbar aus dem mittleren Neckarland stammenden Verzierungsstil der beigegebenen Gefäße gehören die Grablegen der mittleren und späten bandkeramischen Kultur an, die um 5000 v. Chr. bestanden hat. 27 Bestattungen wiesen Beigaben auf; allein 21 hiervon sind Männergräber, in denen neben Fleischbeigaben, Stein-, Knochen- und Hirschgeweihgeräten in 14 Fällen auch die typische Keramik mitgegeben wurde.

Die jungsteinzeitliche Gemeinschaft hat ihre Toten überwiegend hockend in Ost-West-orientierten Erdgruben bestattet. Blickrichtung und Seitenlage der Beerdigten wechseln allerdings, ohne daß wir hierfür heute noch erklärbare Regeln oder Vorstellungen ausmachen könnten.

Das Massengrab von Talheim

Etwa einen knappen Kilometer westlich vom Talheimer Ortskern, 500 Meter östlich des Neckars liegt, ganz in der Nähe einer Quellmündung an einem sanft nach Südwesten geneigten Hang die Fundstelle in Flur „Pfädlen". Der Befund kam zufällig bei der Erweiterung eines Frühbeets auf einem Aussied-

Männer

Talheim. Umzeichnung des Gesamtbefunds.

Talheim (Kreis Heilbronn). Das Massengrab während der Freilegung.

lerhof zutage. Nachdem der Besitzer auf Menschenknochen, darunter einen Unterkiefer gestoßen war, meldete er dies der Gemeindeverwaltung, die das Landesdenkmalamt verständigte. Darauf wurden jeweils im Frühjahr der Jahre 1983 und 1984 Grabungen unternommen. Der Befund ist bisher einmalig für das Altneolithikum. Offensichtlich wurde hier die gesamte Dorfbevölkerung ermordet. In das als flache Grube angelegte Massengrab waren 34 Leichen regellos durcheinandergeworfen. An 18 Leichen wurden schwere, unverheilte Schädelverlet-

Frauen

Kinder

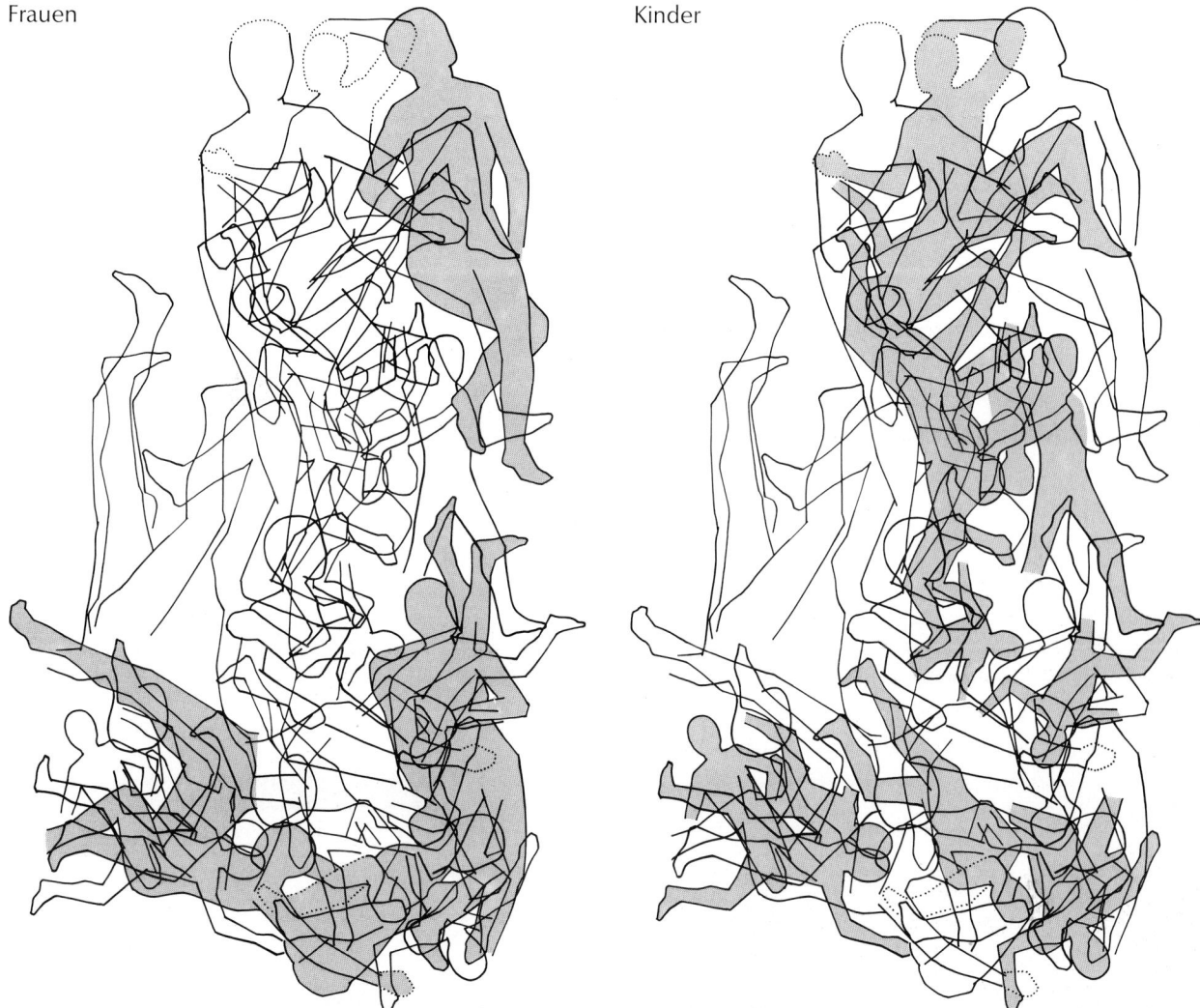

Talheim. Umzeichnung des Gesamtbefunds.

zungen festgestellt, die durch bandkeramische Schuhleistenkeile, Flachhacken, stumpfe Waffen und in zwei Fällen auch durch Pfeilschüsse verursacht waren. Die überwiegende Anzahl der Opfer wurde dabei von hinten erschlagen. Weitere Hiebe folgten auf bereits am Boden liegende, wehrlose Opfer. Hinweise auf die Angreifer selbst liegen nicht vor. Allein die Wahl der Waffen macht deutlich, daß es sich um Menschen des bandkeramischen Kulturkreises gehandelt haben dürfte.

Das Massengrab wurde im Dorfbereich angelegt. Beim Zuschütten gelangte auch Abfall aus der Siedlung mit in die Füllung. Er zeigt die für das mittlere Neckarland typische Ausprägung der jüngeren Bandkeramik. Über das Dorf selbst ist durch die Ausgrabungen bisher nichts bekannt geworden. Lesefunde lassen darauf schließen, daß es seinen Siedlungsschwerpunkt in der Flur „Steinäcker" hatte.

Hinkelstein – Großgartach – Rössen: die mittlere Jungsteinzeit

Zu Beginn des 5. vorchristlichen Jahrtausends läßt sich eine zunehmende Auffächerung der bandkeramischen Regionalgruppen feststellen. Gleichzeitig werden zahlreiche Siedlungsplätze aufgegeben, die zuvor 200 Jahre und länger besiedelt waren. Dieser Wandel markiert das Ende der bandkeramischen Kultur und damit auch das Ende unseres heimischen Altneolithikums.

Von Landschaft zu Landschaft unterschiedliche, teilweise kleinräumige Entwicklungen führen nun zur Bildung neuer Kulturen. Zwar lassen sie sich als direkte Fortsetzung der altneolithischen Tradition erkennen, doch gibt es so deutlich ablesbare Veränderungen und Neuerungen in Verbreitung, Hausbau, Keramik und Bestattungssitten, daß das Eigenständige die Verwandtschaft mit der Bandkeramik dominiert. Gleichzeitig ist eine anfangs zögerliche, dann jedoch immer deutlicher feststellbare Erweiterung des Siedlungsgebiets festzustellen. Vor allem entstehen nun neue Lagetypen in Flußauen und auf Höhen, ohne daß die während der Bandkeramik bevorzugte Siedlungsweise abbricht.

Älteres Mittelneolithikum

Innerhalb eines sehr begrenzten Bereichs im Verbreitungsgebiet der Linearbandkeramik bildet sich auf deren Substrat die Hinkelstein-Kultur heraus. Den Namen hierfür gab das Gewann „Hinkelstein" (Gemeinde Monsheim, Kreis Alzey-Worms). Zeugnisse der Hinkelstein-Kultur finden sich in Südwestdeutschland nur dort, wo bereits die Bandkeramik gesiedelt hatte. Diese älteste mittelneolithische

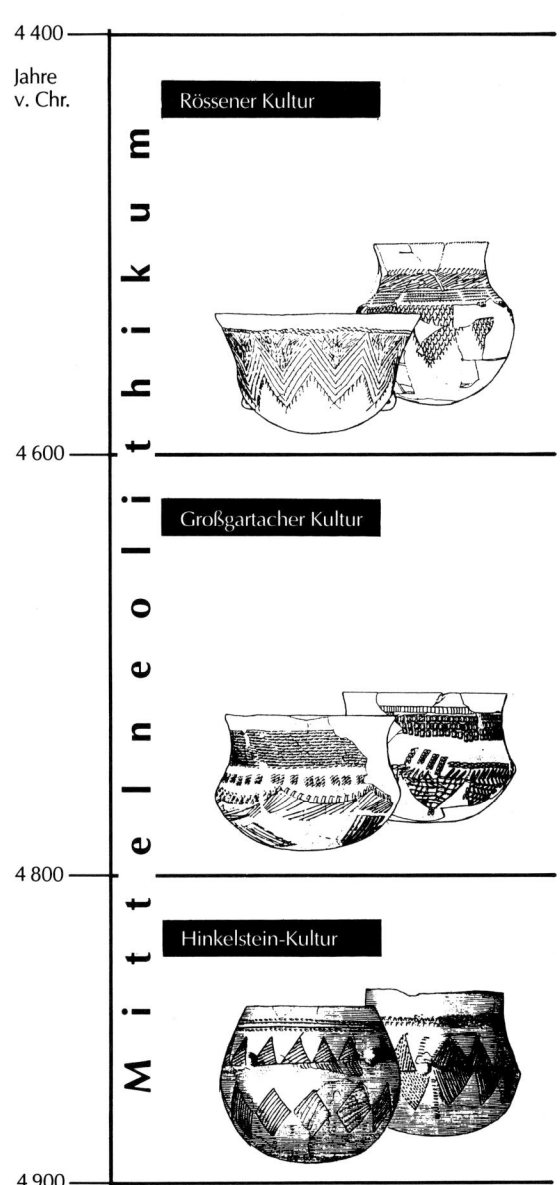

Chronologie der mittleren Jungsteinzeit.

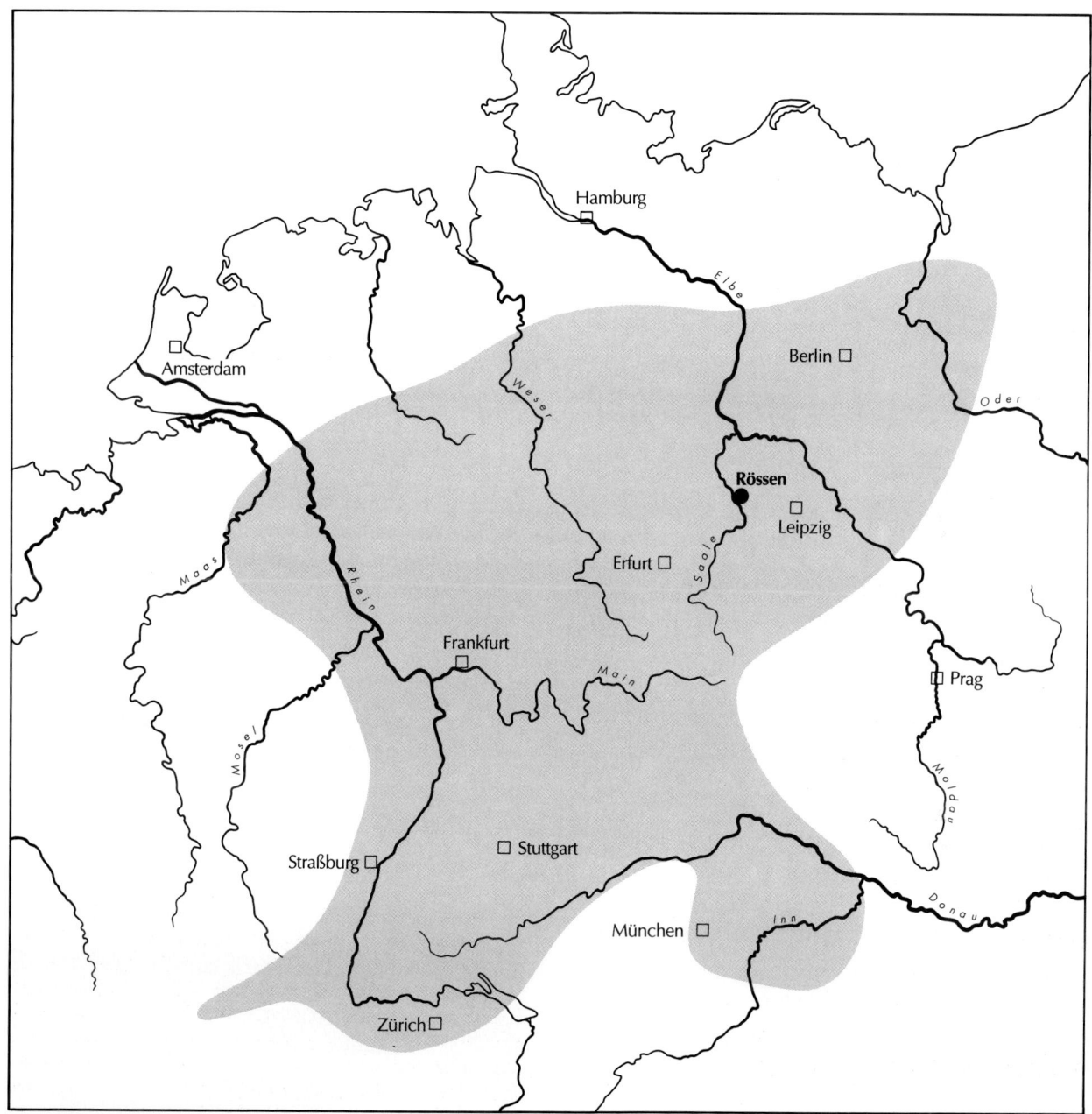

Verbreitungskarte der Rössener Kultur.

Kultur setzt ein, als im Rheinland noch die späte Bandkeramik andauerte, was mehrere Keramikimporte in diesen Siedlungen bezeugen. Auch weisen die Gefäßformen der Hinkelstein-Kultur ganz allgemein zahlreiche Übereinstimmungen mit der Bandkeramik auf. Dagegen spiegeln die Bestattungssitten neue, vom Bisherigen abweichende Vorstellungen. Nun werden die Toten in Rückenlage mit ausgestreckten Armen und Beinen beigesetzt.

Keramik der mittleren Jungsteinzeit
Von links: Vorratsgefäß (Schwäbisch Hall-Weckrieden), Schüssel der Rössener Kultur (Kirchheim/Neckar, Kreis Heilbronn).
Schüssel der Großgartacher Kultur (Stuttgart-Mühlhausen). Kleine unverzierte Schale mit Knubben, Rössener Kultur (Schwä-
bisch Hall-Weckrieden). Gefäß der Hinkelstein-Gruppe (Gräberfeld von Ditzingen).

Mittleres Mittelneolithikum

Die das mittlere Mittelneolithikum bestimmende „Großgartacher Kultur" ist eine direkte Fortentwicklung der Hinkelstein-Kultur. Augenfällig wird dies vor allem in Form und Verzierung der ihr eigenen Gefäße. Auch die bereits zuvor eingenommenen Siedlungsplätze bleiben bestehen, wie die Bestattungen auf den kleinen Gräberfeldern zeigen: Die Toten der Großgartacher Kultur werden neben den Hinkelstein-Gräbern in bewußter Traditionspflege bestattet. Ihren Namen hat die Kultur von den 1901 erstmals vorgelegten Funden auf der Flur „Stumpfwörsching" bei Großgartach.

Ammerbuch-Reusten (Kreis Tübingen). Traggefäß der Rössener Kultur.

Jüngeres Mittelneolithikum

Die Bezeichnung Rössener Kultur geht auf das große Gräberfeld bei Leuna-Rössen (Kreis Merseburg) zurück. Es wurde zwischen 1882 und 1890 ausgegraben. Als Weiterentwicklung der Großgartacher Kultur läßt sich die Rössener Kultur immerhin in drei keramische Phasen unterteilen:

– Das frühe Rössen, als Gruppe Planig-Friedberg (benannt nach den beiden Fundorten in Rheinhessen und der Wetterau), während der sich allmählich die Großgartacher Zierweisen verlieren.

– Hierdurch entsteht die eigentliche Rössener Keramikware, charakterisiert durch teppichartige, oft das gesamte Gefäß bedeckende Einstichverzierungen.

– In einer späten Phase wird diese Verzierung wieder zurückgenommen.

Der Goldberg im Nördlinger Ries
Spätestens mit der Rössener Kultur setzt die Belegung dieser Höhensiedlung ein. Lößflächen und damit ackerbaulich nutzbares Land reichen bis an den Fuß des Goldbergs (Bildmitte) heran.

Schwäbisch Hall-Weckrieden. Langhaus der Rössener Siedlung in einem Rekonstruktionsvorschlag.

Funde und Befunde

Hausbau

Den Hausbau bestimmen nach wie vor große Gebäude in altneolithischer Tradition. Sowohl die Aufteilung der Innenräume als auch der zimmermannstechnische Aufwand und damit die statischen Lösungen des Baugedankens entfernen sich mit zunehmender zeitlicher Distanz von bandkeramischen Vorgaben. So fehlt jetzt der bisher als Speicher mit Zwischenboden dienende Südostteil des Hauses. Gleichzeitig ist eine veränderte Lastabführung des schweren Dachs auf die Hauslängsseiten zu bemerken: Die Pfostenreihen werden verdoppelt, das Dach ruht nun an den Längsseiten auf einer eigenen Konstruktion. Eine hierzu parallel aufgeführte Pfostenreihe oder auch Spaltbohlenwand bildet die eigentliche Hauswand. Es gibt eine generelle Tendenz zu einem schiffs- und schließlich trapezförmigen Hausbau. Zimmermannstechnisch auffällig ist auch das Bemühen, die Anzahl der vielen, tief grundierten Dreierjoche im Hausinnern zu verringern, damit man mehr Innenraum gewinnt.

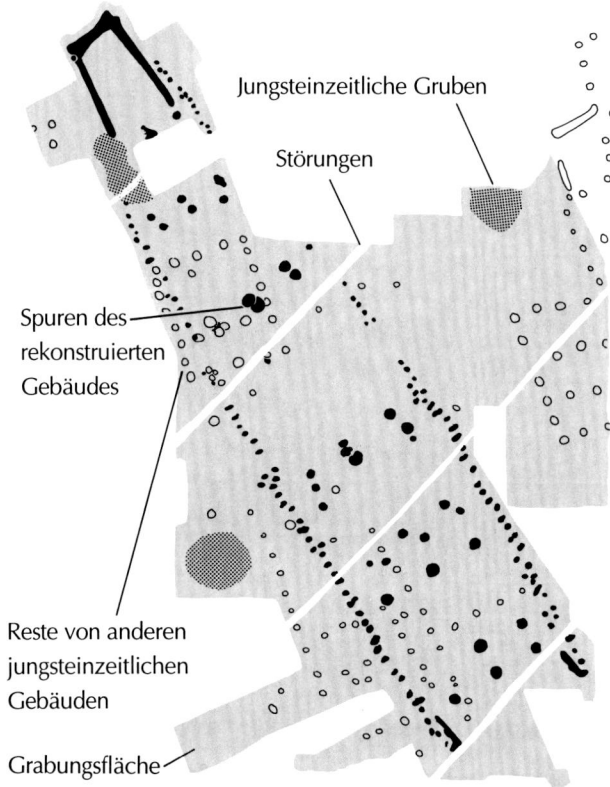

Jungsteinzeitliche Gruben

Störungen

Spuren des rekonstruierten Gebäudes

Reste von anderen jungsteinzeitlichen Gebäuden

Grabungsfläche

Schwäbisch Hall-Weckrieden. Befund eines großen Hauses der Rössener Kultur.

Zuletzt erfährt dann noch der Nordwestteil, die „Gute Stube" des bandkeramischen Hauses, eine architektonische Veränderung. Sie erscheint entweder im Grundriß nicht mehr als Bohlenwand ausgeprägt oder ist zumindest stark verkürzt. Gleichzeitig ragen hier nun die Außenwände der Längsseiten über den Querabschluß des Hauses hinaus – ein Vorplatz, wohl mit Dach, entsteht.

Keramik

Keine weitere Epoche der Jungsteinzeit zeichnet sich durch derart vielfältige und abwechslungsreiche Keramikdekors aus. Auf den stilistisch-typologischen Eigenarten der Zierweisen und Gefäßformen basiert denn auch die innere Gliederung des Mittelneolithikums, umso mehr, als nur wenige Siedlungen und kleine Gräberfelder aus Südwestdeutschland bekannt sind.

Felsstein

Erstmals werden die steineren, geschliffenen Beilklingen nun zum Zweck einer besseren Schäftung durchbohrt. Damit ist der entscheidende Schritt zur Entwicklung erster „Äxte" vollzogen. Nach wie vor sind die beliebtesten Rohstoffe Amphibolith und Kieselschiefer, wenngleich zunehmend auch heimische Gesteine Verwendung finden. Dies könnte auf mangelnde Rohstoff-Zufuhr deuten, haben sich doch die hier vorkommenden Gesteine aufgrund ihrer weniger großen Härte und der inhomogeneren Struktur nur bedingt zur Herstellung von Beilen und Äxten geeignet.

Feuerstein

Wo sich die Bandkeramik noch durch eine recht einheitlich wirkende Auswahl des Feuerstein-Rohmaterials auszeichnete, steht den mittelneolithischen

Steinäxte des Mittelneolithikums aus Südwestdeutschland.

Kulturen ein weit größeres, bunteres Spektrum an Feuersteinen zur Verfügung. In diesem Zusammenhang spielt der gebänderte Plattenhornstein eine große Rolle. Er stammt größtenteils aus den bergmännisch betriebenen Feuersteingruben der Fränkischen Alb bei Abensberg – mithin der erste konkrete Hinweis auf einen durch Spezialisierung entstandenen Handel.

Gräber

Aus Württemberg liegen bisher nur zwei Ausschnitte kleiner Friedhöfe vor. Als typisch für diese Zeit kann die gestreckte Körperhaltung der Toten im Grab gelten, ebenso die mit Speisen und Getränken gefüllten Gefäße, wie sie den Toten nun reichlich mit ins Grab gegeben wurden.

Beispiele

Das Haus vom „Wolfsbühl" und die Rössener Siedlung bei Schwäbisch Hall

Im Bereich der bandkeramischen Siedlung auf dem „Wolfsbühl" wurde 1966 ein Neubaugebiet ausgewiesen. Die Grabungen erbrachten nicht allein mehrere Befunde und reichlich Funde der jüngeren bandkeramischen Kultur, sondern erstmals im württembergischen Raum auch einen Hausgrundriß der Rössener Kultur. Von einem zweiten, östlich anschließenden Bau konnten nur noch Teile erfaßt werden.

Bad Friedrichshall-Kochendorf (Kreis Heilbronn). Palisade und Pfostenspuren von Häusern.

Der umfriedete Weiler von Bad Friedrichshall-Kochendorf

Wenige hundert Meter östlich vom Kreiskrankenhaus unternahm das Landesdenkmalamt im Vorfeld einer großflächig geplanten Bebauung 1990 und 1991 auf acht Hektar Fläche eine weiträumig angelegte Siedlungsgrabung. Sie förderte den bis heute größten Siedlungsplatz des Mittelneolithikums in Württemberg zutage. Über 20, teilweise sehr gut erhaltene Hausgrundrisse scheinen allen drei mittelneolithischen Kulturen anzugehören. Die Befunde reichen von Häusern mit noch deutlich sichtbarem Nordwestteil, der als Palisaden- oder Spaltbohlenwand aufgeführt ist, allerdings bereits die typisch mittelneolithischen Vorsprünge aufweist, über Langhäuser mit ausgewölbten, manchmal in doppelter Pfostenreihe ausgeführten Längswänden bis hin zu trapezförmigen großen Bauten. Ein zweifacher Palisadenring, als Oval von 270 Meter x 155 Meter ausgeführt, datiert ebenfalls ins mittlere Neolithikum.

Die Gräber von Ditzingen

Den bisher einzigen Hinweis auf ein Gräberfeld des mittleren Neolithikums lieferte 1964 die Rettungsgrabung in Ditzingen (Kreis Ludwigsburg). Hier kamen bei der Ausschachtung einer Baugrube noch fünf Bestattungen eines ursprünglich sicher größeren Friedhofs zutage. Der ergrabene Ausschnitt ist insofern überregional bedeutsam, als sich an ihm der Kulturwechsel von Hinkelstein zu Großgartach nachvollziehen läßt: So gehört ein Grab der Hinkelstein-Gruppe an (Grab 3), ein weiteres enthielt Keramik sowohl der Hinkelstein-Gruppe als auch der Großgartacher Kultur (Grab 4), zwei weitere schließlich wiesen ausschließlich Gefäßbeigaben der Großgartacher Kultur auf (Grab 1 und Grab 5). Zudem ging aus den anthropologischen Untersuchungen des Skelettmaterials hervor, daß die zwei Frauen aus Grab 3 und 5 miteinander verwandt gewesen

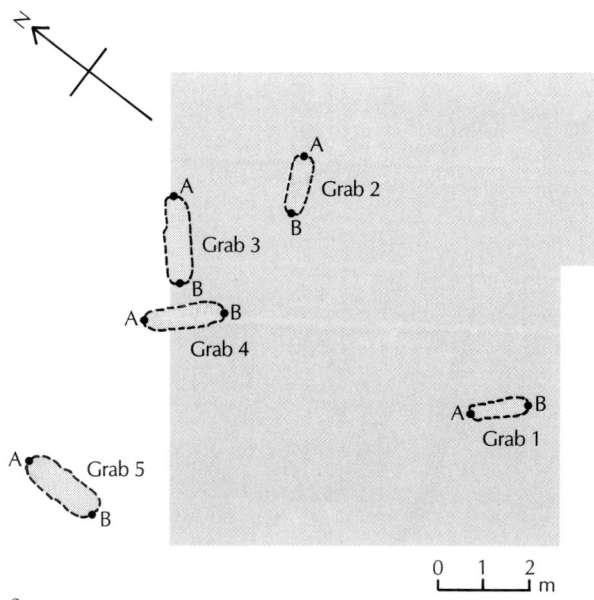

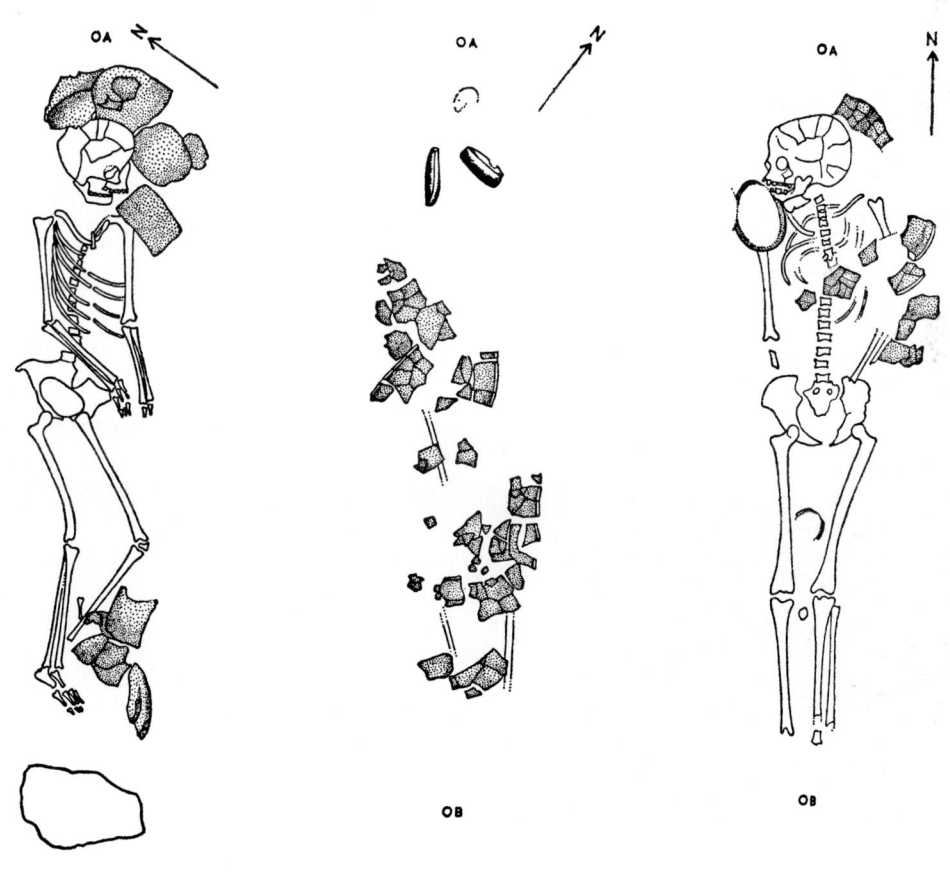

sein mußten. Sollte es sich um Mutter und Tochter gehandelt haben, hätte die Ablösung der älteren durch die jüngere Kultur innerhalb einer Generation stattgefunden. Als Zwischenstufe wäre Grab 4 zu sehen, in dem Gefäße beider Kulturen vorkommen.

Die Gräber von Ditzingen (Kreis Ludwigsburg),
(a) Gesamtplan,
(b) Grab 3–5.

117

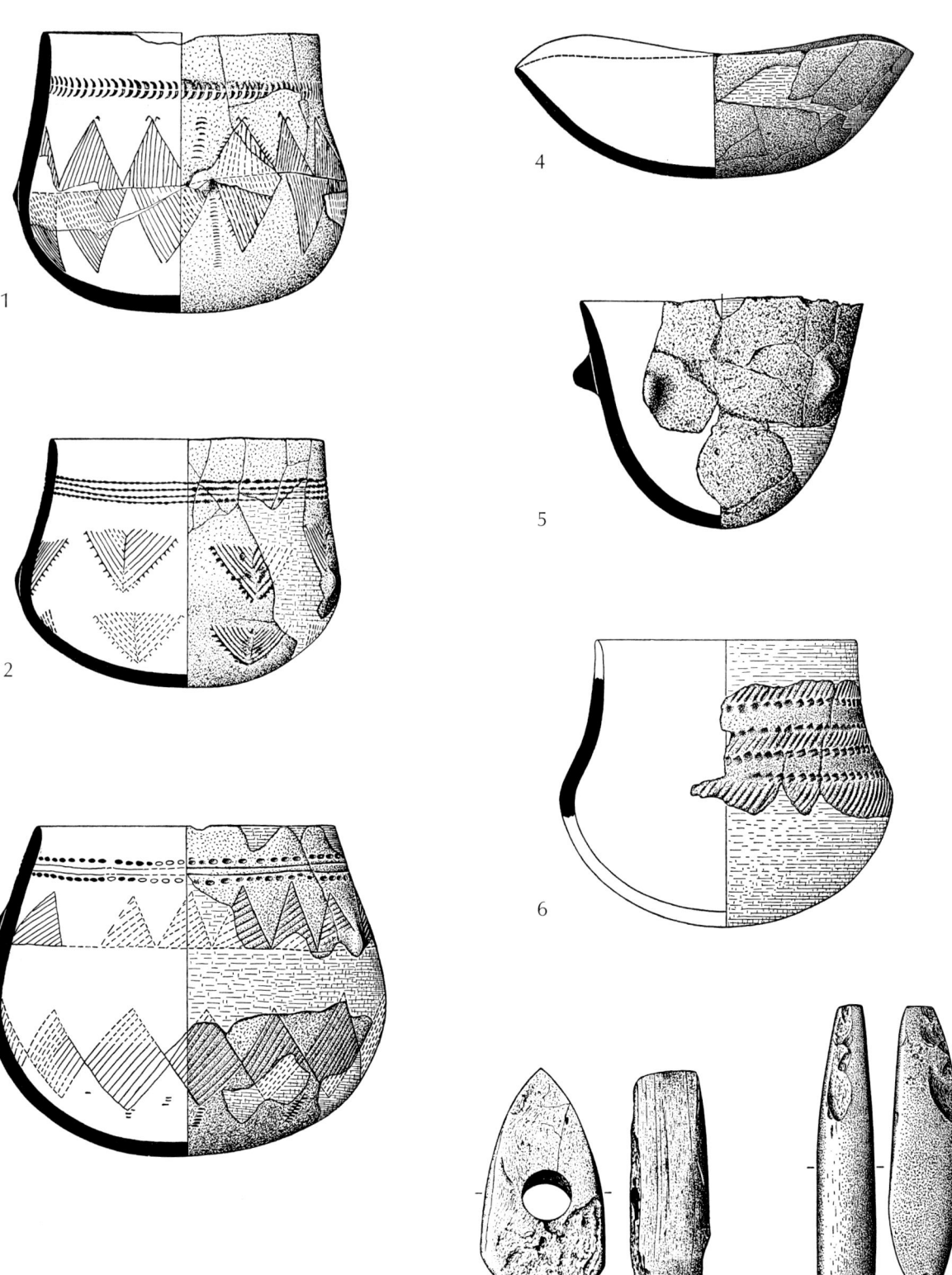

Ditzingen, Funde aus Grab 3 (1, 2) und 4 (3–8).

Der Goldberg im Ries
Das 515 Meter hohe Plateau am westlichen Rand des Nördlinger Rieses (nahe Goldburghausen) ragt etwa 60 Meter über die Riesebene empor. Die Hochfläche fällt nach drei Seiten steil ab. Im Westen verbindet ein Sattel das Plateau mit dem Umland.

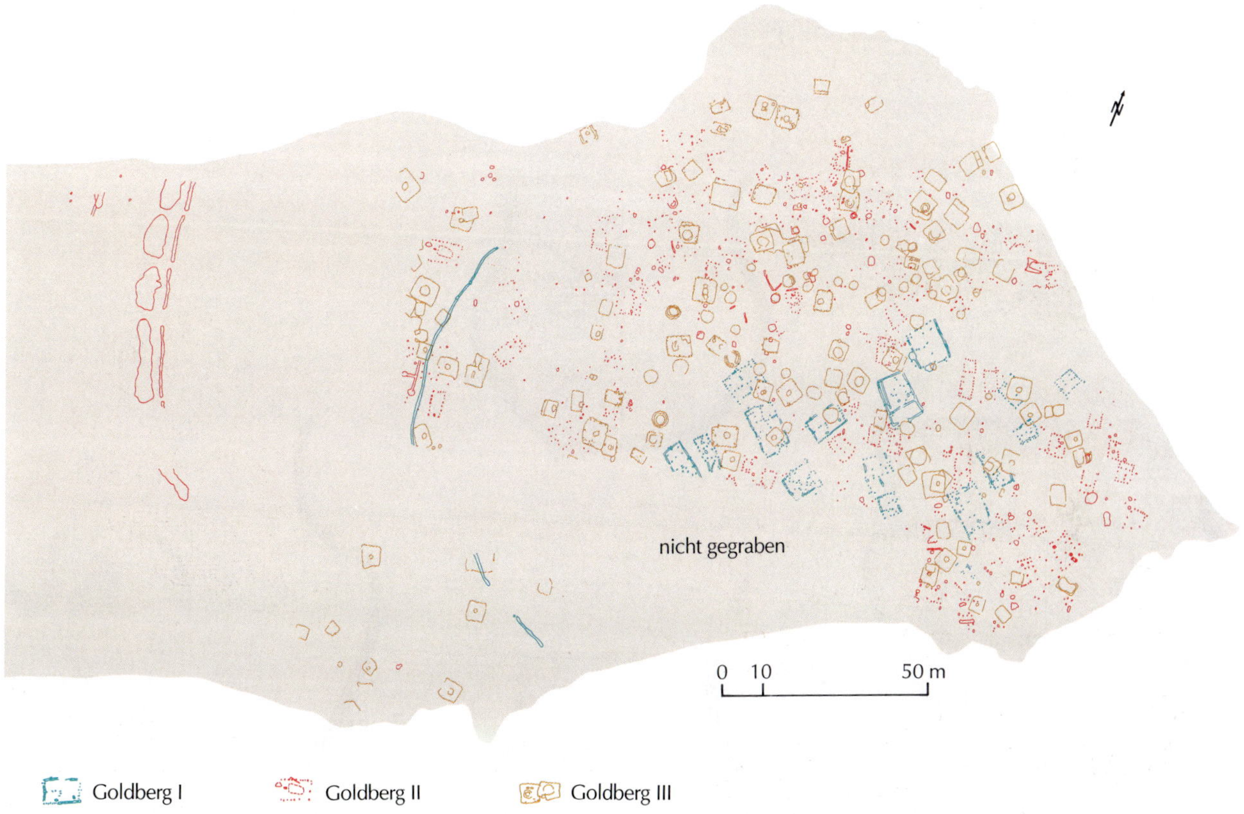

nicht gegraben

0   10   50 m

Goldberg I   Goldberg II   Goldberg III

Goldberg I. Die älteste Bauphase ist vorwiegend im südöstlichen Teil des Plateaus nachgewiesen. Das Dorf bestand aus kleinen, in Zeilen angeordneten Häusern. Der freie Zugang über den Sattel war durch eine Palisade gesperrt.

Goldberg II. Über die Siedlungsfläche verteilt gibt es zahlreiche Gruben mit Funden der Michelsberger und Altheimer Kultur. In diese Zeit gehört auch eine Abschnittsbefestigung mit Wall, Graben und mehreren Tordurchlässen.

Goldberg III. Charakteristisch für diese Phase der späten Jungsteinzeit sind kleine, viereckige, in den Erdboden eingetiefte Hütten. Die Vorräte wurden in einem Erdkeller gelagert, der sich in der Hüttenmitte befand.

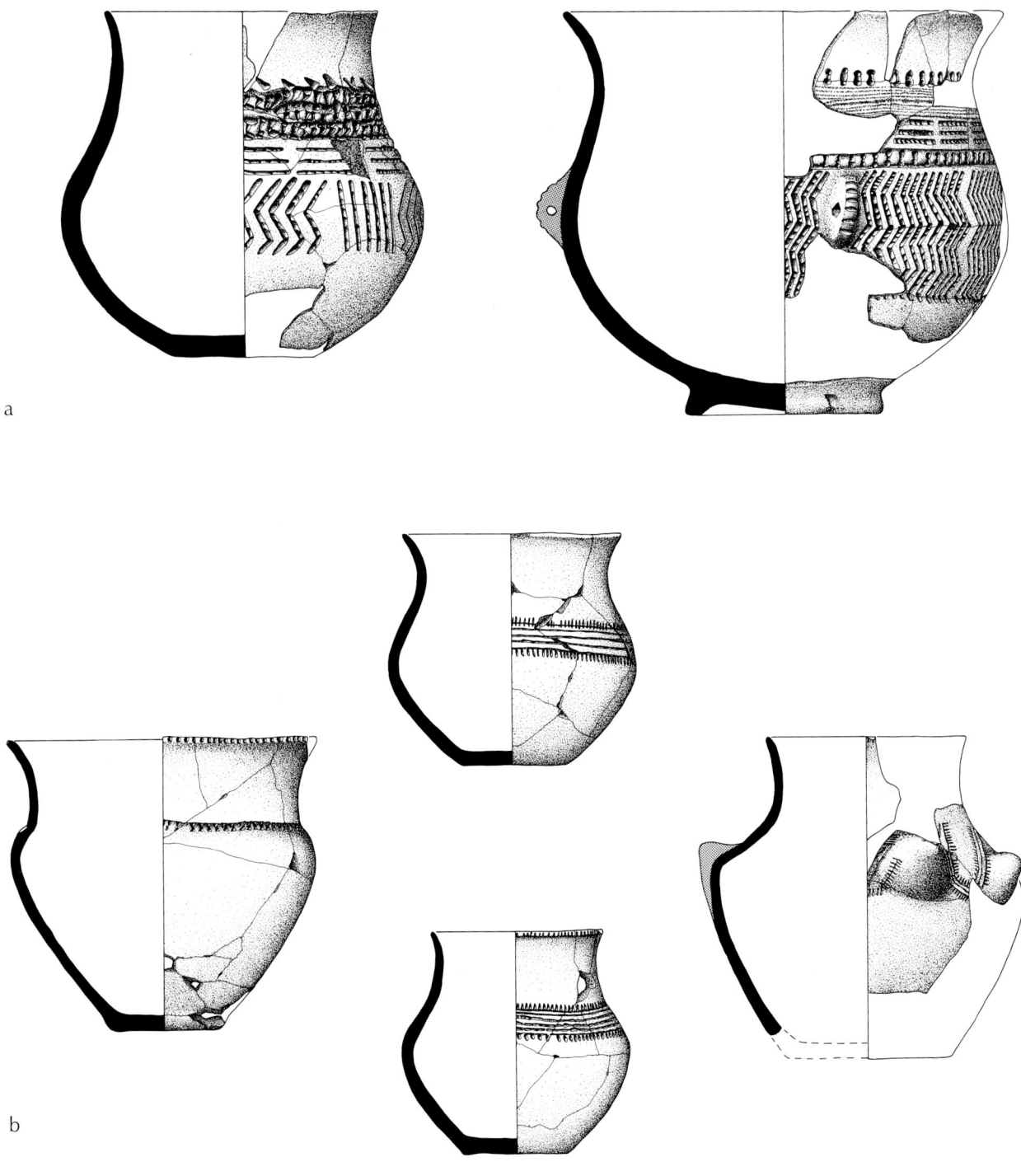

a

b

Funde vom Goldberg
(a) Rössener Kultur. Zahlreiche aus dem Humus geborgene Funde lassen bereits im mittleren Abschnitt der Jungsteinzeit auf eine erste Goldberg-Ansiedlung schließen. (b) Goldberg I-Fazies: Frühes und älteres Jungneolithikum.

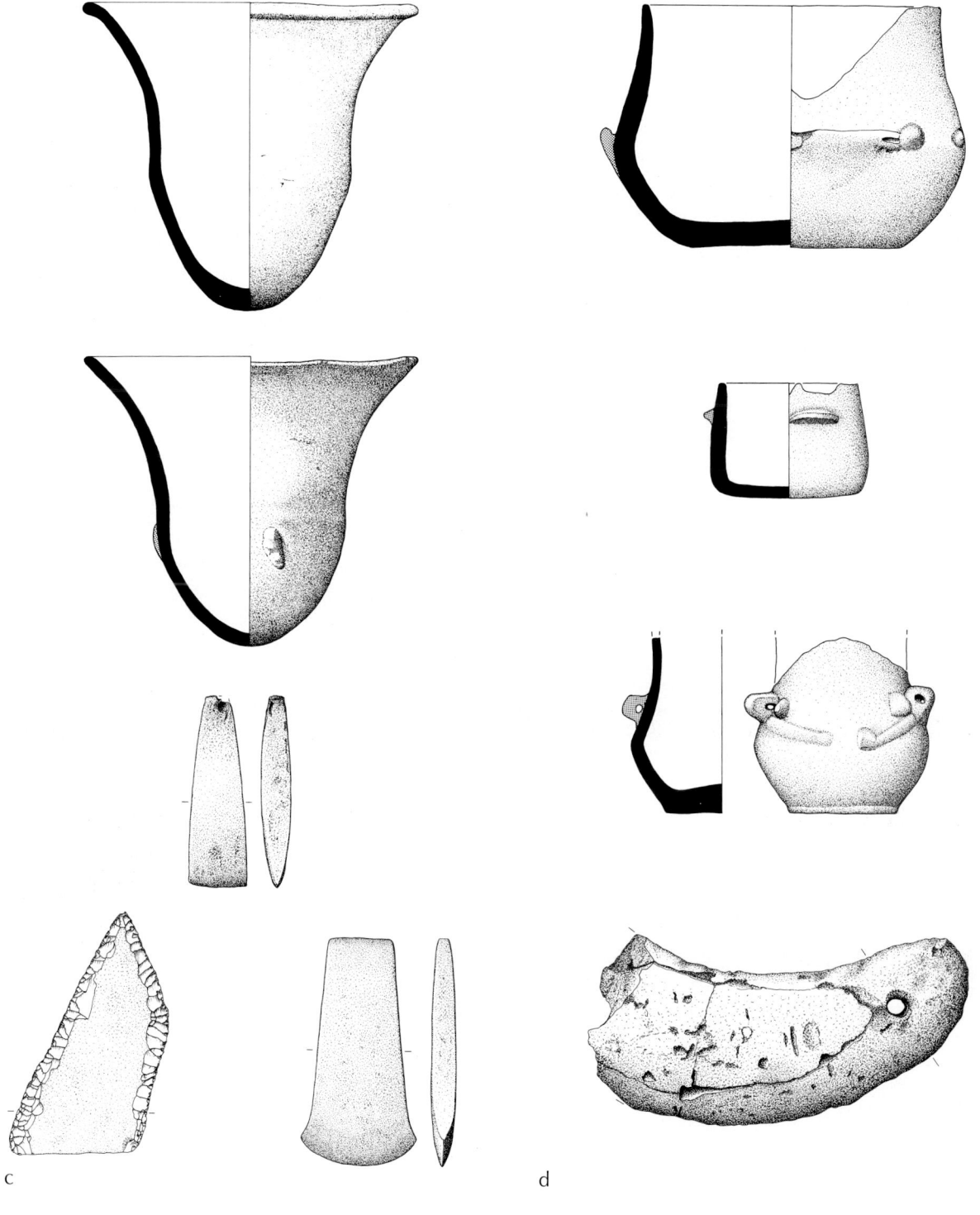

(c) Goldberg II: Altheimer und Michelsberger Kultur,
(d) Goldberg III-Fazies: Funde aus dem Spät- und Endneolithikum.

Goldberg. Gefäße der „Goldberg-I-Fazies".

Die jüngere Jungsteinzeit

Der Umbruch

Mitte des 5. Jahrtausends v. Chr. erlischt die Rössener Kultur in weniger als einem Jahrhundert. Damit enden die alten, das bisherige Neolithikum kennzeichnenden Kulturtraditionen. Die Auflösung ist durch das Entstehen zahlreicher kleinräumig verbreiteter Kulturgruppen gekennzeichnet, die den Beginn einer neuen vorgeschichtlichen Epoche, des Jungneolithikums, markieren. Jede dieser Kleingruppen weist für sich in unterschiedlichster Weise zahlreiche Charakteristika der nachfolgenden jungneolithischen Großgruppen auf. Ihre Verbreitung erstreckt sich von den seit je besiedelten Lößflächen bis weit hinein in bisher unbesiedelte Zonen.

Die Forschung geht davon aus, daß mit dem Ende des Mittelneolithikums hierzulande im östlichen Mitteleuropa und in Südosteuropa das Neolithikum überhaupt endet. Die Zeitspanne bis zum Beginn der Bronzezeit wird dort als Kupferzeit oder Steinkupferzeit ausgewiesen. Wenngleich sich diese Benennung im zentralen und westlichen Mitteleuropa nicht durchsetzen konnte, so gilt doch auch hier, daß von nun an die Kupfertechnologie neben der überkommenen Steinproduktion eine wichtige Rolle spielt.

Kupfer – das erste Metall

In weiten Teilen Europas wird jetzt erstmals Metall gewonnen, geschmolzen und verarbeitet. Ohne Zweifel liegen die kontinentalen Wurzeln dieser Technik in Südosteuropa, wo seit der Mitte des 5. Jahrtausends v. Chr. Gießer und Schmiede nachzuweisen sind. Erstaunlich schnell verbreitet sich die neue Technik nach Westen. So war sicherlich allen südwestdeutschen Kulturgruppen seit der Wende vom 5. zum 4. Jahrtausend die Technik bekannt, Kupfer zu gießen und zu hämmern.

Östliche und südliche Einflüsse

Einige wenige Metallartefakte, die noch aus der Zeit vor dieser Wende datieren, sind offensichtlich als Importe zu uns gelangt. Es ist nicht von der Hand zu weisen, daß dieses früheste Kupfer als sichtbarer Beleg für eine zweite Kolonisierungswelle steht, die in der zweiten Hälfte des 5. Jahrtausends v. Chr. donau-

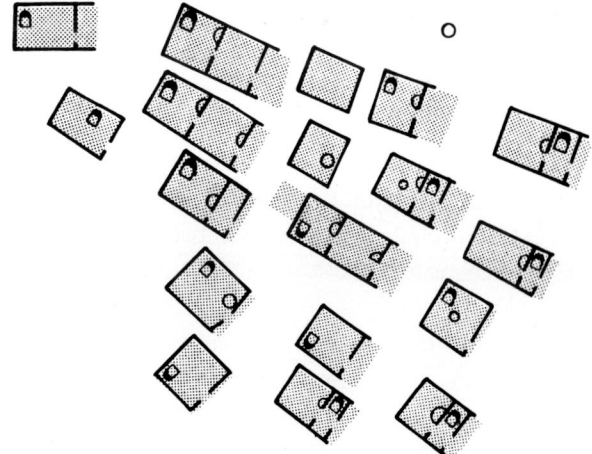

Aspekte des Jungneolithikums
Die ersten Dörfer. Siedlung Taubried, Schussenrieder Kultur Bad Buchau (Kreis Biberach). Veränderte Anbaumethoden und ein erweitertes Spektrum an Feldfrüchten ermöglichen die Nutzung bisher als wenig ertragreich befundener Ackerböden und feuchter Landstriche.

Aspekte des Jungneolithikums. Kupfer gehört, wenn auch noch selten, zu den bekannten Materialien für Werkzeuge, Schmuck und Waffen. Wolpertswende-Schreckensee (Kreis Ravensburg), Gußtiegel. Goldberg im Ries, Beilklingen aus Kupfer.

aufwärts das heutige Südwestdeutschland erreichte. Mittler scheint hierbei die Lengyel-Kultur gewesen zu sein, zu deren westlichsten Ausläufern die Münchshöfener Kultur Bayerns und die Aichbühler Kultur des Federseeraums zählen.

Während der folgenden vier Jahrhunderte scheint sich die Kupfertechnologie in Südwestdeutschland etabliert zu haben. Die eigenständige Verarbeitung legen Funde von Gußtiegeln aus Seeufersiedlungen und Metallschlacken aus Erdwerken nahe. An Produkten sind vornehmlich Kupferbeile und Pfrieme zwischen Nördlinger Ries und Bodensee bekannt. Unsere Gegend verdankt dieser aus Osten kommenden, neuerlichen Kulturdrift

Aspekte des Jungneolithikums. Nußdorf-Maurach (Bodenseekreis). Dechsel und „Zwischenfutter" aus der Seeufersiedlung. Stark verbesserte Eigenschaften in der Handhabung von Beilen und Dechseln ergaben sich durch das Zwischenfutter. Aus Hirschgeweih hergestellt, ist es ein äußerst wirksamer Puffer zwischen Steinklinge und Holzholm.

und den hiermit einhergehenden Innovationen das kleine Rechteckhaus, wie es nun das Siedlungsbild bestimmt, ebenso wohl Wollschaf und Pferd.

Jedoch scheint der Südwesten, besonders die Oberrheinebene und die Gebiete südlich der Schwäbischen Alb, nicht nur dieser neuerlichen, aus Osten kommenden Kulturströmung zu unterliegen, sondern auch den Einflüssen der noch weitgehend unerforschten keramischen Gruppe „Wauwil". Durch sie erreichen (nun) auch mediterrane Einflüsse die Zone nördlich der Alpen. Das gilt besonders für Änderungen beim Ackerbau, etwa bei der Anpflanzung von Nacktweizen, der insgesamt vermehrt und von den Bodenseepfahlbauern vorwiegend angebaut wird. Der Wauwil-Einfluß ist wohl zudem für die nun häufig zu beobachtende Verwendung eines Zwischenfutters aus Hirschgeweih bei der Schäftung maßgebend. Diese Neuerung erhöhte die Qualität von Beilen und Dechseln erheblich und erweiterte die handwerklichen Möglichkeiten.

Pfahlbauten und Burgen

Bereits im mittleren Neolithikum zeigen sowohl zahlreiche Einzelfunde von Steinbeilen ebenso wie Scherbenfunde in Oberschwaben und am Bodensee oder auch Getreidepollen in weitab von Lößgebieten gelegenen Landschaften, daß sich der bisher genutzte Siedlungsraum erweiterte. Aus anfänglichen Erkundungen und noch recht zaghaften Erschließungen entwickelte sich mit Beginn des Jungneolithikums eine geradezu explosionsartige Besiedlung von Alpen- und Schwarzwaldvorland sowie der westlichen Schwäbischen Alb. Bisher nicht oder nur saisonal genutzte Gebiete werden nun auf Dauer unter den Pflug genommen. War bereits im Mittelneolithikum festzustellen, daß sich die Siedlungen auf Höhen, Geländespornen und damit oft hart an den Rand der seit dem Altneolithikum in Beschlag genommenen Lößflächen ausdehnten, so wird diese traditionelle Anbaugrenze nun vehement überschritten.

Bestattungen der Michelsberger Kultur
Oben: Heidelberg-Handschuhsheim. Siedlung der Michelsberger Kultur, Bestattungsgrube. Unten: Heilbronn-Neckargartach. Skeletteile aus dem Graben des Erdwerks.

Auf dem Weg zur Kulturlandschaft

Voraussetzung zur Besiedlung dieser wegen Bodengüte, Niederschlag und mittlerer Jahrestemperatur weitaus schwieriger zu bewirtschaftenden Landstriche waren sicherlich verbesserte Methoden der Bodenbestellung, anspruchslosere Haustiere und neues Saatgut gewesen. Zu Beginn scheint die Produktionsweise aus Landwirtschaft und Jagd kombiniert gewesen zu sein. Doch bereits nach knapp drei Jahrhunderten finden sich Anzeichen einer dauerhaften Umgestaltung der Naturlandschaft. Erste Kulturbrachen entstehen, das die Siedlungen umrahmende Waldbild beginnt sich durch die Eingriffe der Siedler zu verändern: Der Baumbestand wird gehegt und gepflegt, die Artenvielfalt menschlichen Bedürfnissen angepaßt. Das Siedlungsbild prägen nicht mehr wie bisher Weiler mit großen Gehöften, vielmehr entstehen überall verdichtete Dorfanlagen, zusammengesetzt aus kleinen rechteckigen, einheitlich gebauten Häusern, die teilweise von Palisaden umgeben sind.

Gemeinschaftsleistungen wie Erdwerke, Abschnittsbefestigungen oder auch Silexbergwerke lassen auf langdauernde Arbeitsteilung und Freistel-

Jungsteinzeitliche Pfahlbauten
Kaum ein anderes Archäologiethema hat Altertumswissenschaft und Öffentlichkeit über mehr als hundert Jahre so beschäftigt, wie die Diskussion um die Pfahlbaufrage: Standen diese Häuser wirklich auf Stelzen im Wasser oder handelt es sich nur um phantasievolle Verklärungen? Erst in den letzten zwanzig Jahren kam man zu Erkenntnissen, die nachhaltig zeigen, wie flexibel Menschen vergangener Zeiten in der Wahl ihres Siedlungsplatzes und der dadurch bedingten Bauweise waren.
Im Verlauf der Forschungsgeschichte wurden verschiedene Hypothesen entwickelt: 1854 stellte sich Ferdinand Keller (Zürich) vor, die Siedlungen seien auf einer gemeinsamen Plattform im See errichtet worden. 1922 modifizierte Hans Reinerth (Tübingen) eine Theorie, wonach die Häuser am Ufer errichtet wurden und der See sie nur bei Hochwasser erreichen konnte. 1942 dann propagierte Oscar Paret (Stuttgart) die Pfahlbautheorie als romantischen Irrtum, und auch Emil Vogt (Zürich) bezeichnete 1953 die Existenz von Pfahlbauten in Mitteleuropa als nicht bewiesen. Heute spielt diese Frage in der Forschung nur noch eine beiläufige Rolle, hat es doch ebenerdige Siedlungen ebenso gegeben wie Häuser auf Stelzen. Oben: Pfahlbauidylle. Carl von Häberlin, 1904. Unten: Idealtypische Rekonstruktion aus dem 19. Jhd. und Pfahlbau heute.

Dendrochronologie – Der Kalender im Holz ▶
Eng verbunden mit den Pfahlbauentdeckungen und der damit einsetzenden wissenschaftlichen Beschäftigung ist die Entwicklung einer faszinierenden Methode, die es erlaubt, das Holz der Pfahlbauern aufs Jahr genau zu datieren: der Dendrochronologie.

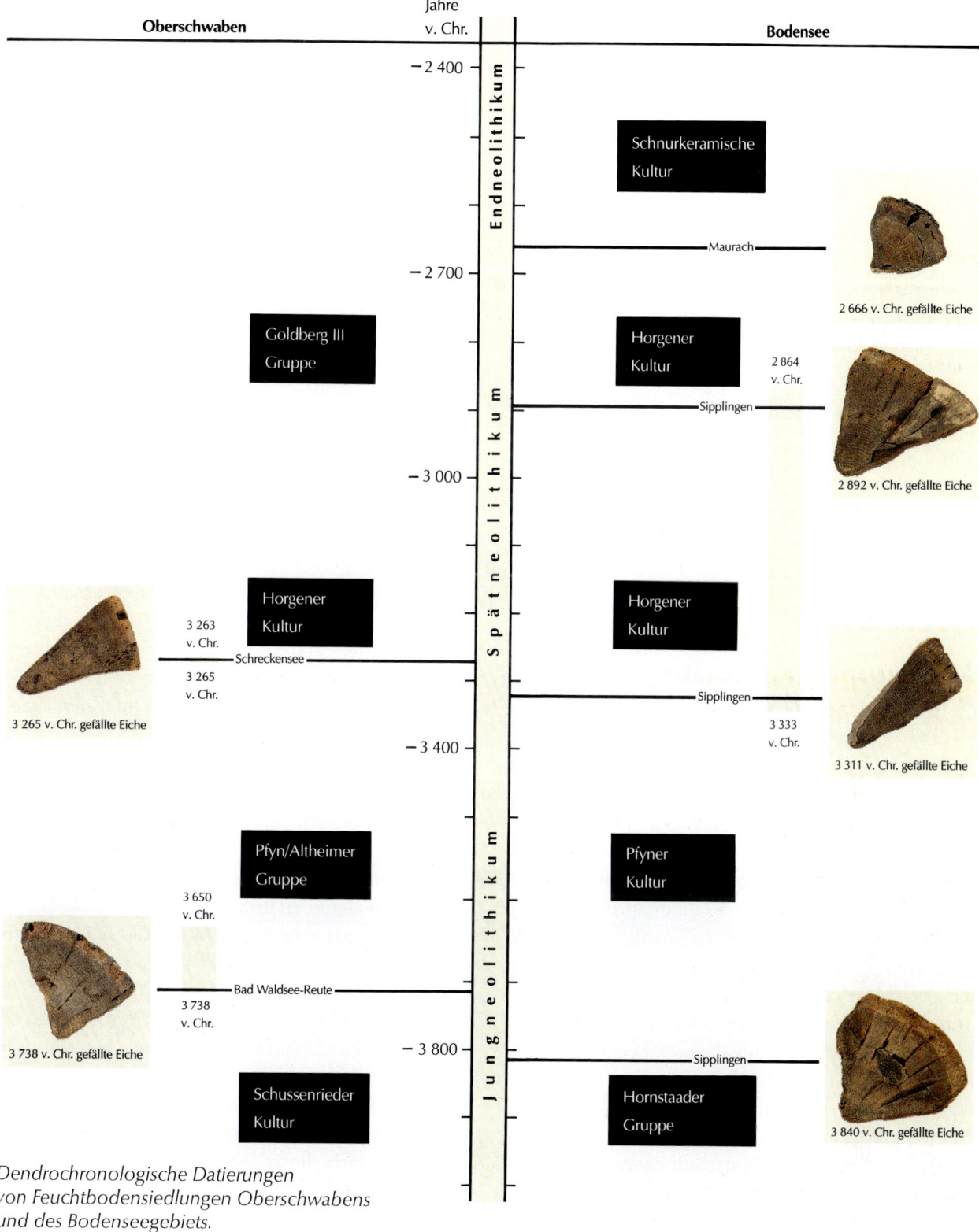

Oberschwaben		Jahre v. Chr.		Bodensee

Endneolithikum

− 2 400

Schnurkeramische Kultur

Maurach

2 666 v. Chr. gefällte Eiche

− 2 700

Goldberg III Gruppe

Spätneolithikum

Horgener Kultur

2 864 v. Chr.

Sipplingen

2 892 v. Chr. gefällte Eiche

− 3 000

Horgener Kultur

3 263 v. Chr.

Schreckensee

3 265 v. Chr.

3 265 v. Chr. gefällte Eiche

Horgener Kultur

Sipplingen

3 333 v. Chr.

3 311 v. Chr. gefällte Eiche

− 3 400

Jungneolithikum

Pfyn/Altheimer Gruppe

Pfyner Kultur

3 650 v. Chr.

Bad Waldsee-Reute

3 738 v. Chr.

3 738 v. Chr. gefällte Eiche

− 3 800

Sipplingen

Schussenrieder Kultur

Hornstaader Gruppe

3 840 v. Chr. gefällte Eiche

Dendrochronologische Datierungen von Feuchtbodensiedlungen Oberschwabens und des Bodenseegebiets.

lung größerer Bevölkerungsgruppen von der Alltagsarbeit schließen. Hiermit verbunden ist eine zunehmende soziale Differenzierung, in der sich allmählich hierarchische Strukturen etablieren.

Der Tod

Aus dem Jungneolithikum in Südwestdeutschland und weit darüber hinaus sind keine Friedhöfe bekannt. So ist anzunehmen, daß sich auf dem Hintergrund des neuen kollektiven Denkens auch die Bestattungssitten änderten. Die spärlichen Befunde deuten darauf hin, daß Einzel- und Mehrfachbestattungen in Siedlungsgruben, vor allem aber in Erdwerken zur Regel wurden.

Kleingruppen im späten 5. Jahrtausend v. Chr.

Die wohl deutlichsten Bezüge zur vorausgegangenen Rössener Kultur zeigt die Bischheimer Gruppe. Als Initialphase und Vorbote der Michelsberger Kultur, worin sie schließlich mündet, ist sie vom Niederrhein bis zum Elsaß und ins Tauberland hinein verbreitet. Die bisher bekanntgewordenen Häuser zeichnen sich allesamt durch ihre imposante Größe aus, Vorbilder dazu stammen aus der Rössener Kultur. Neu dagegen sind Konstruktionsweise und Binnengliederung. So werden die meist zweiräumigen Gebäude teilweise in die Erde eingetieft. Gleichzeitig ergeben die zeilig angeordneten Hausreihen ein Siedlungsbild mit Dorfcharakter.

Gleiches mag für die südlich hiervon angesiedelte Schwieberdinger Gruppe des mittleren Nekkarlands gelten, mit der in den Lößgebieten Würt-

tembergs das Jungneolithikum beginnt. Unser spärliches Wissen über diese Kulturgruppe, in der Ackerbau und Viehhaltung betrieben wurden, basiert vorwiegend auf wenigen Untersuchungen von Abfallgruben einzelner Siedlungsstellen. Lediglich ein Hausgrundriß aus Sindelfingen hat aufgrund seiner Größe noch Ähnlichkeiten mit mittelneolithischen Vorbildern. Es weist zahlreiche Übereinstimmungen mit den Bischheimer Hausbauten auf. Auch hier sind eingetiefte Bauweise und die damit verbundenen statischen Lösungen neu.

Beide Gruppen, Bischheim und Schwieberdingen, im Sachgut teils nahe verwandt, lassen sich vorwiegend auf den Lößflächen nachweisen. Die Funde stammen dabei größtenteils aus Siedlungsgruben, meist ehemaligen Vorratskellern.

Einem neuen Siedlungsbild begegnen wir in den jetzt erstmals dauerhaft erschlossenen Gebieten an der Oberen Donau und in Oberschwaben, etwa im Verbreitungsgebiet der Aichbühler Kultur. Am namensgebenden Fundort Aichbühl findet man zwar noch recht große Häuser. Sie erreichen jedoch lange keine mittelneolithischen Dimensionen mehr, geschweige denn zeigen sie deren komplizierte Baustruktur. Hier läßt sich erstmals ein regelrechtes Dorf mit stark verdichteter Bauweise nachweisen. Der Bruch mit bisher den Hausbau bestimmenden Traditionen – Langhaus aus schweren, tief gegründeten Holzbauteilen – kann geradezu als Voraussetzung für die Besiedlung wenig stabiler, wassergetränkter Seeufersedimente gelten. Der Trend geht dabei zu immer leichter gebauten, kleineren Häusern, eine Entwicklung, die sich auch im Altsiedelland nachvollziehen läßt.

Ähnlich mochte es sich bei den zwischen Ostschweiz, Bodensee und Oberrhein verbreiteten Erscheinungen verhalten haben. Auch hier werden Seeufer und Moore besiedelt, die Wirtschaftsweise ist auf die Urbachmachung der Wälder gerichtet und in hohem Maße von Jagd bestimmt. Gleichzeitig finden sich diese „Wauwiler"-Siedlungen aber auch im Lößgebiet der Oberrheinebene. Als keramische Fremdelemente schließlich sind Wauwiler

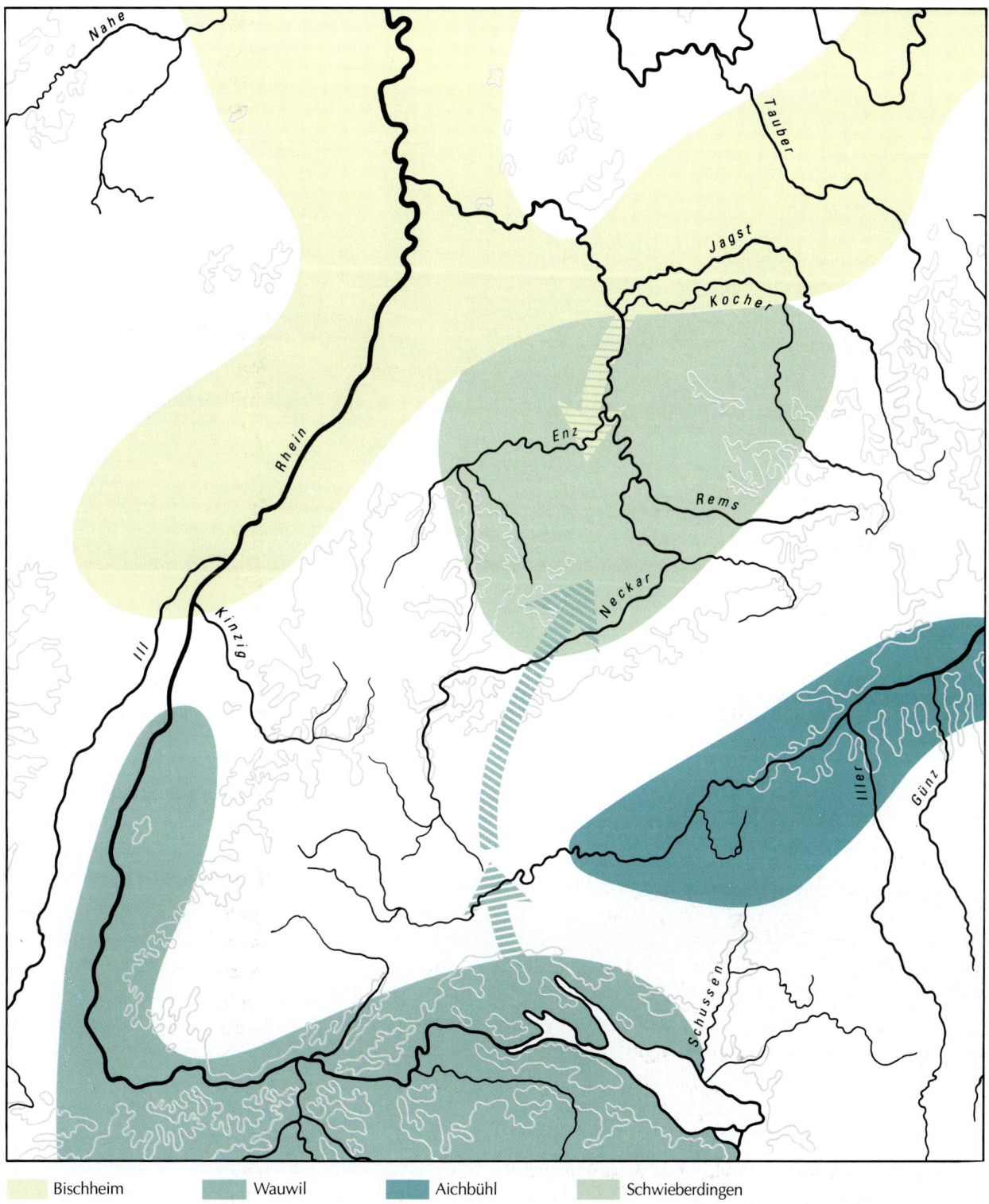

Nahe

Tauber

Jagst

Kocher

Rhein

Enz

Rems

Kinzig

Neckar

Ill

Iller

Günz

Schussen

| | Bischheim | | Wauwil | | Aichbühl | | Schwieberdingen |

Gruppen des beginnenden Jungneolithikums.

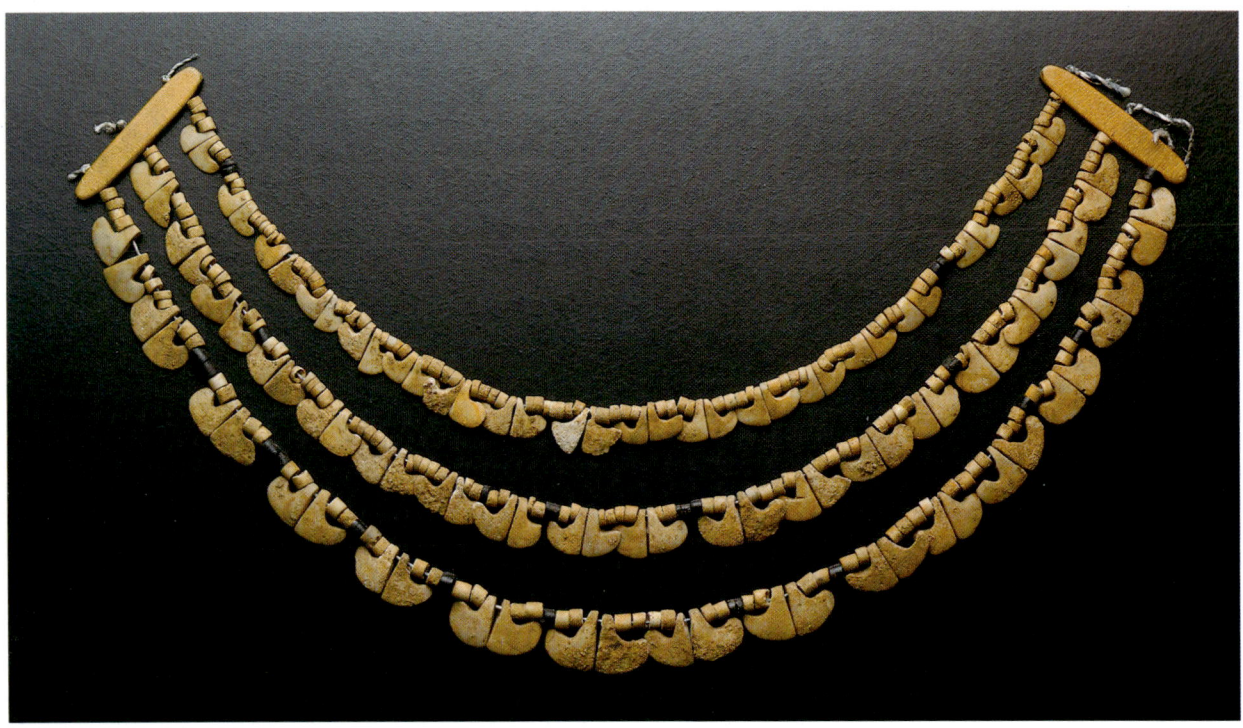

Großsachsenheim-Egartenhof (Kreis Ludwigsburg). Kette aus Kalkstein und Gagat.

Tonwaren bis in die Bischheimer und Schwieberdinger Gruppe hinein nachgewiesen.

Die Gruben in den „Halden" – Ein Dorf der Schwieberdinger Gruppe bei Remseck-Aldingen

Befunde und Funde

Auf dem westlichsten Ausläufer des „Langen Feldes" gelegen, das hier abrupt zum Neckartal hin abbricht, lassen sich in den Aldinger „Halden" zahlreiche jungsteinzeitliche Siedlungsstellen aufführen. Sie datieren von der Bandkeramik über die Großgartacher und Rössener Kultur bis in das Jungneolithikum. Besonders die hier vorgefundenen Siedlungen der Schwieberdinger Gruppe und ihrer jüngeren Ausprägung, der Schussenrieder Kultur, sind von besonderer Bedeutung, da die Siedlungs-

areale archäologisch nahezu komplett aufgenommen sind.

Zwischen 1980 und 1984 wurden durch Notbergungen annähernd 12 500 Quadratmeter Fläche erfaßt und 112 fundführende Gruben der Schwieberdinger Gruppe ausgenommen.

Nach dem Siedlungsende vor 6000 Jahren begann eine über Jahrtausende fortschreitende Erosion und führte zum Verlust aller ebenerdigen Befunde. Die Erosivkräfte griffen auch unterschiedlich stark in die Lehm- und Lößüberdeckung und somit in die Grubenbefunde ein. Das Gelände war so gravierend überprägt, daß nahezu alle Pfostenspuren verschwunden und keine Hausgrundrisse mehr zu ermitteln waren.

Aus den mit Abfall gefüllten Gruben liegen die Reste von fast 600 Gefäßen vor. Das Material ist stark „zerscherbt", also oftmals nur bruchstückhaft erhalten. Rekonstruktionen waren deshalb nur in den seltensten Fällen möglich. Dennoch gelang es hier zum ersten Mal, ein größeres Keramikspektrum aus der Zeit des frühen Jungneolithikums näher zu untersuchen. Von Bedeutung ist vor allem, daß anhand der Aldinger Siedlung klar aufgezeigt werden kann, daß sich die Schwieberdinger Gruppe kontinuierlich zur Schussenrieder Kultur hin entwickelt hat. Offensichtlich spielen dabei noch Traditionen der Keramikverzierung des Mittelneolithikums eine Rolle. Ebenso zeigen die unterschiedlichen Verzierungsmuster Querverbindungen zu räumlich benachbarten Kulturgruppen dieser ersten Phase des Jungneolithikums. Im einzelnen handelt es sich um Verwandtschaften mit der nördlich und westlich angrenzenden Bischheimer, aber auch mit der Wauwiler Gruppe.

Bei der Auswertung wurde auch deutlich, daß

Keramik der Schwieberdinger Gruppe. Der Beschreibung einiger weniger verzierter Scherbenfunde auf der Gemeindemarkung Schwieberdingen verdankt die Kultur ihren Namen. Schwieberdingen (Kreis Ludwigsburg), „Wauwiler" Becher. Remseck-Aldingen, „Halden" (Kreis Ludwigsburg), Verzierte Schüssel. Ludwigsburg-Poppenweiler, Vorratstopf.

sich Formierung und Dauer der Nachrössener Kleingruppen in recht kurzer Zeit vollzogen haben müssen und dabei rasch größeren Einheiten wie der Michelsberger oder der Schussenrieder Kultur Platz machten.

Wirtschaftsweise

Anhand von botanischen und osteologischen Untersuchungen hat sich ergeben, daß die Siedlung in der „Halden" fast ausschließlich durch landwirtschaftliche Aktivitäten geprägt war. Zwar kennen wir die Hausgrundrisse des jungsteinzeitlichen Dorfes nicht, doch legen allein die kesselförmigen, oft regelrecht zu Ansammlungen konzentrierten Gruben eine ausgesprochene Speicherfunktion und somit eine Vorratshaltung nahe, die wesentlich im Überwintern der Feldfrüchte, vor allem des abgeernteten Getreides bestanden haben dürfte. Wie die botanischen Untersuchungen ergaben, wurde vorwiegend Weizen, Einkorn, Emmer und Nacktgerste angebaut. Ein Vorratsfund präzisiert dabei übrigens, daß zumindest teilweise Einkorn und Emmer auf den Feldern im Mischanbau standen. Die spärlichen Reste von Unkräutern deuten darauf hin, daß wenigstens ein Teil der Anbaufläche auf eher basischen Verwitterungsböden des Löß lag, denn diese Unkräuter gehören zur stickstoffliebenden Flora. Auch bevorzugen mehrere nachgewiesene Arten einen feuchten Standort, was auf die Nähe zur Nekkaraue, aber auch zu kleinen, heute verschütteten Bachläufen in der Siedlungsumgegend weist. Trotz allem gestattet die geringe Anzahl der ausgewählten und zur Untersuchung gelangten Proben kein eindeutiges Vegetationsbild im Bereich der Siedlung zu rekonstuieren.

Die Untersuchung der Tierknochen erlaubt auch keine statistisch relevante Aussage über das Zahlenverhältnis der Haustiere und über den Anteil, den die Jagd beisteuern konnte. Trotzdem lohnt ein kurzer Blick auf die Auswertungen, denn es handelt sich immerhin um das erste vorgelegte Ergebnis aus einer Schwieberdinger Siedlung.

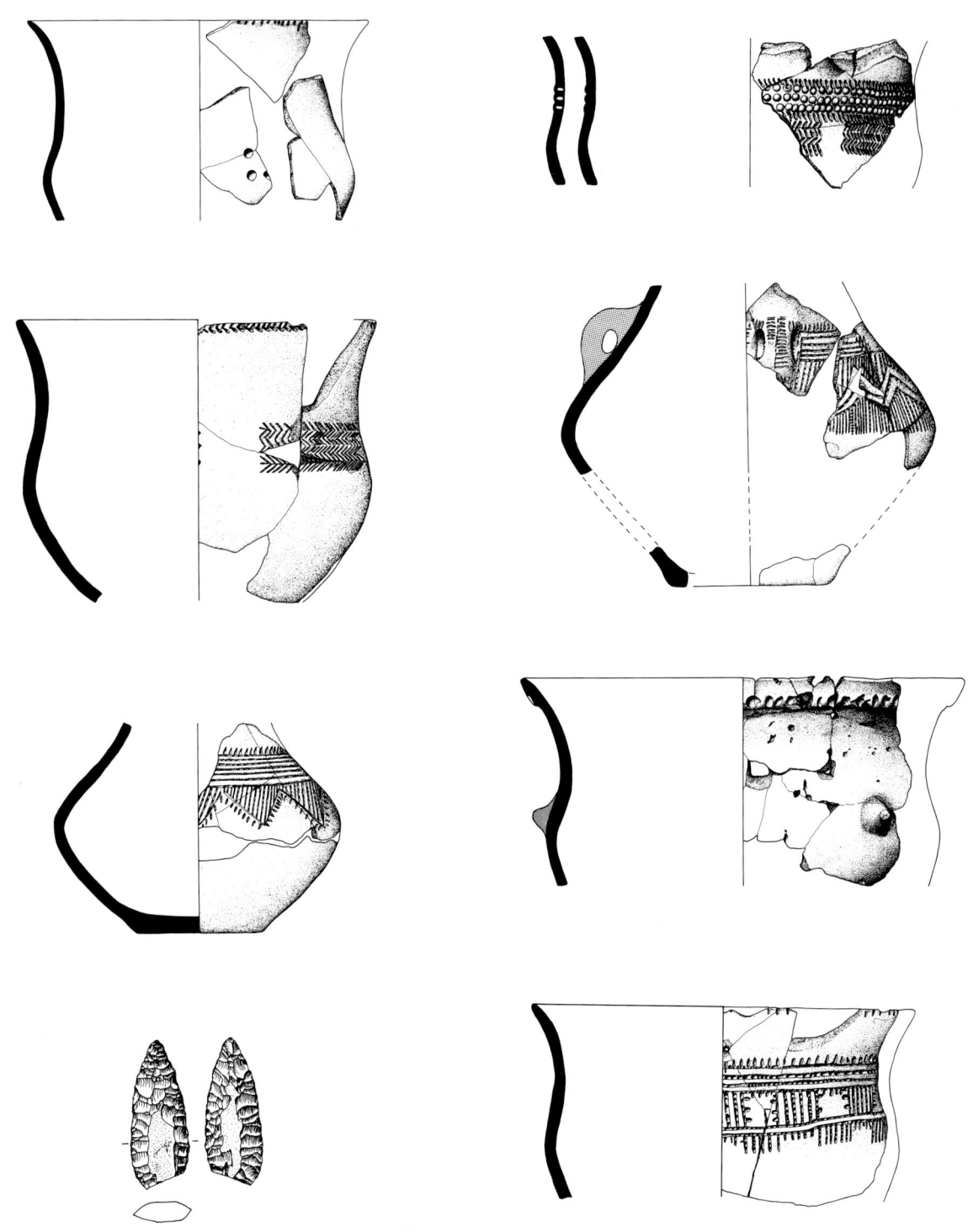

Remseck-Aldingen, „Halden". Funde der Schwieberdinger Gruppe.

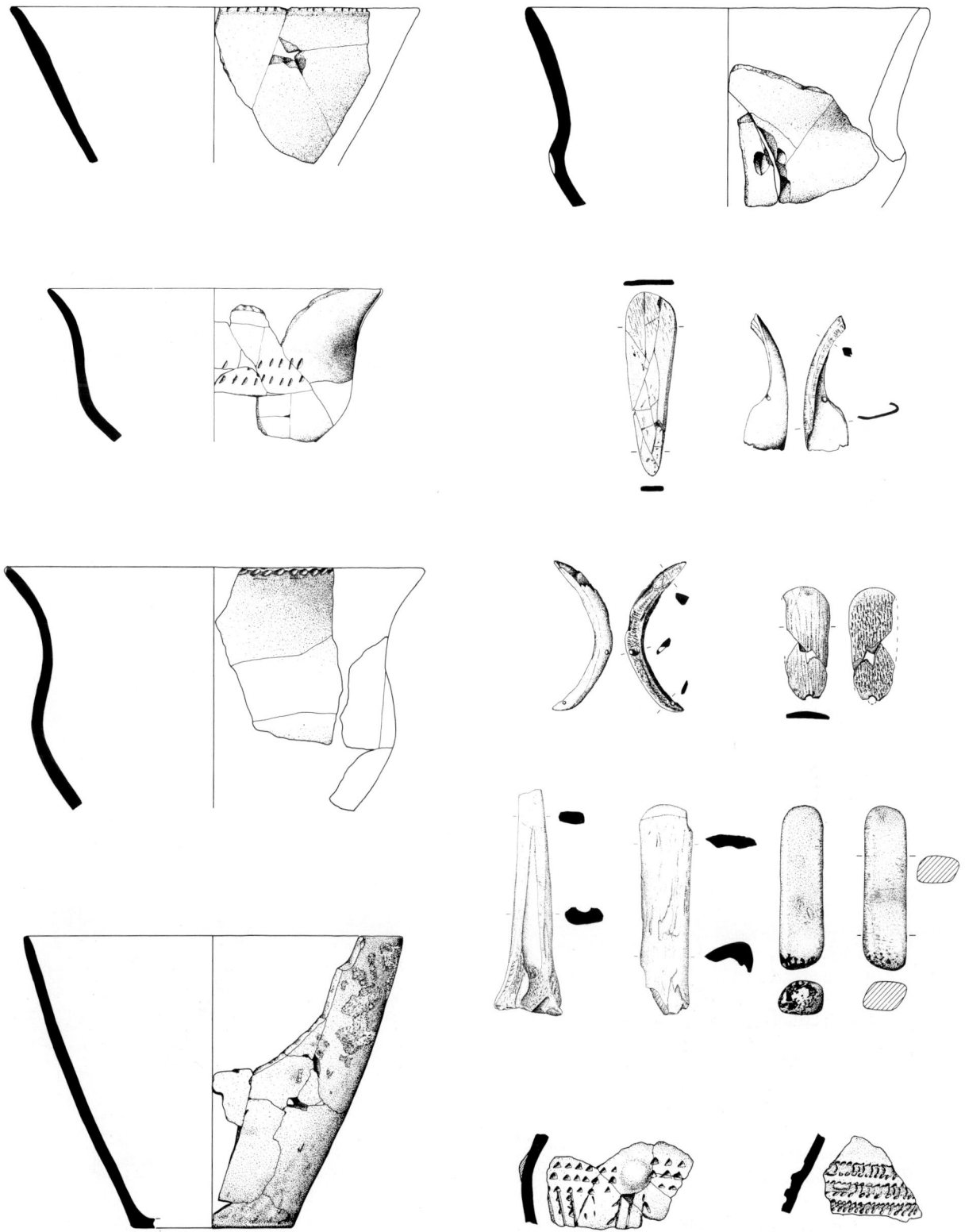

Bemerkenswert ist der geringe Anteil an Wildtierknochen. Von den Säugern sind nur ein Reh- und ein Wildschweinknochen sowie zwei Funde vom Feldhasen nachgewiesen. Knochen von Graugans und Stockente übertreffen zahlenmäßig die der Wildsäugetiere. Rothirschknochen fehlen in den Schlachtabfällen ganz, lediglich ein Hirschknochen-Gerät liegt vor.

Das Schwein war wohl das häufigste Schlachttier. So beträgt der Knochenanteil des Hausschweins knapp über 50 Prozent aller bestimmbaren Funde und ebenso aller Haustierreste. Am zweithäufigsten hat man das Rind geschlachtet. Gemessen an seiner Fleischausbeute war es wohl – noch vor dem Schwein – das wichtigste Wirtschaftstier. Die 15 Pro-

zent Knochenabfälle von kleinen Hauswiederkäuern (unter ihnen mehr als doppelt so viel Schaf- wie Ziegenknochen) sprechen ebenso wie die fehlenden Hirschknochen für eine ausgedehntere Kulturlandschaft. Offensichtlich war die jungsteinzeitliche Siedlung bereits von einer relativ offenen Gegend umgeben.

Die Häuser von Sindelfingen „Hinterweil"

Bei Bauarbeiten im Sindelfinger Neubaugebiet „Hinterweil" wurden 1986 zufällig mehrere Gebäudereste der Schwieberdinger Gruppe entdeckt. Die Sied-

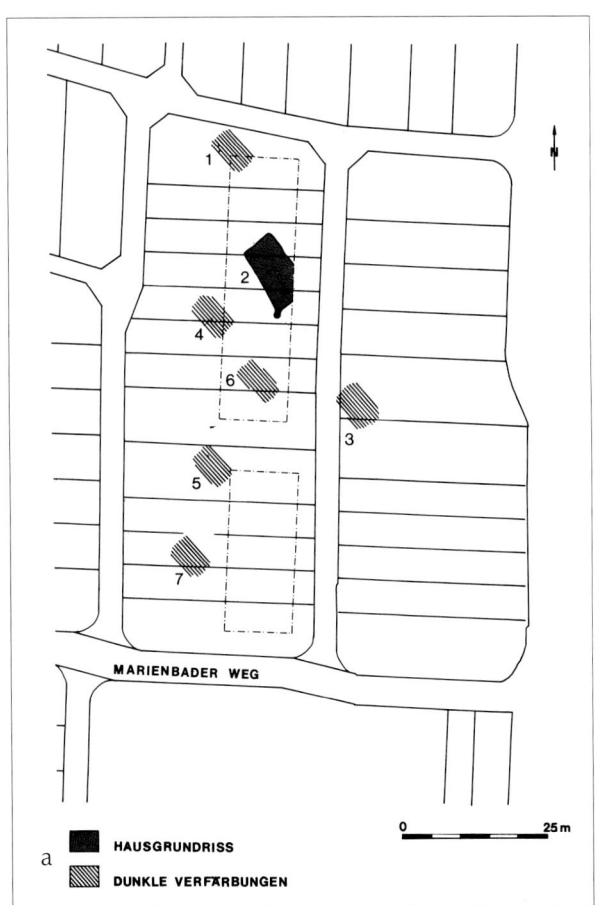

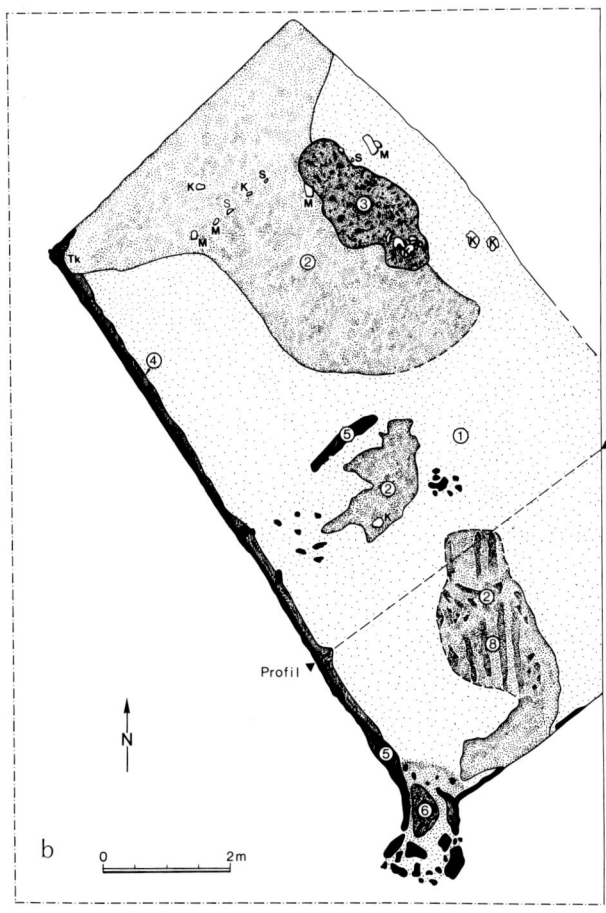

Sindelfingen (Kreis Böblingen), „Hinterweil". Hausgrundrisse der Schwieberdinger Gruppe. a) Gesamtplan, b) Haus 2.

134

Aichbühl. Ausgrabungsbild, zwanziger Jahre.

lung, noch auf Lößboden gebaut, lag schon hart am Rand des Glemswalds, dessen Ressourcen von den Siedlern sicherlich genutzt wurden. Insgesamt ließen sich noch sieben Hausstellen aufmessen, doch die Ausdehnung der Siedlung war nicht mehr festzustellen. Bei den Planierungs- und Ausschachtungsarbeiten konnte lediglich ein Haus in seiner Gesamtgröße untersucht werden. Als Befund kam ein trapezförmiger, 10,7 Meter langer und 6,1 Meter breiter Grundriß (Haus 2) zum Vorschein, der sich als dunkle, durchgehende Verfärbung des Wandgrabens abzeichnete. Hierin konnten, als Verziegelungen erkennbar, noch die Reste einer Herdstelle lokalisiert werden.

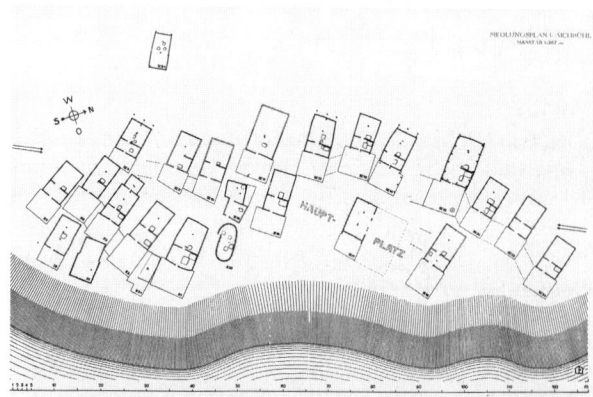

Bad Schussenried (Kreis Biberach), „Aichbühl". Gesamtplan.

Aichbühl am Federsee, das namengebende Dorf der Aichbühler Kultur

Aufgrund der Grabungen von 1879 kann Aichbühl den Ruhm für sich beanspruchen, die erste Siedlung des prähistorischen Europa zu sein, aus der detaillierte Holzbaubefunde bekanntgeworden sind. Die zwischen 1919 und 1930 unter großer naturwissenschaftlicher Beteiligung unternommenen Siedlungsgrabungen führten dann zur kompletten Aufdeckung eines vorgeschichtlichen Moordorfs. Bis heute stellt der oftmals erwähnte Gesamtplan aus den zwanziger Jahren den einzigen Beleg einer vollständig erforschten jungsteinzeitlichen Moorsiedlung dar.

Aichbühl. Zur Bauweise auf feuchtem Grund.
Böden und Substruktionen

Je nach der Bodenbeschaffenheit waren für die Häuser
verschieden konstruierte Unterbauten erforderlich. Bei
kräftiger Torfdecke erübrigte sich eine Unterbauung: die
Langhölzer des Fußbodens ließen sich direkt auf den Baugrund auflegen. Bei nur geringer Torfauflage genügten einfache, ebenerdige Grundschwellen als tragender Rahmen
für den Holzboden.

War das Gelände jedoch vernäßt und sumpfig, wurde ein
Unterbau in Form eines Pfahlrostes notwendig, der aus ein-
gerammten Pfählen mit Traggabeln bestand, auf denen
der Schwellrost ruhte. Darüber lagen die Langhölzer des
Fußbodens.

Fußböden
Ihre Grundlagen bilden längs- und quergelegte Hölzer, auf
die ein dicker Lehmestrich gelegt wurde. Er mußte immer
wieder ausgebessert werden und konnte so über einen
halben Meter Dicke erreichen. Damit der immer schwerer
werdende Estrich nicht durchgedrückt wurde, brachte
man lange Rindenbahnen in den Fußboden ein.

Wände
Ihr Gerüst besteht aus Rundhölzern, die bis auf den festen
Kiesgrund reichen. Dazwischen bilden Spaltbohlen und
Hälblinge die Hauswand. Räume wurden durch leichte
Wände aus Spaltbrettern oder Flechtwand-Konstruktio-
nen voneinander getrennt. Die Wände wurden wohl auf
beiden Seiten mit Lehm verputzt.

Backöfen
In der rechten Ecke des ersten Raums stand meist der
Backofen. Zum Aufspeichern der Wärme schloß sein
Lehmunterbau häufig ein Kiespflaster mit ein. Das Ge-
wölbe bestand aus Weidengeflecht, das mit einem dicken
Lehmmantel überzogen war.

Feuerstelle
Sie befand sich an der Zwischenwand des hinteren Raums.
Über einer Steinpflasterung lag die halbrunde oder auch
rechteckige Lehmplatte.

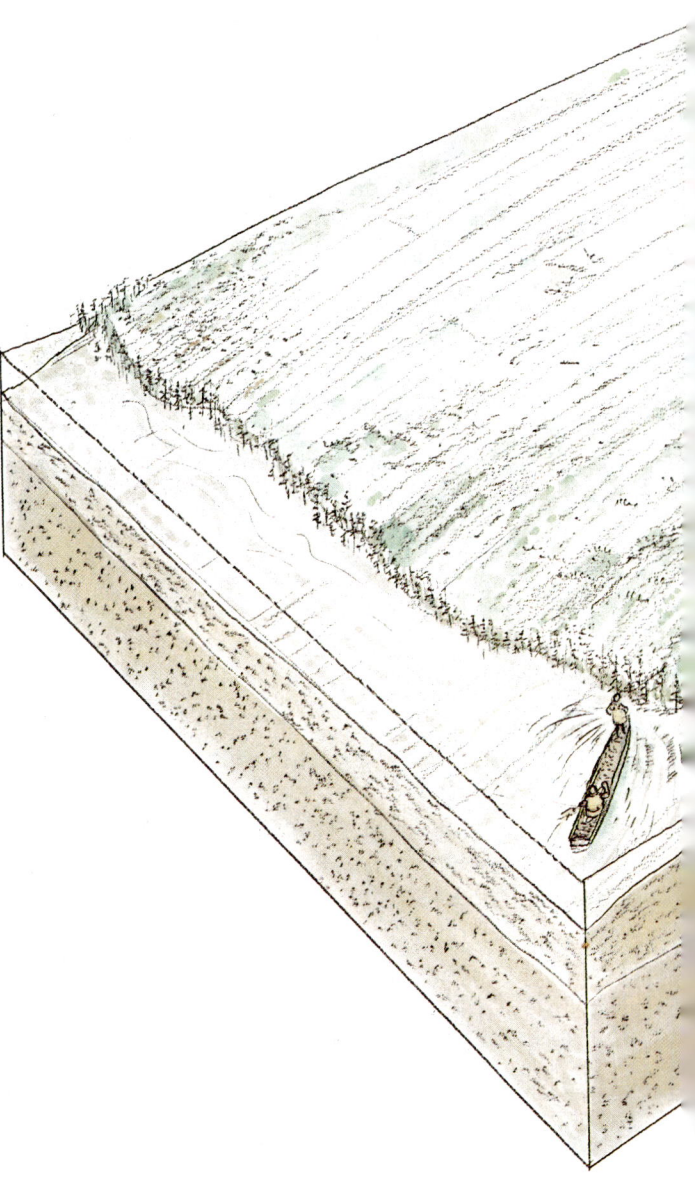

Das Bild in den zwanziger Jahren

Für die Forschung der zwanziger und dreißiger Jahre galt Aichbühl mit seinen zweiräumigen großen Rechteckbauten als schlagender Beweis für die Ausbreitung „altgermanischer Hausbautraditionen", die man bis in den archaischen griechischen Raum meinte nachweisen zu können. Das mehrzeilige, uferparallele Dorf dachte man sich als ein aus 26 Häusern bestehendes Gemeinwesen. Lebensmittelpunkt der Siedlung sollte danach eine große „Versammlungshalle" gewesen sein, das Haus 17, in unmittelbarer Nähe eines „Führerhauses" (Haus 15) gelegen.

Nach Auffassung der Ausgräber muß das jungsteinzeitliche Dorf hart am westlichen Ufer eines schmalen Federseearms auf festem, trockenem Niedermoortorf gelegen haben. Gebaut wurde auf einem in Richtung See abfallenden Kiesrücken, der zum Ufer hin von teils zwei Meter mächtigen Mudden überdeckt war. Der sehr unruhige Baugrund machte unterschiedliche Grundierungen der Häuser notwendig. Auf der Seeseite wurde der Baugrund mit Reisig- und Brandschuttlagen sowie Pfahlrosten befestigt, was den Häusern Halt verleihen sollte. Dicht vor den Bauten erstreckte sich nach damaliger Meinung das ebenfalls mit Reisig und Schotter befestigte Federseeufer.

Aichbühl aus heutiger Sicht

Wie alle weiteren Siedlungen des Federseebeckens ist auch Aichbühl von Federseetransgressionen überprägt. Sie waren in den dreißiger Jahren noch unbekannt. So handelt es sich bei den seinerzeit beschriebenen Uferbefestigungen aus Reisig-, Kies- und Müllschichten sicherlich um Überschwemmungsfolgen. Die künstliche Böschung wäre demnach aus aufgearbeitetem Siedlungsabfall, umgelagerten Estrichböden, Wand- und Dachteilen entstanden. Das „Ufer" stellt somit gewiß eine in der Nachsiedlungszeit durch Abrasion, also durch Überschwemmung und Wellenschlag entstandene

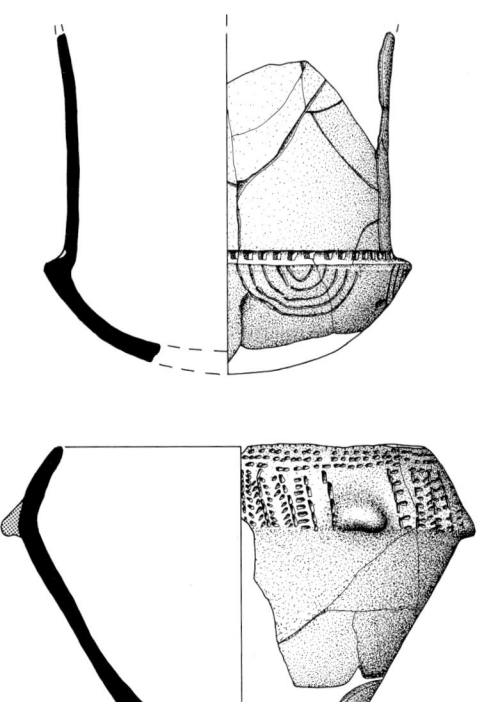

Aichbühl. Schüssel und Becher der Aichbühler Kultur.

Kante dar. Wenig wahrscheinlich ist nach heutiger Auffassung, daß alle 26 Häuser zu gleicher Zeit gebaut wurden. Eher gewinnt man den Eindruck, hier handle es sich um drei aufeinanderfolgende Siedlungsphasen.

Schussenrieder Kultur

Aus der Schwieberdinger Gruppe entwickelt sich kontinuierlich und insofern kaum merkbar die Neckargruppe der Schussenrieder Kultur. Trotz unterschiedlicher Benennungen, die forschungsgeschichtlich bedingt sind, handelt es sich bei den beiden Erscheinungen um die ältere und jüngere Ausprägung ein und derselben Kultur.

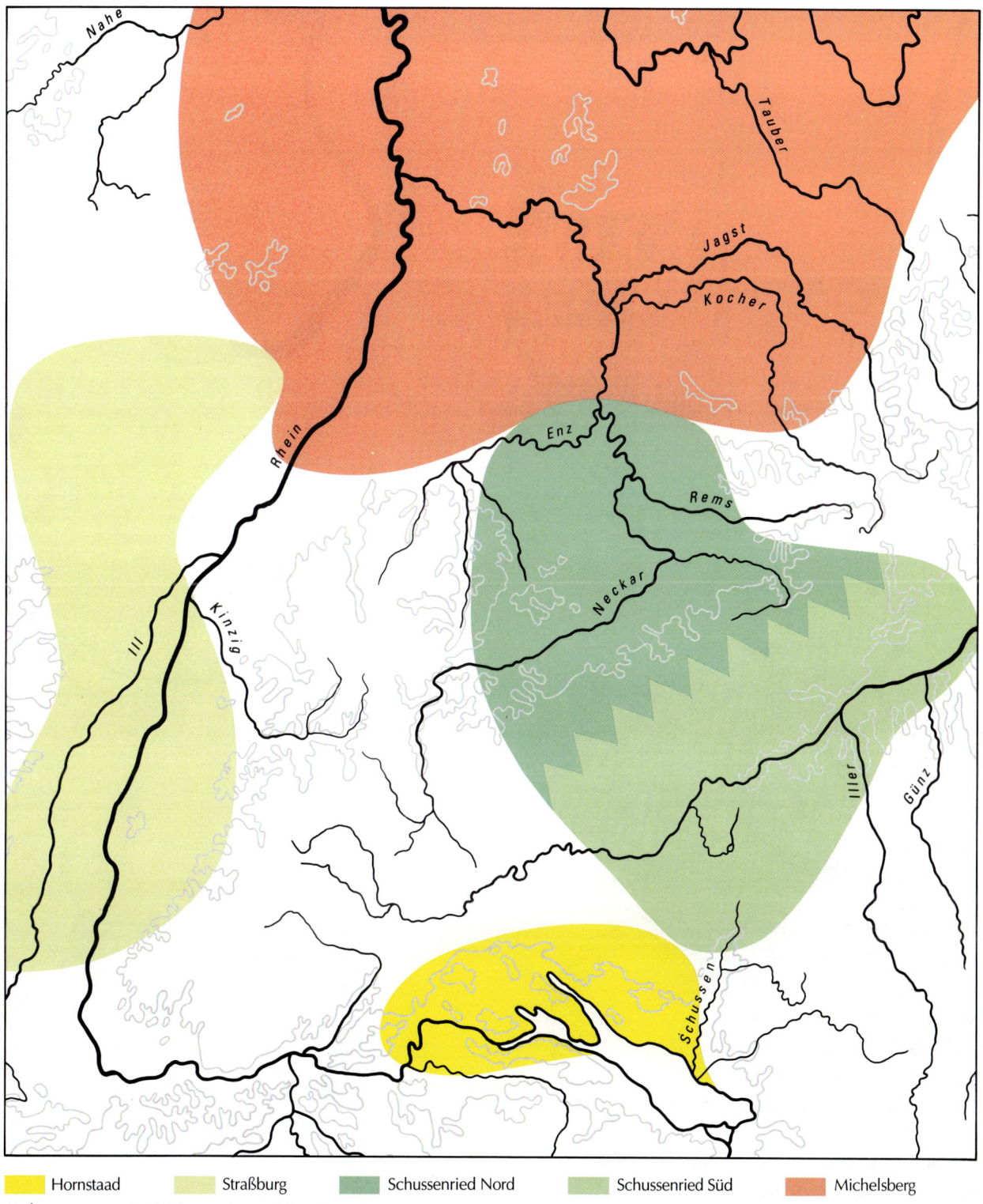

| | Hornstaad | | Straßburg | | Schussenried Nord | | Schussenried Süd | | Michelsberg |

Kulturgruppen in Südwestdeutschland an der Wende vom 5. zum 4. vorchristlichen Jahrtausend.

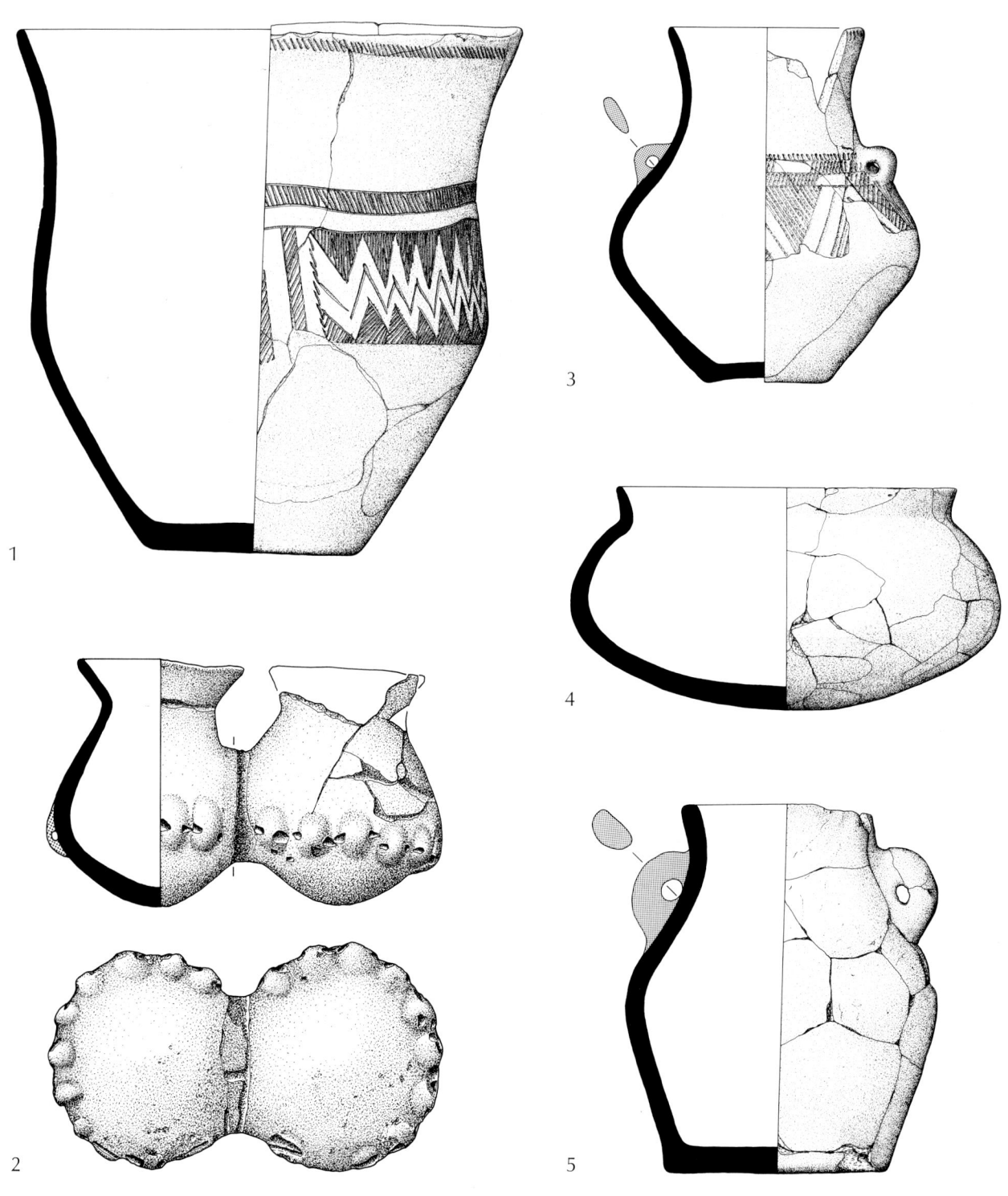

Schussenrieder Kultur, Nordgruppe. Gefäße und Geräte aus Eberdingen-Hochdorf (1, 3–5) und Sachsenheim-Groß-sachsenheim (2). Beide Kreis Ludwigsburg.

Bad Schussenried, „Riedschachen II". Gefäße der Schussenrieder Südgruppe.

Zwischen der Schussenrieder und der Michelsberger Kultur bestehen vielfältige Gemeinsamkeiten, etwa Form und Machart der unverzierten Gefäße. Doch geritzte und gestochene Gefäßdekore bleiben trotz vereinzelter Übernahmen durch benachbarte Gruppen in aller Regel auf die Schussenrieder Kultur beschränkt. Um 3800 v. Chr. endet sie durch eine weitere Michelsberger Expansion nach Süden.

An Federsee und Oberer Donau löst die Schussenrieder die Aichbühler Kultur ab. Besonders in der Schussenrieder Flußauen-Siedlung von Ehrenstein bei Ulm hat die unverzierte Keramik deutliche Ähnlichkeiten zur Altheimer Kultur, die sich zu jener Zeit gerade im Bayerischen formiert.

Remseck-Aldingen, „Halden". Pfeilspitzen und Halbfabrikate aus Knochen.

Eberdingen-Hochdorf, „Biegel". Gefäße der Schussenrieder Kultur.

Verzierte Gefäße im Schussenrieder Stil finden sich darüber hinaus bis an den Bodensee – so in Hornstaad – und in der Ostschweiz. Offensichtlich bildet die oberschwäbische Ausprägung jener Schussenrieder Kultur den Mittler zwischen der sich formierenden Pfyner Kultur des Bodenseeraums, der Michelsberger Kultur des mittleren Neckarlands und der Altheimer Kultur Bayerns.

Die Siedlung unter dem Hügel – Eberdingen-Hochdorf

Bei den Ausgrabungen des hallstattzeitlichen, bereits stark verschleiften Fürstengrabhügels in Eberdingen-Hochdorf kam auch diese bisher unbekannte jungsteinzeitliche Siedlung unter den Spaten. Sie erbrachte mit 3700 Quadratmetern ergrabe-

ner Fläche den bisher ausgedehntesten und fundreichsten Ausschnitt einer Siedlung der Schussenrieder Kultur im Mineralboden. Eindrücklich läßt sich an den zahlreichen Grubenbefunden die Vorratshaltung studieren. In den Kesselgruben hat man vor allem Getreide eingelagert und über den Winter gebracht. Mehrere Pfostenlöcher, die aufgrund der hallstattzeitlichen Überdeckung des Geländes mit einem Grabhügel vor weiterer Erosion geschützt wurden, ließen erstmals im Löß Hausgrundrisse der Schussenrieder Kultur erkennen. Auch hier hat sich, wie in den oberschwäbischen Moorsiedlungen, der Hausbau zu kleinen Pfostenbauten hin entwickelt.

Die Auswertung der botanischen und osteologischen Abfälle zeigt, daß sich die Wirtschaftsweise kaum vom Altneolithikum unterschied: Ackerbau und Haustierhaltung bestimmten das Dorfbild. Die bereits auf der Grabung durchgeführten botanischen Untersuchungen führten erstmals zu flächendeckenden Ergebnissen über das Pflanzenspektrum einer auf Mineralboden gelegenen neolithischen Siedlung in Südwestdeutschland.

Konserviert im Wasser der Blau – das Dorf Ehrenstein

Das Dorf der Schussenrieder Kultur lag in einer vermoorten Talaue mit sehr hohem Grundwasserspiegel. Alle Befunde und Funde waren durch den Feuchtboden außerordentlich gut konserviert, insbesondere die Bauhölzer der einzelnen Häuser samt den Ansätzen der aufgehenden Wände. Auf einer Fläche von 120 Meter x 85 Meter standen 30 bis 35 Gebäude. Sie waren in fünf Häuserzeilen angeordnet, parallel zu einem Weg, der das Dorf teilte. Dreimal, jeweils nach Brandkatastrophen, wurde die Siedlung erneuert. Insgesamt hat sie 80 bis 90 Jahre bestanden. Das keramische Fundgut dieser Schussenrieder Siedlung hat zahlreiche Bezüge zur Michelsberger und Altheimer Kultur.

„Moorpfahlbauten im Staatsried" – Riedschachen, eine Siedlung der Aichbühler und Schussenrieder Kultur

Der am 24. Mai 1875 entdeckte erste Holzbau dieser Siedlung führte alsbald zur Definition des „Schussenrieder Pfahlbaus".

Doch erst mit den großen Siedlungsgrabungen zwischen 1919 und 1928 konnte die Bedeutung der Siedlungsstelle eingehend erfaßt werden. Dabei stellte sich heraus, daß das Gelände offenbar mindestens zweimal überbaut worden war: Die untere Siedlung (Riedschachen I) gehört der hier erstmals festgestellten Aichbühler Kultur an, die obere (Riedschachen II) ist eine Gründung der jungsteinzeitlichen Schussenrieder Kultur.

Während der Grabungen in den zwanziger Jahren brach über die Befunde der unteren Siedlung ein

Ehrenstein. Steinscheibe.

heftig geführter Streit zur Pfahlbaufrage auf. Die einen sahen in den Bauten einen unwiderlegbaren Beweis für die Pfahlbauform, die anderen aber verneinten nun erst recht die Existenz vorgeschichtlicher Pfahlbausiedlungen in Mitteleuropa.

Da zahlreiche Ausgrabungen und eine bis auf den Kiesgrund reichende Entwässerung jene Anlage größtenteils zerstörten, ist die Siedlung heute weitgehend verloren. 1982 ergab die Nachuntersuchung des Landesdenkmalamts eine vollständig ausgetrocknete Siedlungsstelle und zu Holzmulm zerfallene Pfähle. Dennoch erbrachten die Grabun-

Blaustein-Ehrenstein (Alb-Donau-Kreis). Die Ausgrabung von 1960.

gen noch den Nachweis ungestörter Schichten. In den untersten Lehmestrichen fand sich Aichbühler Keramik, ein Beleg für die Existenz einer frühen Aichbühler Bauphase. Sie muß älter sein als der in den zwanziger Jahren publizierte Bauhorizont.

Mit der Siedlung und ihren zahlreichen ungelösten Fragen beschäftigten sich im Lauf der Zeit annähernd 20 wissenschaftliche Bearbeiter unterschiedlicher Sparten, ohne daß sich ein zuverlässiges Bild der Siedlungsentwicklung, ihrer exakten kulturellen Zuweisung und ihres Verhältnisses zur unmittelbar umgebenden Landschaft ergeben hätte. Von den Befunden der Ausgräber halten nur wenige einer Überprüfung stand, vor allem solche nicht, die zur Hausrekonstruktion und zu Aussagen über baugeschichtliche Entwicklungen herangezogen wurden.

Ehrenstein. Schmuck.

Bad Schussenried, „Staatsried". So stellte man sich 1922 die Moorpfahlbauten aus Riedschachen I vor (Postkarte des Urgeschichtlichen Forschungsinstituts Tübingen).

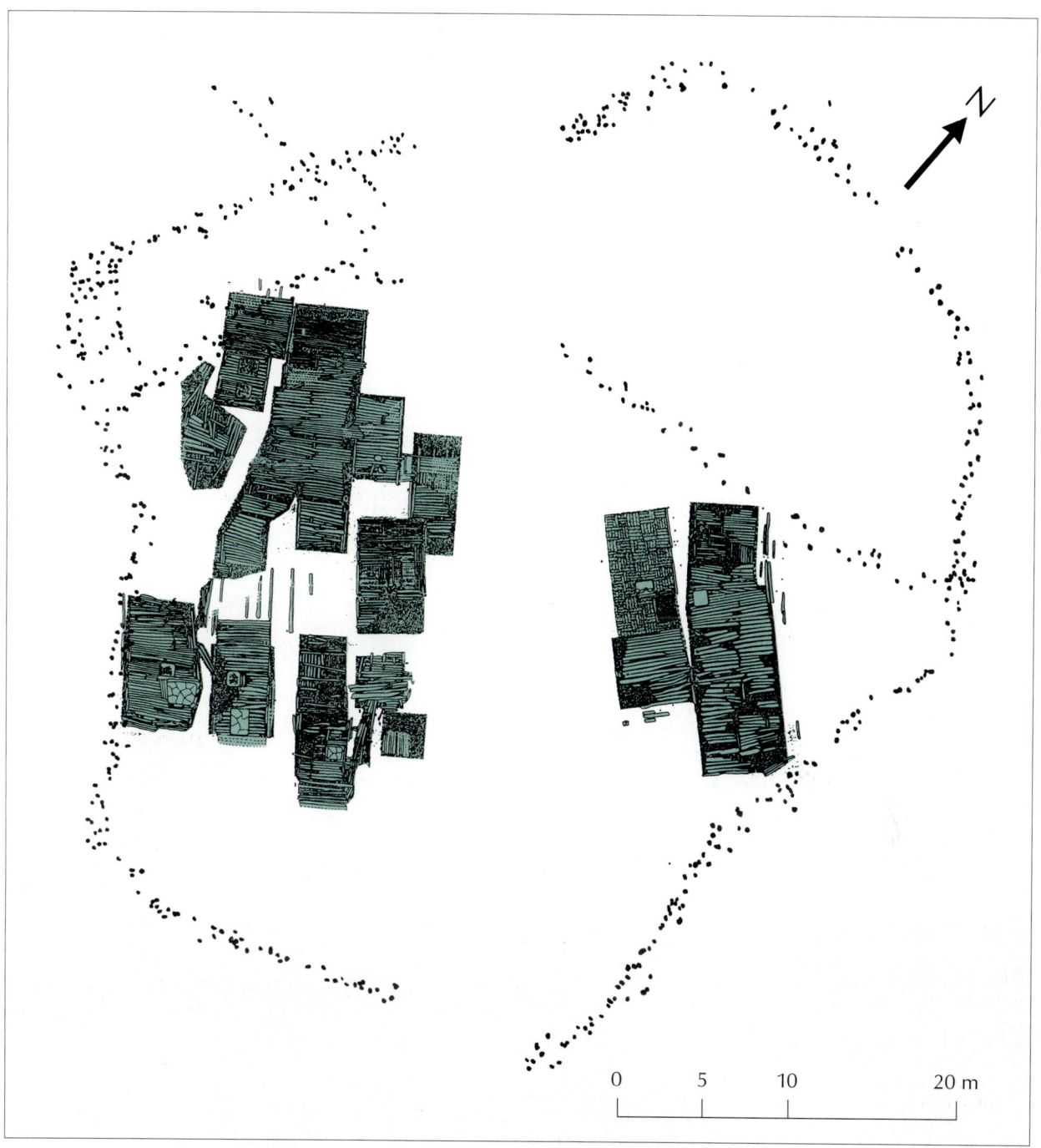

0   5   10   20 m

Riedschachen II

Die 16 freigelegten Hausböden waren in ihren oberen Lagen bereits stark ausgetrocknet und schlecht erhalten. Die Moor-bauten scheinen innerhalb des alten, noch sichtbaren Pfahlrings angelegt worden zu sein. Auch soll die Südspitze des Sees bis in den Pfahlgürtel gereicht haben, so daß sich ein Zugang zum offenen Wasser denken läßt. Anders als in Riedschachen I sind die ein- und zweiräumigen Häuser zu einem „Haufendorf" organisiert. Sie wurden als Ergebnis der Mischung von Haus-bautraditionen „nordischer", also eingewanderter Siedler und der „westischen" Urbevölkerung interpretiert.

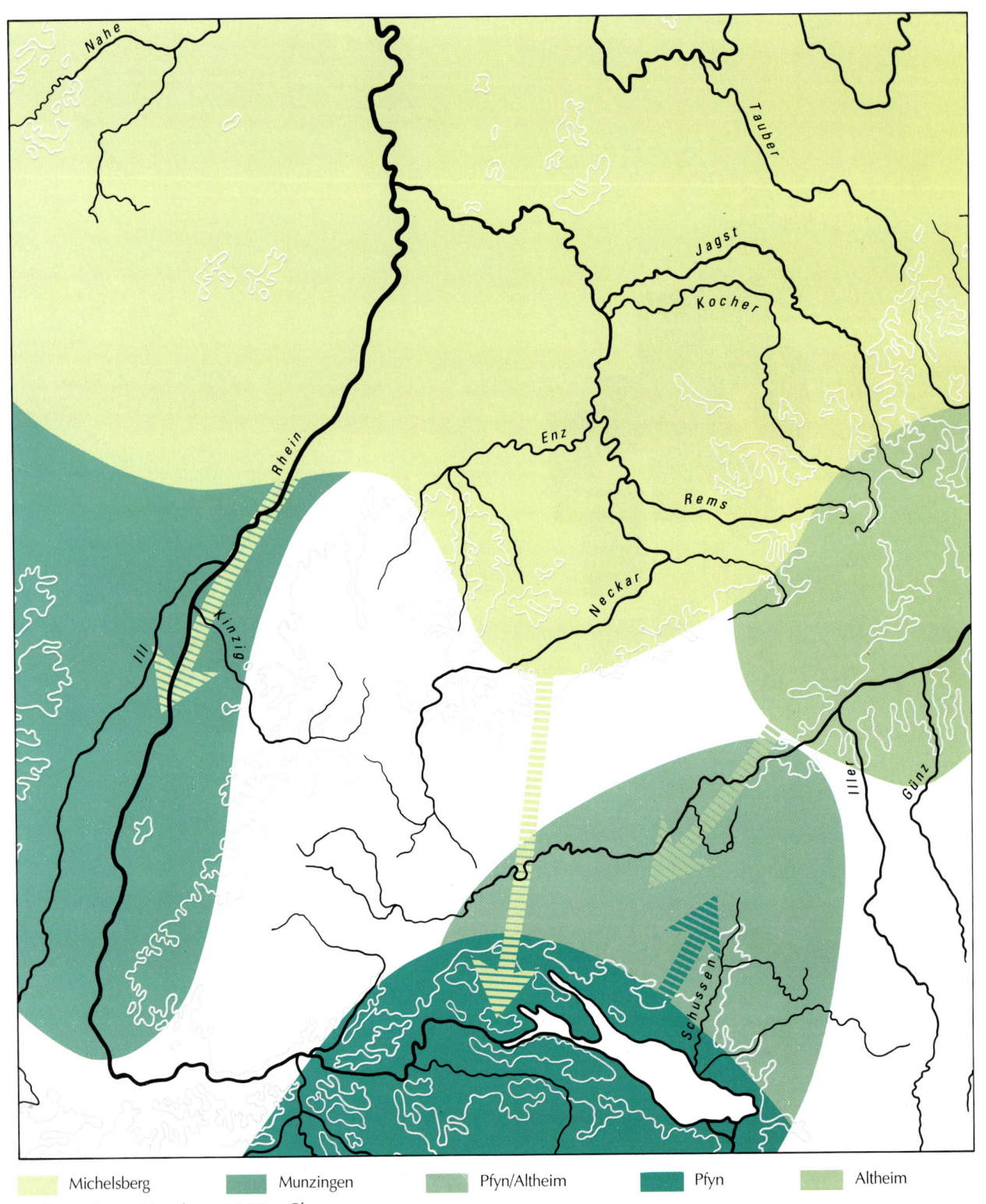

| | Michelsberg | | Munzingen | | Pfyn/Altheim | | Pfyn | | Altheim |

Südwestdeutschland um 3800 v. Chr.

Erdwerke und unverzierte Keramik

Noch zur Zeit der Bischheimer Gruppe entsteht die Michelsberger Kultur. Sie gehört mit zu den großräumig faßbaren jungsteinzeitlichen Kulturen Mitteleuropas. Ihr Verbreitungsgebiet reicht vom Niederrhein bis an die Schwäbische Alb, von Ostfrankreich bis hinein nach Böhmen und Mähren. Der Name hat sich 1899 durch die Ausgrabungen auf dem Michelsberg bei Untergrombach (Kreis Karlsruhe) ergeben. Bereits früh gewinnt sie Einfluß auf die zwischen der Gegend südlich von Heilbronn und der Schwäbischen Alb beheimateten Kleingruppen „Schwieberdingen" und „Schussenried"; ihre Ausbreitung läßt sich für das Gebiet des heutigen Württemberg in zwei Schüben verfolgen:

– Im späten 5. Jahrtausend v. Chr. bis in den Raum Heilbronn. Ihre südliche Verbreitungsgrenze findet sie vorläufig in der Schussenrieder Nordgruppe.

Keramik der Pfyner Kultur vom Bodensee.

– Um 3800 v. Chr. bis zur Schwäbischen Alb mit Einflüssen auf die Seeufersiedlungen am Bodensee. Diese Expansion hängt mit dem Verschwinden der Schussenrieder Kultur zusammen. Auch wenn sich in den benachbarten Kulturgruppen zahlreiche Michelsberger Elemente im Keramikspektrum feststellen lassen, konnte sie sich anschließend nicht weiter erfolgreich nach Süden und Osten hin ausbreiten. Gleichzeitig entsteht nämlich in Oberschwaben die nicht verzierende Kulturgruppe Pfyn-Altheim als Mischform aus den beiden großen jungneolithischen Kulturen Bayerns und des Bodenseeraums.

Bekannt sind neben zahlreichen Siedlungsgruben vor allem mit Wall und Gräben befestige Erdwerke, die zu den beeindruckendsten kulturellen Neuerungen des jungsteinzeitlichen Mittel- und Westeuropa zählen. Wenn auch Grabenwerke bereits seit der Bandkeramik überliefert sind, so können die Erdwerke des 4. Jahrtausends besonders in Anbetracht der immensen Arbeitsleistung, wie sie zu ihrer Errichtung nötig war, doch als einzigartig gelten. Voraussetzung hierfür war ein hohes Organisationspotential, verbunden mit der Möglichkeit, die am Bau Beteiligten von Alltagsarbeiten freizustellen. Daraus läßt sich eine differenzierte, auf Arbeitsteilungen basierende Gesellschaftsform folgern, deren Struktur allerdings bis heute nicht endgültig geklärt ist. So scheint es sich bei den großen Anlagen der älteren Michelsberger Kultur nicht ausschließlich um profane Bauten gehandelt zu haben. Immer mehr häufen sich nämlich Befunde von Bestattungen in den Umfassungsgräben der Erdwerke. Offenbar waren auch große Teile des Innenraums unbesiedelt. Und so ist nicht auszuschließen, daß es sich hier um große Gemeinschaftsbauten für den Totenkult gehandelt hat.

Während der späten Michelsberger Kultur dagegen überwiegen Siedlungsspuren im Innenbereich der Befestigungen. Wieweit hier ein Funktionswandel der Plätze von kultischer zu profaner Nutzung stattfand, bleibt unklar. Keinesfalls nämlich waren die Graben- und Wallanlagen mit ihren zahlreichen

Durchlässen so gebaut, daß sie sich hätten leicht verteidigen lassen können.

Die wenigen spärlichen Hinweise auf Totenbrauchtum und Bestattungssitten gehen dahin, daß die Toten zumindest teilweise in Gemeinschaftsgräbern, oft in der Siedlung oder im Graben der Erdwerke, bestattet wurden.

Erdwerk von Ilsfeld

Dieser von drei Grabenringen umgebene Platz war während der älteren und jüngeren Michelsberger Kultur besiedelt. Ähnlich wie in dem Erdwerk „Aue" bei Bruchsal, das der älteren Michelsberger Kultur angehört, konnten auch hier Bestattungen in den Gräben nachgewiesen werden. Verzierte Keramik im Stil der Schwieberdinger Gruppe und der Schussenrieder Kultur zeigen die räumliche Nähe und Gleichzeitigkeit zu diesen wenig südlich des Erdwerks angesiedelten Kulturen.

Ilsfeld (Kreis Heilbronn). Verzierter Krug der Michelsberger Kultur.

Keramik der Michelsberger Kultur aus den Erdwerken von Heilbronn-Klingenberg, Ilsfeld und Heilbronn-Neckargartach.

Erdwerk auf dem Hetzenberg bei Heilbronn-Neckargartach

Nördlich von Neckargartach liegt das älteste und größte Grabenwerk der Michelsberger Kultur in unserem Raum. Erste Grabungen wurden beim Autobahnbau Heilbronn-Hockenheim am Rande einer Kiesgrube durchgeführt. Der aufgedeckte Befestigungsausschnitt läßt auch hier auf eine Anlage mit einem dreifach gestaffelten Grabenring und Erdbrücken schließen. Seit 1990 gräbt das Landesdenkmalamt wieder bei Neckargartach, da die Gefahr besteht, daß Teile der Anlage durch Erosion verlorengehen. In den Gräben hat man bisher mehrere Keramikdeponierungen und Bestattungen festgestellt.

Die Abschnittsbefestigung auf dem Klingenberg bei Heilbronn

Auf dem vollständig ausgegrabenen Sporn lag im 4. Jahrtausend v. Chr. eine Michelsberger Abschnittsbefestigung mit ausgezeichnet erhaltenen Befunden. Hier ließen sich erstmals technische De-

Heilbronn-Klingenberg. Luftbild des Erdwerks während der Ausgrabung.

Klingenberg. Rekonstruktion der Abschnittsbefestigung.

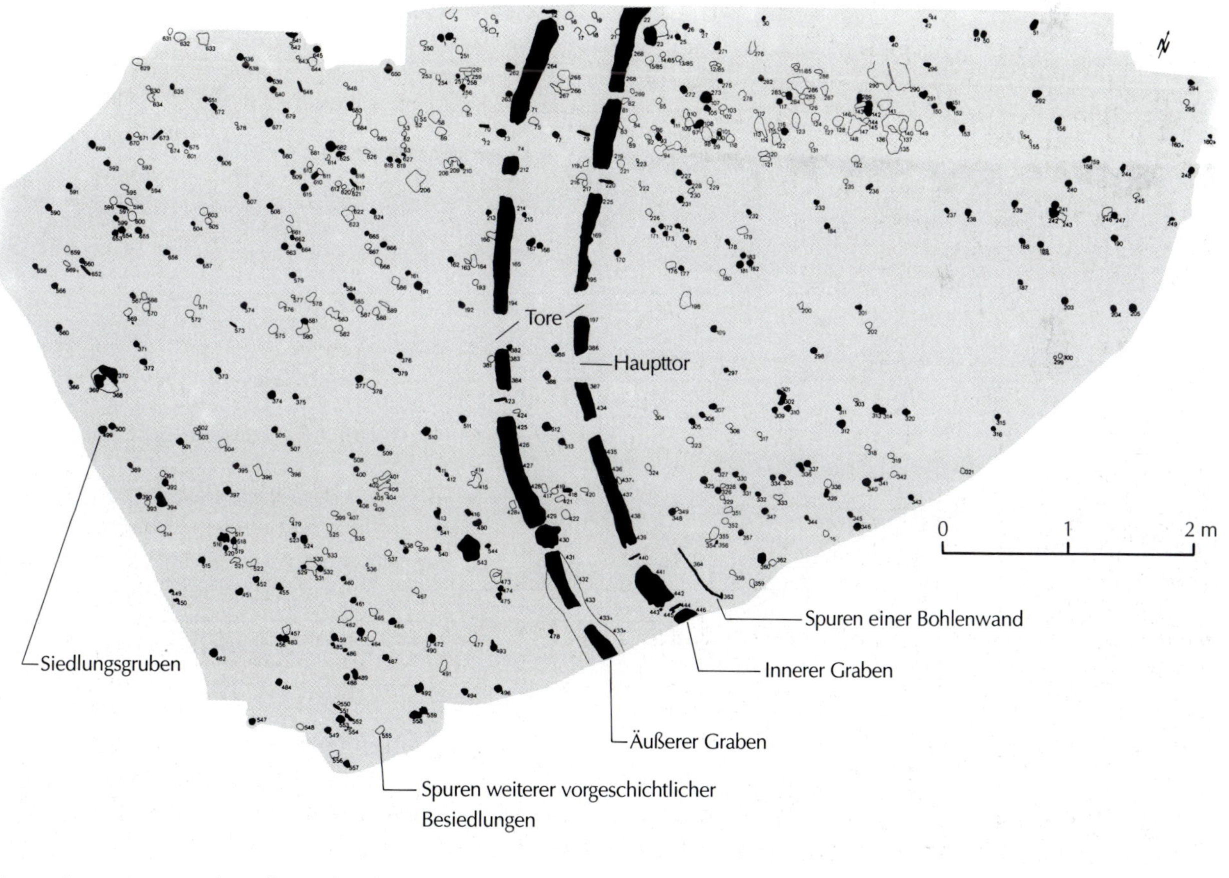

Tore

Haupttor

Spuren einer Bohlenwand

Innerer Graben

Äußerer Graben

Siedlungsgruben

Spuren weiterer vorgeschichtlicher
Besiedlungen

0   1   2 m

Klingenberg. Gesamtplan aller Befunde.

Klingenberg. Lackprofil des inneren Grabens.

Klingenberg. Miniaturbeile aus Ton.

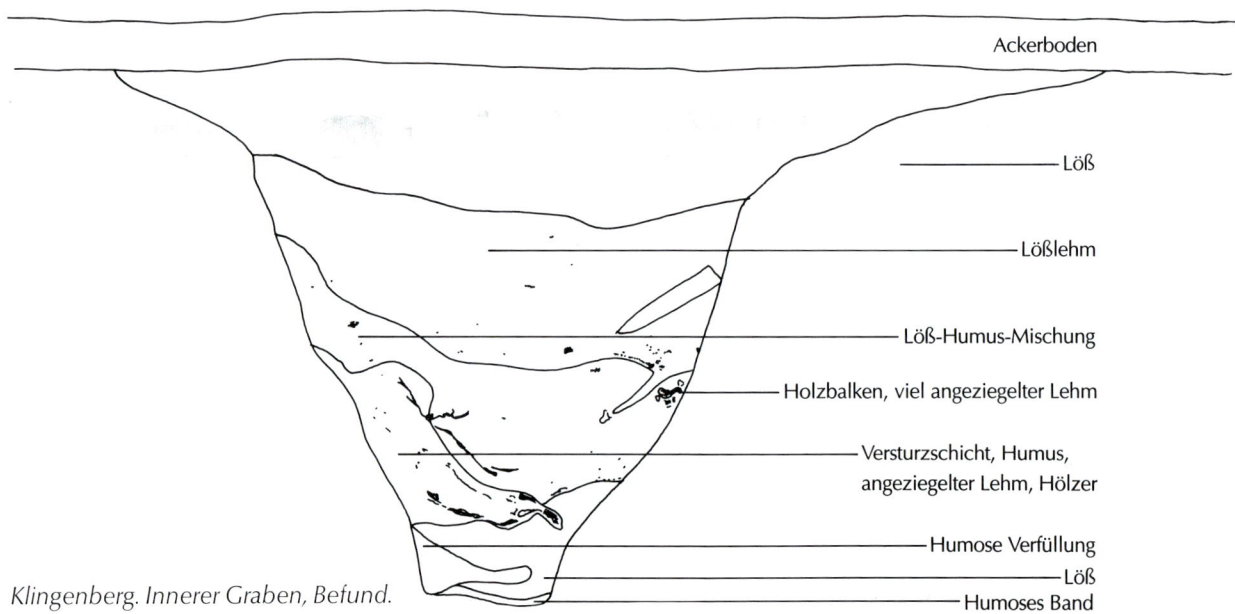

Ackerboden

Löß

Lößlehm

Löß-Humus-Mischung

Holzbalken, viel angeziegelter Lehm

Versturzschicht, Humus, angeziegelter Lehm, Hölzer

Humose Verfüllung

Löß

Humoses Band

Klingenberg. Innerer Graben, Befund.

tails zur Befestigung eines Erdwerks näher beobachten. Im Inneren der beiden Gräben fand sich eine verstürzte und verkohlte Spaltbohlenwand, die, ursprünglich hinter dem Graben stehend, brennend dort hineingestürzt war. Über der Holzmauer kamen im Graben dann die Erdmassen des Walls zu liegen. Sie waren demnach von hinten gegen die Holzmauer angeschüttet worden und rutschten als Folge des Brands ebenfalls in den Graben nach.

Die Grabenringe weisen zahlreiche Durchlässe in Form stehengelassener Erdbrücken auf. Einzelne große Pfostenlöcher und Schlitzgräben sind wohl letzte Spuren der ehemaligen Torbauten. In den verfüllten Grabenköpfen wurden die verbrannten Reste massiver hölzerner Torkonstruktionen und herabgestürzte Steinplattenverkleidungen aufgedeckt. Ein außergewöhnlicher Befund, da man von den Lößböden Mitteleuropas sonst keine vorgeschichtlichen Steineinbauten kennt.

Im Grabenschutt eingeschlossen waren auch mineralisierte, nicht vollständig zu Asche verbrannte Pflanzenreste, die so die Zeiten überdauerten. Sie bestehen fast durchweg aus Kulturpflanzen. Reste von Getreidespreu sind dagegen selten, Unkrautsamen und Wildpflanzen fehlen fast ganz. Diese Zusammensetzung legt nahe, daß es sich bei dem Fund um die letzten Reste eines abgebrannten Vorratslagers handelt.

Tierknochen

Die Siedler auf dem Klingenberg deckten zur Zeit der Michelsberger Kultur ihren tierischen Nahrungsbedarf zu drei Vierteln aus der Haustierschlachtung.

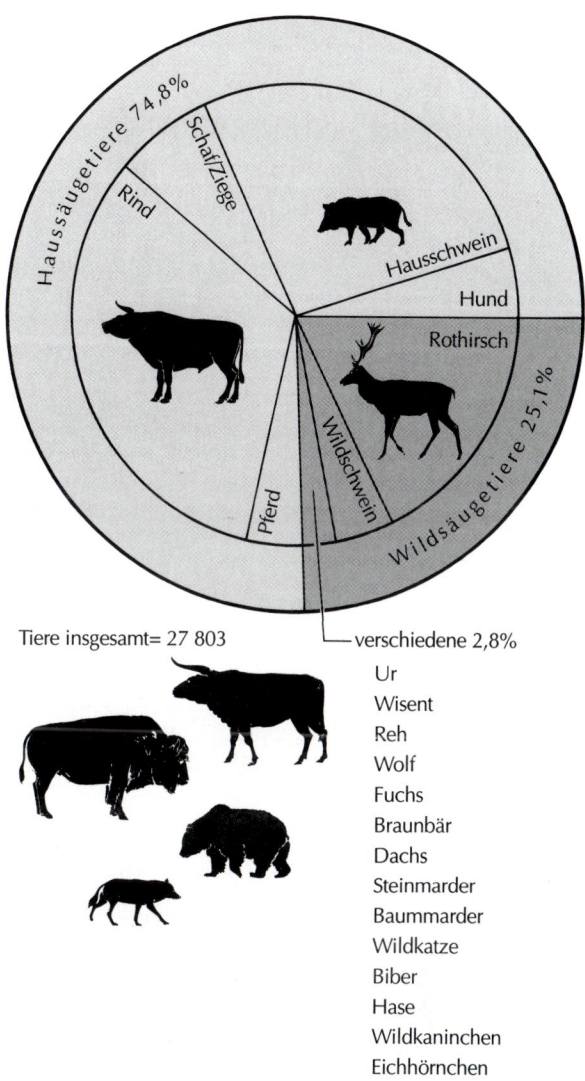

Tiere insgesamt = 27 803

verschiedene 2,8%

Ur
Wisent
Reh
Wolf
Fuchs
Braunbär
Dachs
Steinmarder
Baummarder
Wildkatze
Biber
Hase
Wildkaninchen
Eichhörnchen

Klingenberg, prozentualer Anteil der Haus- und Wildtiere im Schlachtabfall der Siedlung.

Klingenberg. Schädel eines Urstiers.

Mehr als die Hälfte des verzehrten Fleischs stammte von Hausrind und Schwein. Den Rest holte man sich auf der Jagd, vor allem von Rothirsch und Wildschwein. Auch andere Wildtierarten wie Ur, Wisent, Braunbär, Dachs, Marder und Wildkatze lassen sich nachweisen; demnach haben größere Waldbestände die Siedlung umgeben. Hinweise auf eher an lichte, offene Landschaften gebundene Wildtiere kommen dagegen nur spärlich vor.

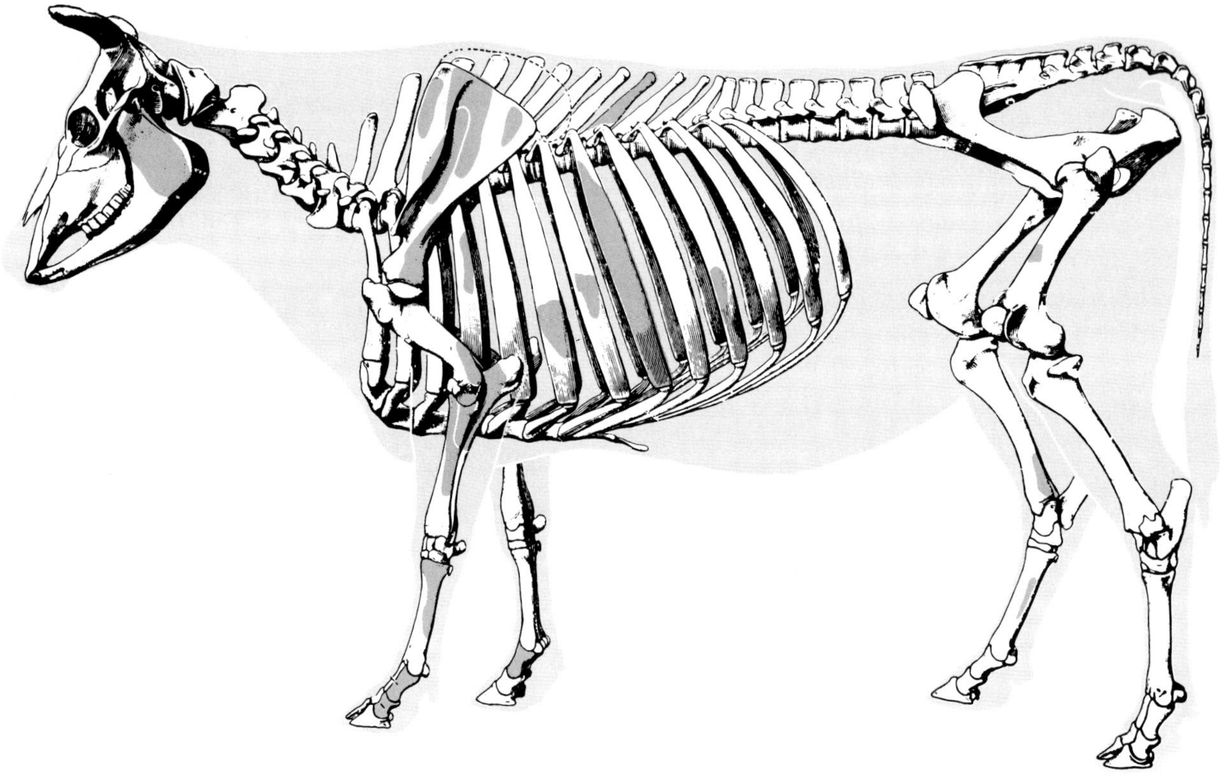

Durchlochte Zehenknochen

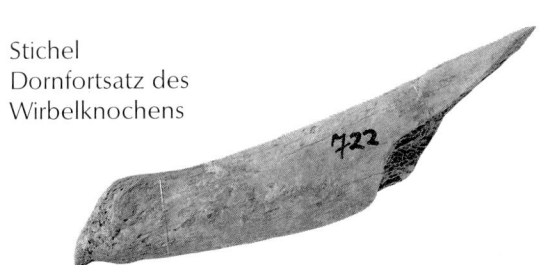

Stichel
Dornfortsatz des
Wirbelknochens

Meißel
Oberarm-
Knochen

Schaber
Schulterblatt

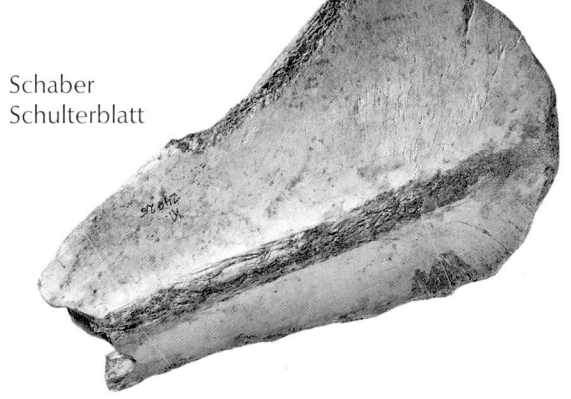

Klingenberg. Die Tierknochen.

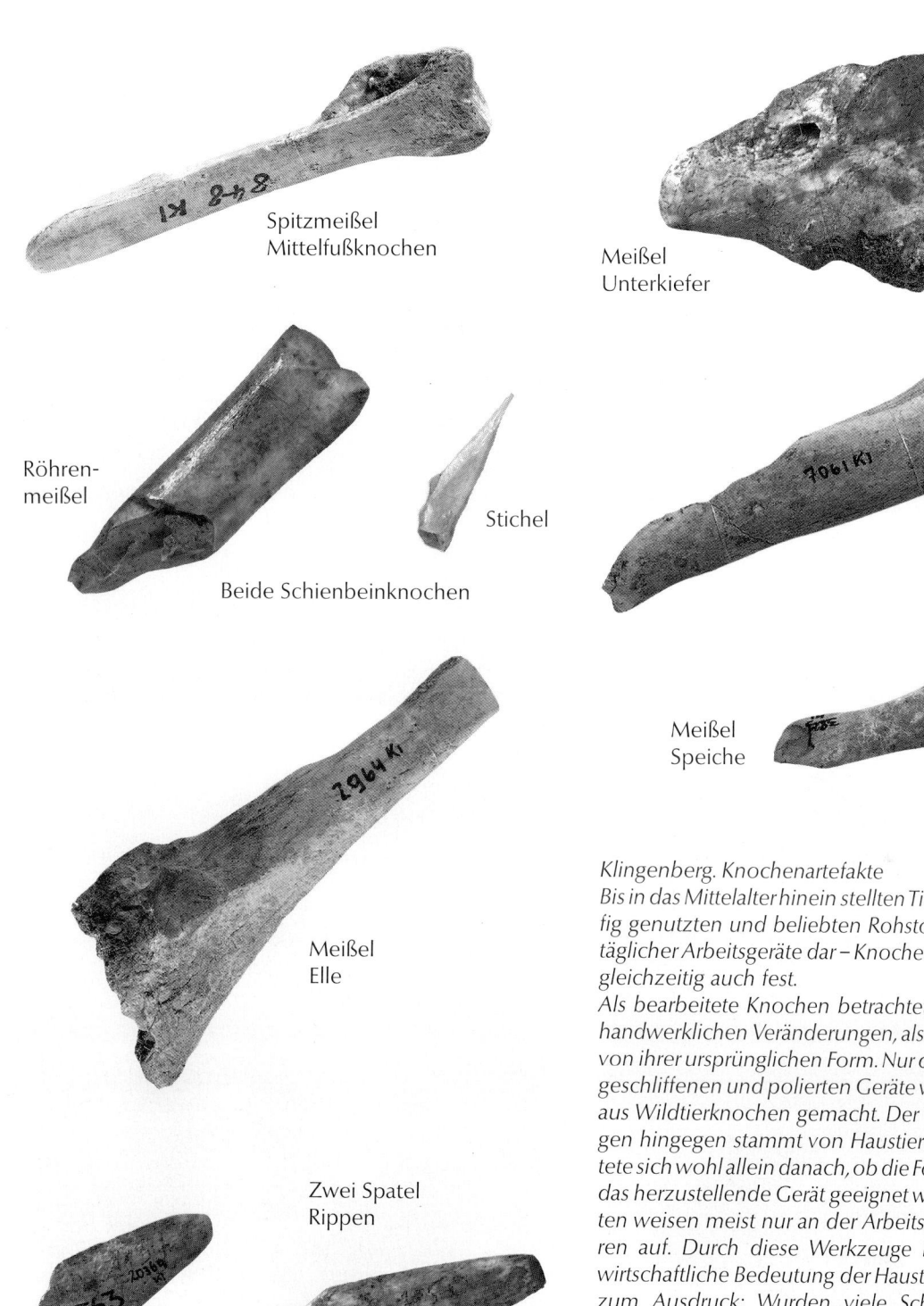

Spitzmeißel
Mittelfußknochen

Meißel
Unterkiefer

Röhren-
meißel

Stichel

Röhrenmeißel
Speiche

Beide Schienbeinknochen

Meißel
Speiche

Meißel
Elle

Zwei Spatel
Rippen

Klingenberg. Knochenartefakte

*Bis in das Mittelalter hinein stellten Tierknochen einen häu-
fig genutzten und beliebten Rohstoff zur Herstellung all-
täglicher Arbeitsgeräte dar – Knochen waren elastisch und
gleichzeitig auch fest.*

*Als bearbeitete Knochen betrachtet man alle Funde mit
handwerklichen Veränderungen, also mit Abweichungen
von ihrer ursprünglichen Form. Nur die wenigen kunstvoll
geschliffenen und polierten Geräte wurden überwiegend
aus Wildtierknochen gemacht. Der Großteil an Werkzeugen hingegen stammt von Haustieren. Die Auswahl rich-
tete sich wohl allein danach, ob die Form des Knochens für
das herzustellende Gerät geeignet war. Solche Gerätschaften weisen meist nur an der Arbeitskante Gebrauchsspuren auf. Durch diese Werkzeuge kommt so auch die
wirtschaftliche Bedeutung der Haustiere in einer Siedlung
zum Ausdruck: Wurden viele Schweine geschlachtet,
machte man die Geräte aus Schweineknochen, wurden
viele Rinder geschlachtet, wie etwa in Klingenberg, waren
die Geräte überwiegend aus Rinderknochen. Genutzt
wurden alle Skeletteile eines Tieres.*

Der Dolch von Reute –
die Siedlung im Schorrenried

In Oberschwaben bildet sich während des frühen 4. Jahrtausends v. Chr. eine neue Kultur aus, die „Pfyn-Altheimer-Gruppe". Sie löst die Schussenrieder Kultur ab. Nach den Siedlungsstellen und Funden zu schließen, ist sie ein wichtiges räumliches Bindeglied zwischen den Kulturen am Bodensee, in der Ostschweiz und Bayerns.

Unweit von Bad Waldsee lag an einem der vielen kleinen, heute längst verlandeten Seen Oberschwabens vor 5700 Jahren das jungsteinzeitliche Dorf von Reute. Vor allem die vorzüglich erhaltenen Holzbaubefunde, aber auch Nachweise erster Hauspferde und der berühmte Kupferdolch verleihen dieser Siedlung der Pfyn-Altheimer Kultur überregionale Bedeutung.

„Schorrenried". Kupferdolch. ▶

„Schorrenried". Holzgefäße.

„Schorrenried". Keramik.

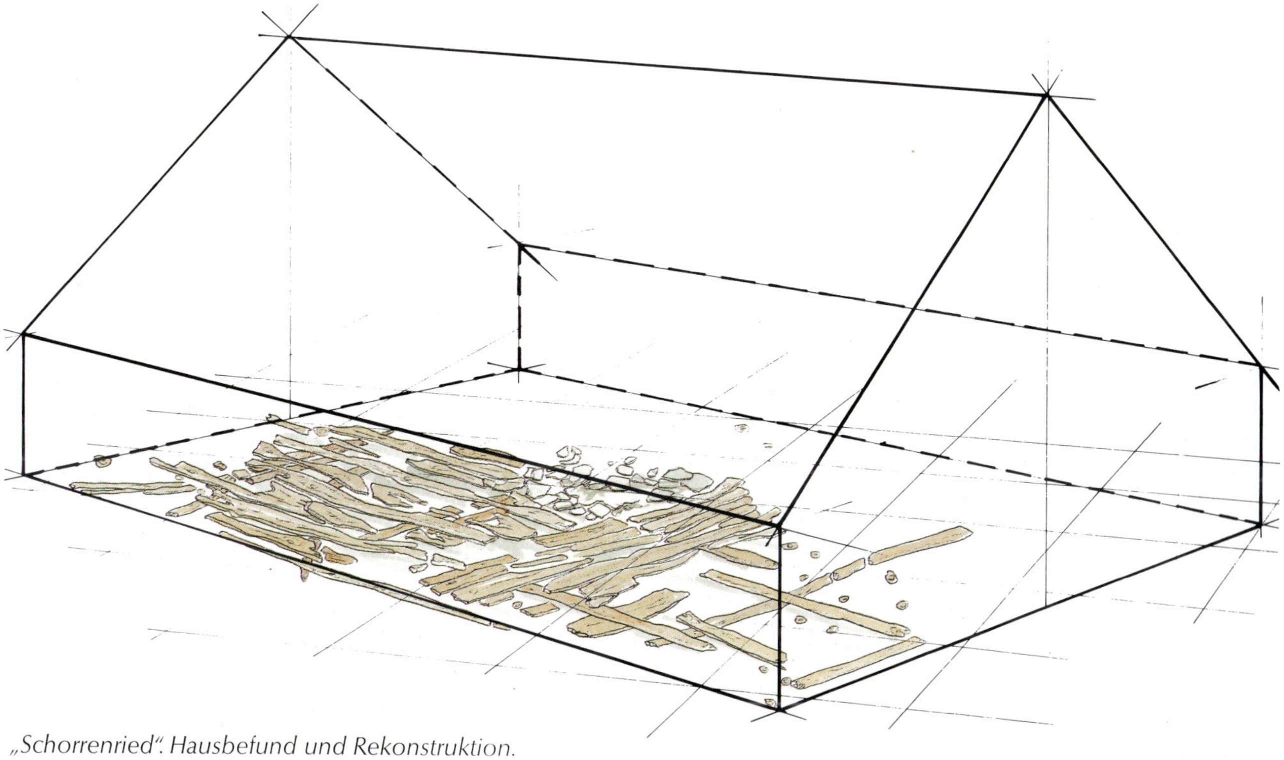

„Schorrenried". Hausbefund und Rekonstruktion.

Bad Waldsee-Reute (Kreis Ravensburg), „Schorrenried". Freigelegte Hausstelle.

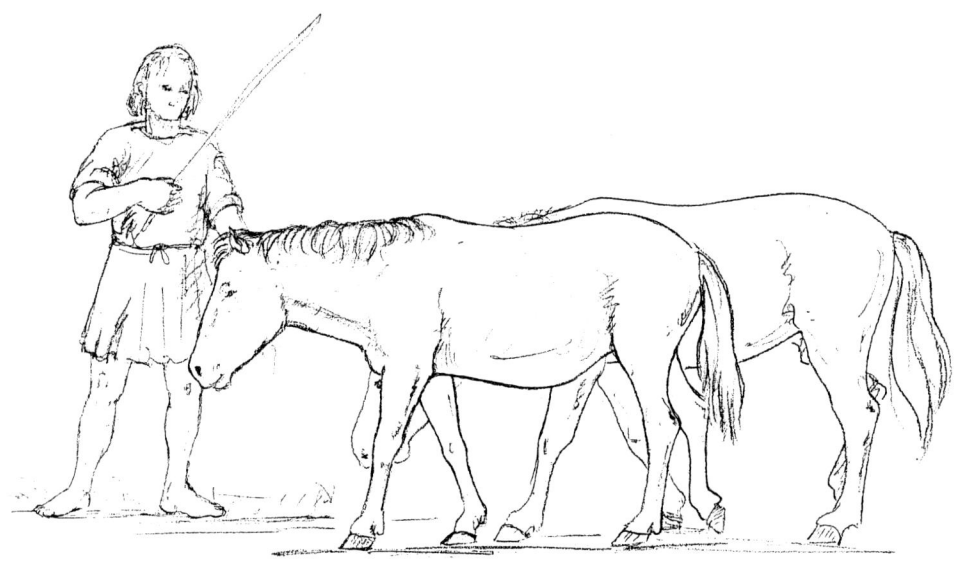

„Schorrenried". Hauspferde

Die Pferde von Reute waren mit ihrer Widerristhöhe von 123 bis 134 Zentimeter klein bis mittelgroß. Zum Vergleich: Das zentralasiatische Przewalski-Pferd, Vorläufer unseres Hauspferds, hat eine mittlere Schulterhöhe von 135 Zentimeter. Da die sogenannte Haustierwerdung immer mit einer Verkleinerung der Tiere einhergeht, werden diese Knochenfunde wohl von Hauspferden stammen. Doch ist der Zeitpunkt, zu dem das Hauspferd erstmals „auftrat", Anlaß kontroverser Auslegungen. In der letzten Eiszeit häufig noch Jagdwild, verschwindet das Pferd offensichtlich mit der Wiederbewaldung zu Beginn des Holozäns aus Mitteleuropa. Erst nach mehr als 3000 Jahren finden sich in den Schlachtabfällen jungneolithischer Siedlungen wieder regelmäßig Pferdeknochen, bei denen es sich um keine Jagdbeute mehr handelt, sondern um die ersten nachweisbaren Hauspferde.

Der bisher höchste Prozentsatz an Pferdeknochen konnte in der Siedlung Schorrenried festgestellt werden. Mit zirka 20 Prozent sind sie genauso häufig vertreten wie die Knochen der Hausschweine. Bemerkenswert, daß Hauspferde nur dort vorkommen, wo sich über die Altheimer Kultur Bayerns Beziehungen zum osteuropäischen Kulturraum nachweisen lassen. In gleichzeitigen Siedlungen, aus denen zwar Kupfer nachgewiesen ist, die aber unter dem Einfluß anderer Kulturströmungen standen (etwa im Bodenseeraum), kommen nämlich keine Pferdeknochen vor.

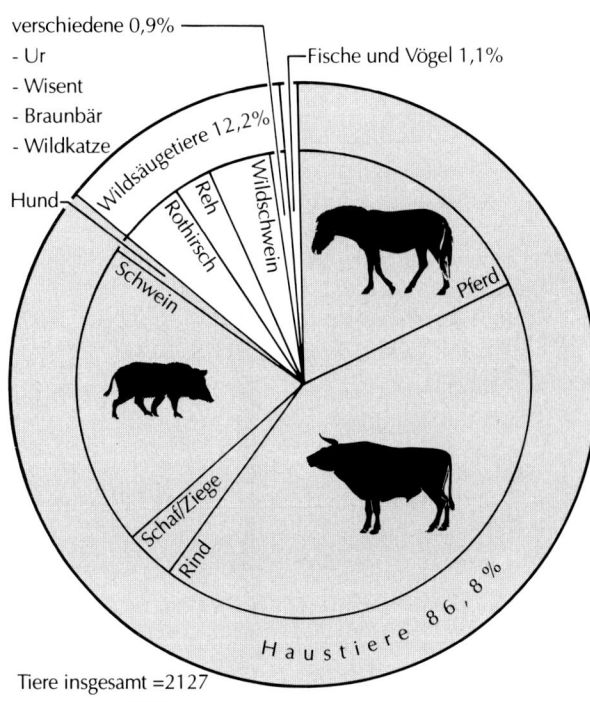

verschiedene 0,9%
- Ur
- Wisent
- Braunbär
- Wildkatze

Fische und Vögel 1,1%

Wildsäugetiere 12,2%

Reh

Rothirsch

Wildschwein

Hund

Schwein

Pferd

Schaf/Ziege

Rind

H a u s t i e r e   8 6 , 8 %

Tiere insgesamt =2127
- bestimmt= 1761
- unbestimmt= 466

Diagramm der Schlachtabfälle aus der Siedlung „Schorrenried".

160

Das letzte Jahrtausend der Jungsteinzeit

Der archäologischen Erforschung Südwestdeutschlands entzieht sich in weiten Teilen noch die Kenntnis über das letzte Jahrtausend jungsteinzeitlicher Kulturen, besonders bei solchen Landschaften, die bis ins späte 4. Jahrtausend von der jungneolithischen Michelsberger Kultur geprägt wurden. Diese Gebiete erscheinen nun bis in die Frühbronzezeit hinein als nahezu siedlungsleer, ohne daß sich hierfür plausibel nachvollziehbare Gründe finden ließen. Im Gegensatz dazu stehen an den Ufern des Bodensees nach wie vor Pfahlbauten.

Ergebnisse der Pollenanalyse zeigen, daß hier gerade im Endneolithikum eine stärkere Auslichtung der Wälder stattgefunden hat, wobei größere Kulturbrachen entstanden sein müssen, aus denen sich ständig genutzte Weide- und Wirtschaftsflächen gebildet haben. Ähnliche Entwicklungen sind in den letzten Jahren aus Oberschwaben, vor allem vom Federsee her bekannt, dank einer seit 1979 wieder intensiv betriebenen siedlungsarchäologischen Forschung.

Bis vor wenigen Jahren wußte man am Federsee lediglich von der Siedlung im Dullenried. Leicht gebaute Rechteckhäuser mit Stangengerüsten charakterisieren das im Niedermoor liegende Dorf – man kann es der Horgener Kultur zuschreiben. Ähnlich leichte, auf Pfählen ruhende Bauweisen finden sich nun auch in den Siedlungen der Goldberg-III-Gruppe des Federsees. Sie sind allesamt erst in den letzten Jahren bei Sondagen entdeckt worden. Daß zu dieser Zeit ein neuer Baugedanke aufkommt, zeigen die Beispiele zweier bei Alleshausen gefundener Siedlungen, wo kleine Gebäude mit Prügelboden und Wänden in Blockbautechnik standen. Ebenfalls aus dieser Zeit stammen die bisher ältesten Holzräder Südwestdeutschlands; man hat sie in der Seeufersiedlung von Seekirch-Achwiesen am östlichen Federseeufer gefunden.

Horgen, Cham und Goldberg III stehen für die großen Kulturen des süddeutschen Spätneolithikums. Es wird wohl zurecht als Zeitabschnitt bezeichnet, in dem sich die verschiedensten Kulturen und Gruppen so mischen, daß es damals keine geschlossenen, voneinander klar zu trennenden Kulturen mehr gegeben hat. Vielmehr entsteht der Eindruck von wenigen großräumig verbreiteten Erscheinungen, die mit ihrem Sachgut das Bild beherrschen, sich gegenseitig aber derart beeinflussen, daß fast jeder Fundort eine andere Inventar-Zusammensetzung hat. Die Kulturen dieser Zeit lassen sich bei unserem vorläufigen Wissensstand auch noch dadurch definieren, daß die Kupfertechnologie, zu-

Keramik der Horgener Kultur aus dem Pfahlbau von Sipplingen am Bodensee.

vor über ein halbes Jahrhundert genutzt, wohl für ebenso lange Zeit abbricht. Gleichzeitig erreicht die Holz- und Steinbearbeitung einen äußerst hohen Standard. Auffallend ist weiterhin eine offenkundige Geringschätzung der Töpferkunst; in diesem Handwerkszweig wird nur noch das funktional Notwendigste produziert.

Die Horgener Kultur und der Pfahlbau von Sipplingen

Die Seeufersiedlung von Sipplingen liegt heute unter Wasser. Sie hatte eine umfangreiche, über 400 Jahre umfassende Abfolge von Siedlungsschichten der Horgener Kultur aufzuweisen. Bereits 1929/30 wurde ein Teil des Dorfs archäologisch untersucht und das mit den grabungstechnisch damals modernsten Mitteln. Zur Ausgrabung im Flachwasserbereich des Sees benutzte man einen Spundwandkasten, dessen Inneres durch Wasserabpumpen trockengelegt wurde. So läßt sich graben wie an Land.

Die Bucht von Sipplingen bei den Ausgrabungen im Jahr 1929. Durch das Setzen eines Caissons wurde die Grabungsfläche trockengelegt. Es war dies die erste derartige Grabung im Wasser.

a   b

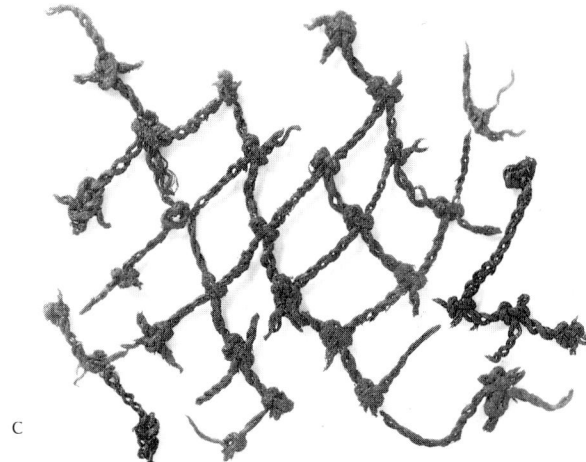

c

Textilfunde aus Seeufersiedlungen
(a) Fragment eines Bastgeflechts in Zwirnbindung mit Fransenreihen (Vlies). Auf einer Seite des Geflechts wurden U-förmige Vliesnoppen in jeder Bindungsreihe eingehängt, deren freie Enden zur Anfangskante hin fallen. Vliesgeflechte bestehen aus einem Grundgeflecht in Zwirnbindung mit Abständen zwischen den Bindungsreihen. Dies Grundgeflecht ist meist nur auf einer Seite zu sehen, die andere wird von strohdachartig übereinanderliegenden Fransen besetzt.
(b) Fragment eines zwirngebundenen Geflechts mit Anfangskante. Auf der Rückseite liegen wirre Baststreifen vom Vlies.
(c) Netzfragment mit Pfahlbauknoten hergestellt.

162

Sipplingen heute: Yachthäfen haben nahezu die gesamte Pfahlbaubucht eingenommen. Die Siedlungsschichten wurden durch diese Eingriffe größtenteils zerstört.

Mehrere Tauchsondagen aus der letzten Zeit dokumentieren den heutigen Zustand der Pfahlbausiedlung. Obwohl sie durch Hafenbaggerungen fast vollständig zerstört war, gelang es in den achtziger Jahren immerhin noch Profile mit Schichten der Horgener und Pfyner Kultur zu erfassen.

Die Räder von Seekirch am Federsee

Die Siedlung wurde 1989 bei den regelmäßigen frühjährlichen Begehungen des Federseerieds entdeckt. Kleine Rechteckhäuser in Pfostenbauweise bestimmen das Siedlungsbild. Fehlende Torflagen, Lehmpackungen direkt auf Seesedimenten und weitere Beobachtungen zur Lagerung der Kulturschichten machen zum ersten Mal einen Pfahlbau im Federseeried wahrscheinlich. Zahlreiche Holzkohlen und das reichhaltige Fundmaterial sprechen im übrigen dafür, daß die Siedlung einem Brand zum Opfer gefallen ist. Von besonderer Bedeutung sind hier gefundene Teile zweier Holzräder. Die Kulturschicht wurde radiometrisch untersucht und aufgrund dieser Daten kann das vermeintiche Alter zwischen 2880 bis 2505 v. Chr. angenommen werden.

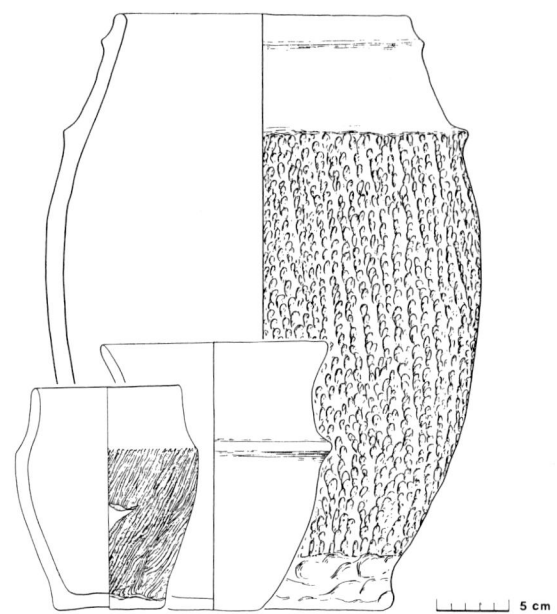

Keramik der Goldberg-III-Gruppe aus Seekirch (Kreis Biberach).

Die beiden Radteile nach der Konservierung.

◄ *Die Scheibenräder von Seekirch.*
Es handelt sich bei den Radfragmenten um das jeweils schmalere Element von zweiteiligen, mit Einschubleisten zusammengesetzten Vollscheibenrädern. Im Querschnitt ist gut zu erkennen, wie sauber die Leisten aus Eschenholz in die schwalbenschwanzförmigen Nuten der Radscheiben aus Ahorn eingepaßt sind. Diese Merkmale entsprechen in allen Einzelheiten den während der letzten Jahre in Schweizer Seeufersiedlungen gefundenen Rädern gleicher Zeitstellung. Bis heute sind dort zwölf Räder und Radfragmente dieser Art bekannt. Sie bilden mit ihren rechteckigen, buchsenlosen Achslöchern einen eigenen Konstruktionstyp, der sich von den bekannten Rädern Nordeuropas und des Donauraums deutlich unterscheidet. Dort sind zwei- bis vierrädrige Wagen mit viereckigem Wagenboden und fixierten Achsen belegt, deren Räder runde, buchsenverstärkte Löcher hatten und sich um die Achse drehten. Technische Beobachtungen an Rädern und Achsen und ein Vergleich mit anderen archäologisch und volkskundlich belegten Wagen Europas und Vorderasiens führten zu den auf der folgenden Seite vorgestellten Überlegungen für die Stücke aus Seekirch.

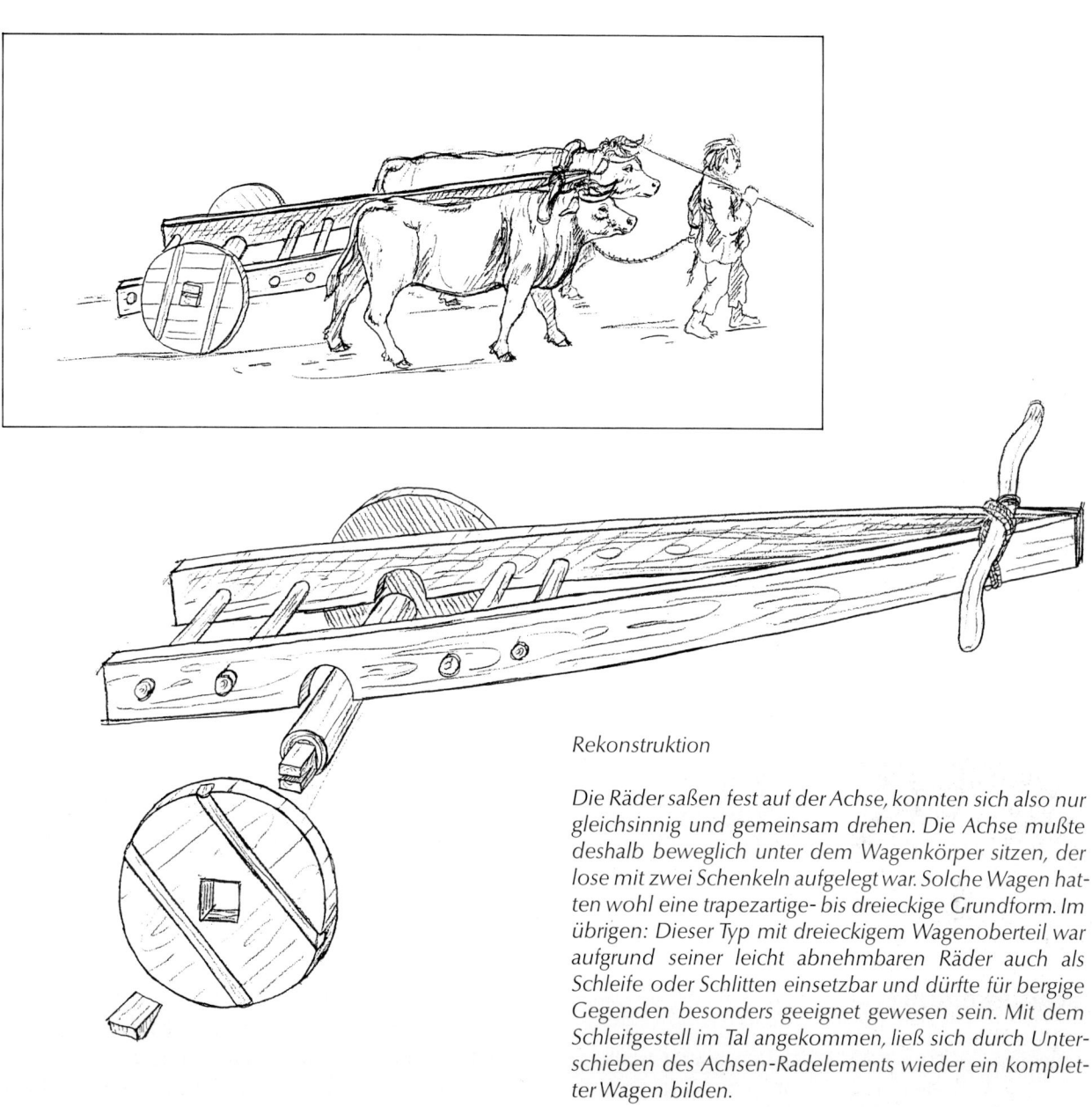

Rekonstruktion

Die Räder saßen fest auf der Achse, konnten sich also nur gleichsinnig und gemeinsam drehen. Die Achse mußte deshalb beweglich unter dem Wagenkörper sitzen, der lose mit zwei Schenkeln aufgelegt war. Solche Wagen hatten wohl eine trapezartige- bis dreieckige Grundform. Im übrigen: Dieser Typ mit dreieckigem Wagenoberteil war aufgrund seiner leicht abnehmbaren Räder auch als Schleife oder Schlitten einsetzbar und dürfte für bergige Gegenden besonders geeignet gewesen sein. Mit dem Schleifgestell im Tal angekommen, ließ sich durch Unterschieben des Achsen-Radelements wieder ein kompletter Wagen bilden.

An der Schwelle zur Bronzezeit – Schnurkeramik und Glockenbecher

Am Ende der Jungsteinzeit lassen sich über weite Teile Europas zwei Kulturen feststellen. Ihr Verbreitungsgebiet hebt die während dieser vorgeschichtlichen Epoche gewachsenen Kulturgrenzen auf. Die ältere jener beiden Kulturen erhielt ihren Namen aufgrund typischer, mit Schnüren eingedrückter Gefäßverzierungen, – „Schnurkeramik".

Die in Teilen jüngere Kultur wurde nach den weit verbreiteten, glockenförmigen Gefäßformen benannt und heißt „Glockenbecherkultur". Beide Kulturen haben sich im Laufe ihrer Dauer gegenseitig stark beeinflußt, dies insbesondere während der zweiten Hälfte des 3. Jahrtausends v. Chr. In unterschiedlicher Weise kommt beiden beim Entstehen der nachfolgenden Frühbronzezeit eine formative Bedeutung zu.

Offenbar besteht zwischen dem Beginn der Schnurkeramik um 2700 und der Frühen Bronzezeit um 2200 v. Chr. ein – wenn auch noch schlecht erforschtes – kulturelles Kontinuum. Gerade in Südwestdeutschland verwischt hierbei die traditionell in der Forschung gesetzte Zäsur zwischen Neolithikum und älterer Bronzezeit immer mehr.

Schnurkeramik

Ursprung und Art ihrer Ausbreitung sind bis jetzt noch nicht geklärt. Auch bleiben Kenntnisse über die damalige Siedlungsweise lückenhaft; nur zwischen Bodensee und Schweizer Mittelland kennen wir zahlreiche Pfahlbauten aus der Zeit zwischen 2700 und 2400 v. Chr. Hier bezeugen viele, an die Horgener Kultur nahtlos anschließende Seeufersiedlungen eine kontinuierliche Fortdauer der Besiedlung über weitere zwei Jahrhunderte. Dennoch klafft eine Lücke von mehreren hundert Jahren zwischen den jüngsten Dörfern der Schnurkeramik

Äxte der Schnurkeramik. Von links nach rechts: Neckarsulm (Kreis Heilbronn), Hundersingen (Kreis Sigmaringen), Rißtissen (Alb-Donau-Kreis).

und denen der späten Frühbronzezeit. Aber zumindest am Bodensee läßt sich aufgrund der intensiven, naturwissenschaftlich orientierten Siedlungsforschung ansatzweise auch ein Strukturwandel in Siedlungsbild und Landschaftsnutzung fassen. Es hat den Anschein, als ob straffer organisierte Siedlungsgemeinschaften mit stetigen und dauerhaften Auslichtungen der Urlandschaft begännen. Eine wichtige Beobachtung dabei ist, daß der Anbau auf lange Zeit genutzte Feldflächen stattfindet. Hiervon unnabhängig werden die Dörfer nach wie vor nur einige Jahrzehnte bewohnt und dann verlassen, wobei das landwirtschaftliche Areal jedoch nicht aufgegeben wurde. Die Mobilität beschränkt sich offensichtlich größtenteils auf Neugründungen in der Umgebung der bereits bearbeiteten Feldflächen.

Reich an Schnurkeramik-Fundstellen ist auch das Taubertal. Hier wurden in den letzten Jahren etliche Siedlungsstellen auf der Niederterrasse des Flusses sowie zahlreiche Bestattungen entdeckt. Siedlungs-

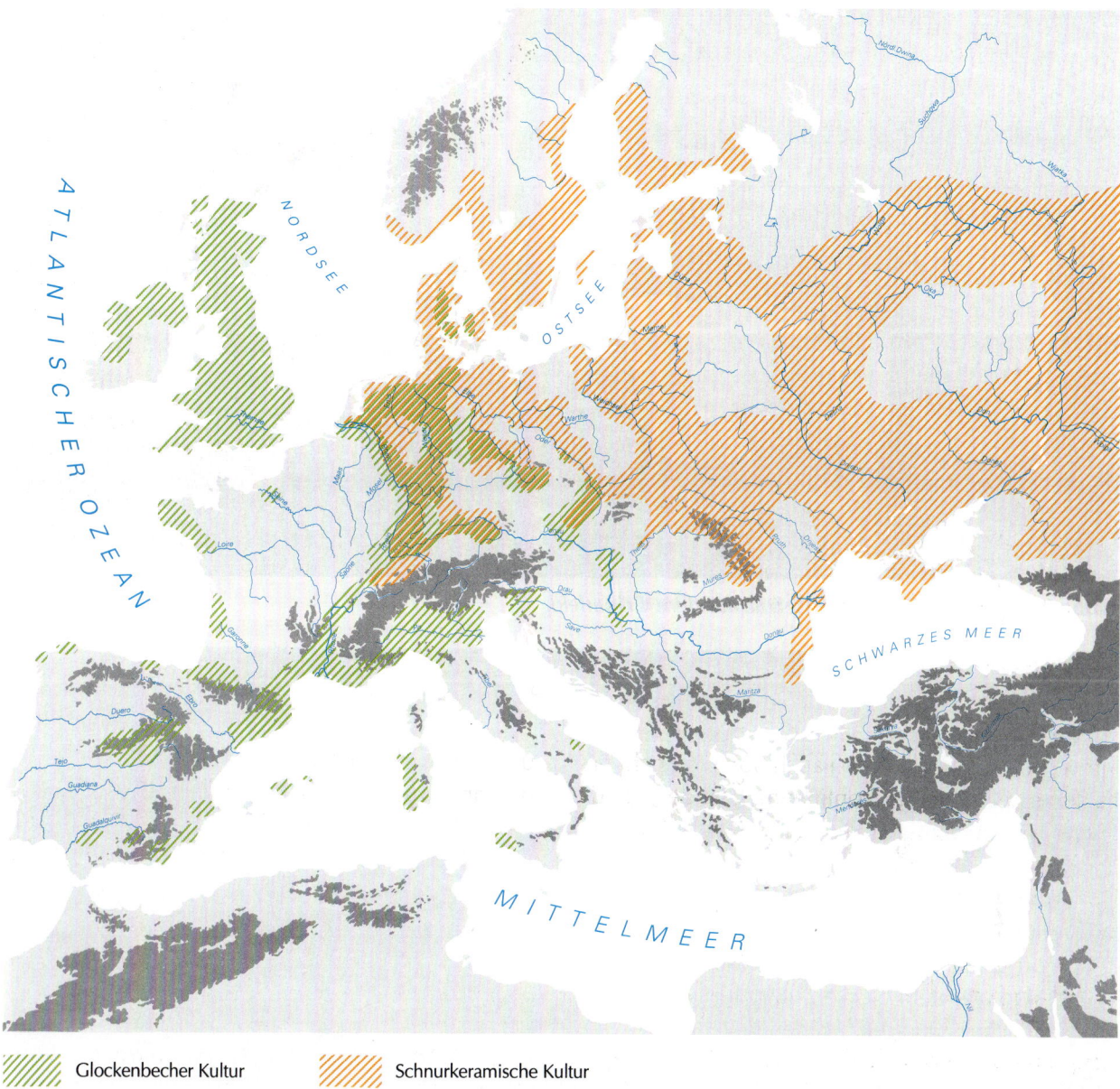

////// Glockenbecher Kultur	////// Schnurkeramische Kultur

Verbreitungskarte Schnurkeramik/Glockenbecher.

Schnurkeramik

Unter Grabhügeln, meist in Einzelgräbern lagen die Toten in Hockerstellung: Die Frauen auf der linken, die Männer auf der rechten Körperseite. Zur charakteristischen Grabausstattung, die fast in allen Gruppen vorkommt, gehören eine Amphore, meist mit Strichbündelmuster, ein verzierter Becher und eine steinerne Streitaxt.

Glockenbecher

Die Toten lagen als „Hocker" in Flachgräbern: Das Totenritual schrieb vor, daß Frauen auf der rechten, die Männer auf der linken Körperseite zu bestatten waren. Zu den Beigaben zählen Messer und Dolche; Armschutzplatten und Pfeile belegen den Einsatz von Bögen. Eine typische Gefäßbeigabe ist der verzierte Glockenbecher.

Wanderungen von Menschengruppen eine große Rolle spielten, steht bei der Verschiedenheit spätneolithischer Kulturen untereinander und gegenüber ihren Vorläufern wohl außer Frage.

Offensichtlich hat die Glockenbecherkultur an der Bildung frühbronzezeitlicher Gruppierungen in Südwestdeutschland entscheidenden Anteil. Aufgrund zahlreicher Radiocarbondatierungen kann als gesichert gelten, daß sich beide Kulturen im selben Verbreitungsgebiet Ende des dritten Jahrtausends zeitlich überlappen. Dies läßt sich auch bei den Bestattungsplätzen der Frühbronzezeit aufzeigen, wo immer wieder glockenbecher-zeitliche Gräber vorkommen. Schließlich ist die Verwandtschaft der Bestattungssitten beider Kulturen derart eng, daß man von ähnlichen religiösen Jenseitsvorstellungen ausgehen kann. Und noch weit in die Frühbronzezeit hinein wirkt in Begräbnissitten, Metallarbeiten und Keramikproduktionen das Ideengut der Glockenbecherzeit fort.

Auch im Siedlungswesen läßt sich Vergleichbares feststellen, wenngleich aus Südwestdeutschland bisher nur ein Befund hierfür in Frage kommt. Offenbar gehört eine späte Ausprägung der Glockenbecher-Keramik zeitlich bereits in die Frühbronzezeit. Darauf deuten zumindest Funde aus der ältesten Seeufer-Siedlungsschicht von Bodmann-Schachen. Sie gehören in die Zeit um 2000 v. Chr. Hier fand sich ausschließlich Keramik vom Typus der „unverzierten Glockenbecherware".

Ein Glockenbechergrab in Kornwestheim

In der Nord-Süd orientierten Grabgrube fanden sich Holzreste eines Grabeinbaus. Auf die Bestattung eines Mannes weisen sowohl die linksseitige Hockerstellung mit Blickrichtung nach Osten als auch die Beigabe einer Armschutzplatte. Das Füßchengefäß, ein typisches Stück der mitteldeutschen Glockenbechergruppe, spricht für einen Kontakt über mehrere hundert Kilometer hinweg.

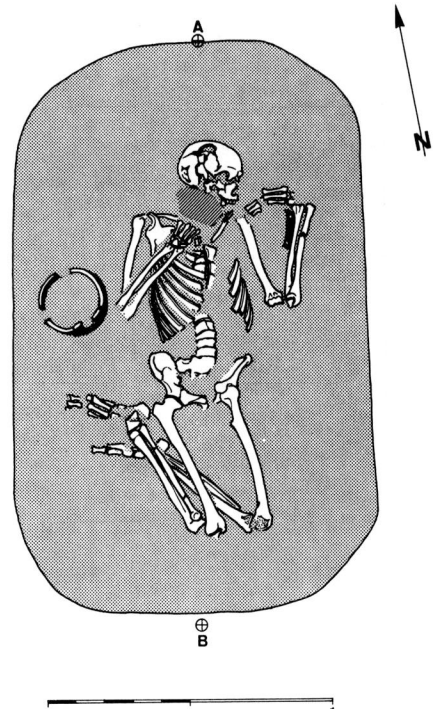

Das Grab von Kornwestheim (Kreis Ludwigsburg).

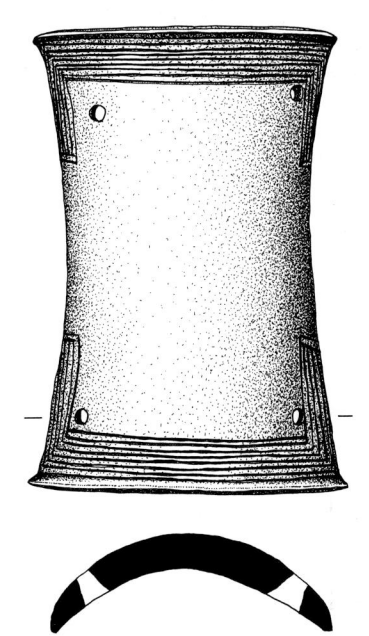

Kornwestheim. Armschutzplatte und Füßchengefäß.

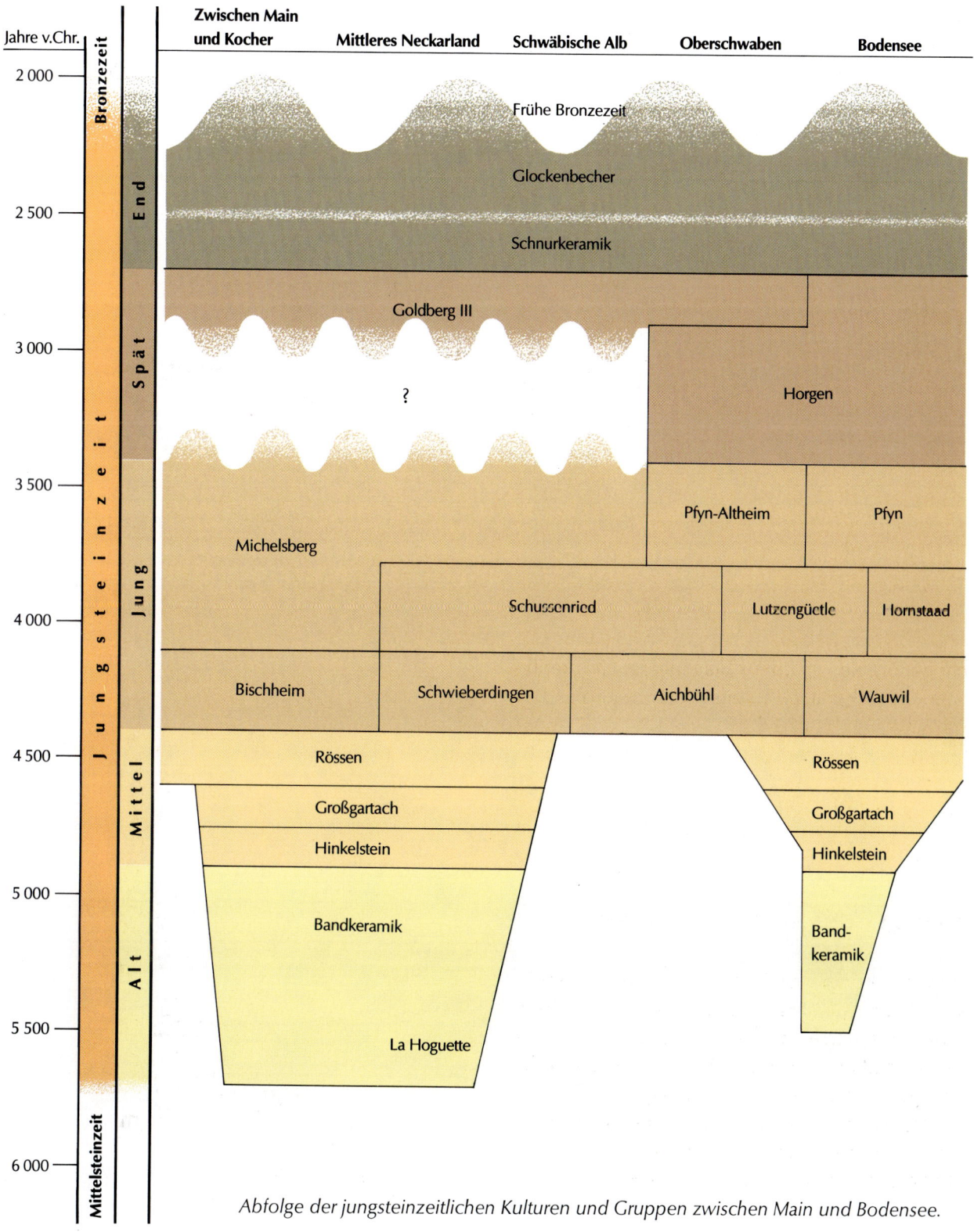

Jahre v.Chr.

	Zwischen Main und Kocher	Mittleres Neckarland	Schwäbische Alb	Oberschwaben	Bodensee

2 000

Bronzezeit

Frühe Bronzezeit

End

Glockenbecher

2 500

Schnurkeramik

Goldberg III

Spät

3 000

?

Horgen

3 500

Pfyn-Altheim

Pfyn

Jung

Michelsberg

Schussenried

Lutzengüetle

Hornstaad

4 000

Bischheim

Schwieberdingen

Aichbühl

Wauwil

Jungsteinzeit

4 500

Rössen

Rössen

Mittel

Großgartach

Großgartach

Hinkelstein

Hinkelstein

5 000

Alt

Bandkeramik

Band-keramik

5 500

La Hoguette

Mittelsteinzeit

6 000

Abfolge der jungsteinzeitlichen Kulturen und Gruppen zwischen Main und Bodensee.

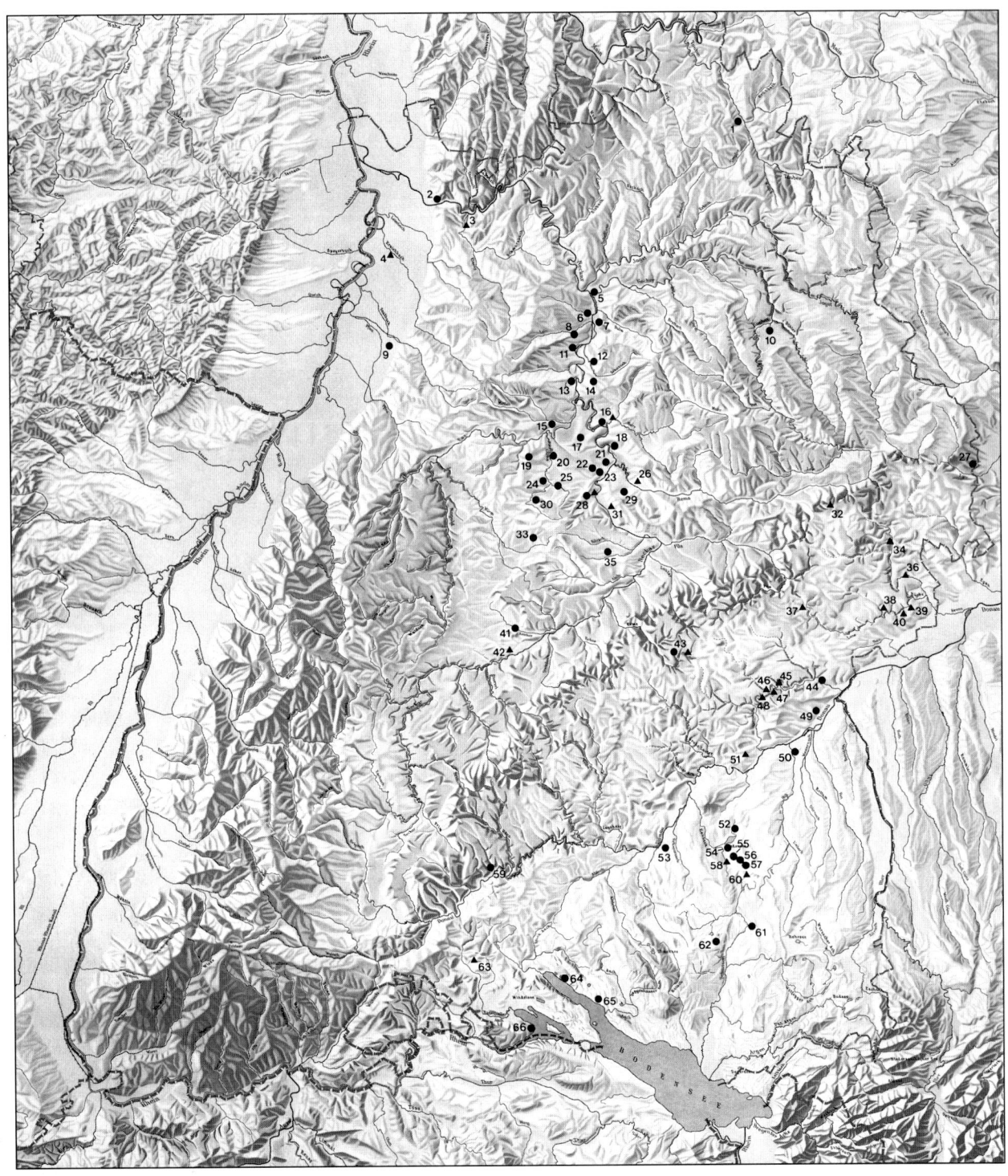

Fundorte

Literaturhinweise

Abkürzungen

arch.	= archäologisch(e)
Arch. Korrbl.	= Archäologisches Korrespondenzblatt
Arch. Inf.	= Archäologische Informationen
Arch. Ausgr.	= Archäologische Ausgrabungen
Bd.	= Band
Beitr.	= Beiträge
Ber.	= Bericht(e)
Ders.	= Derselbe
Forsch.	= Forschung(en)
Fundber.	= Fundberichte
Gde.	= Gemeinde
Ges.	= Gesellschaft
Hrsg.	= Herausgeber
Jahresschr.	= Jahresschrift
Jb.	= Jahrbuch
Materialh.	= Materialheft
Mitt.	= Mitteilung(en)
Nachr.	= Nachricht(en)...
NF	= Neue Folge
Prähist.	= Prähistorisch(e)
RGK	= Römisch-Germanische Kommission
RGZM	= Römisch-Germanisches Zentralmuseum Mainz
Urgesch.	= Urgeschichte
Veröff.	= Veröffentlichung(en)
Vor- u. Frühgesch.	= Vor- und Frühgeschichte
Vorgesch.	= Vorgeschichte
Zeitschr.	= Zeitschrift

Alt- und Mittelsteinzeit

K. Absolon u. B. Klíma, Předmostí. Ein Mammutjägerplatz in Mähren (1977).

K. D. Adam, Anfänge urgeschichtlichen Forschens in Südwestdeutschland. Quartär 23/24, 1973, 21–36.

Ders., Der Mensch im Eiszeitalter. Stuttgarter Beiträge zur Naturkunde, Serie C, Heft 15, 1982. (2. Aufl. 1988).

Ders., Alte und neue Urmenschen-Funde in Südwestdeutschland – eine kritische Würdigung. Quartär 39/40, 1989, 177–190.

G. Albrecht, Magdalénien-Inventare vom Petersfels. Siedlungsarchäologische Ergebnisse der Ausgrabungen 1974–1976. Tübinger Monographien zur Urgesch. 6 (1979).

Ders., Frauengravierungen auf magdalénienzeitlichen Knochenfragmenten vom Petersfels in Südwestdeutschland. Mitt. der Anthropologischen Ges. Wien 118/119, 1988/89, 27–32.

P. Andrews u. C. B. Stringer, Human evolution (1989).

O. N. Bader, Das zweite Grab in der paläolithischen Siedlung Sungir im mittleren Rußland. Quartär 21, 1970, 103–104.

F. Berkhemer, Steinwerkzeuge des Urmenschen aus dem Travertin von Stuttgart-Untertürkheim. Jahreshefte des Vereins für vaterländische Naturkunde Württemberg 110, 1955.

F. Bordes, Le paléolithique en Europe (1979).

G. Bosinski, Die mittelpaläolithischen Funde im westlichen Mitteleuropa. Fundamenta A, Bd. 4 (1967).

Ders., Der Neandertaler und seine Zeit. Kunst und Altertum am Rhein 118. Führer Rheinisches Landeszentralmuseum 1985.

Ders., Die große Zeit der Eiszeitjäger. Europa zwischen 40 000 und 10 000 v. Chr. Jb. RGZM 34, 1987/1, 1–139.

C. K. Brain, The hunters or the hunted? An introduction to the African cave taphonomy (1981).

A. Czarnetzki, Belege zur Entwicklungsgeschichte des Menschen in Südwestdeutschland, in: H. Müller-Beck (Hrsg.), Urgesch. in Baden-Württemberg (1983) 217–240.

Ders., Ein archaischer Hominidencalvariarest aus einer Kiesgrube in Reilingen, Rhein-Neckar-Kreis. Quartär 39/40, 1989, 191–201.

M. H. Day, R. Foley u. R. Wu (Hrsg.), Hominid evolution (1989).

R. Feustel, Abstammungsgeschichte des Menschen (6. Aufl. 1990).

B. Frenzel, Klima der letzten Eiszeit und der Nacheiszeit in Europa. Veröff. J. Jungius-Ges. 44, 1980, 9–46.

Ders., Die Umwelt des Menschen im Eiszeitalter. Quartär 35/36, 1985, 7–33.

J. A. Gowlett, Auf Adams Spuren. Die Archäologie des frühen Menschen (1985).

R. Grahmann, Der Löß in Europa. Mitt. Ges. Erdkunde Leipzig 51, 1932, 5–24.

J. Hahn, Zur Abfolge des Jungpaläolithikums in Südwestdeutschland. Kölner Jb. Vor- u. Frühgesch. 17, 1981, 52–67.

Ders., Kraft und Aggression. Die Botschaft der Eiszeitkunst im Aurignacien Süddeutschlands? Archaeologica Venatoria 7 (1986).

Ders., H. Müller-Beck u. W. Taute, Eiszeithöhlen im Lonetal. Führer zu arch. Denkmälern in Baden-Württemberg 3, 2 (1985).

Ders., Das Jungpaläolithikum in Württemberg. In: D. Planck (Hrsg.), Archäologie in Württemberg. Ergebnisse und Perspektiven archäologischer Forschung von der Altsteinzeit bis zur Neuzeit (1988), 41–54.

J. Jelinek, Der große Bildatlas des Menschen in der Vorzeit (1980).

D. C. Johanson u. a., Pliocene Hominid Fossils from Hadar, Ethiopia. American Journal of Physical Anthropology 57, 1982, 573–724.

D. Johanson u. J. Shreeve, Lucy's child. The discovery of a human ancestor (1989).

C. J. Jolly (Hrsg.), Early hominids of Africa (1978).

H. D. Kahlke, Das Eiszeitalter (1981).

C.-J. Kind, Das Mesolithikum in Württemberg. In: D. Planck (Hrsg.), Archäologie in Württemberg. Ergebnisse und Perspektiven archäologischer Forschung von der Altsteinzeit bis zur Neuzeit (1988) 55–70.

R. Kraatz u. H. Querner, Die Entdeckung des Homo Heidelbergensis durch Otto Schoetensack vor 60 Jahren. Ruperto Carola 42, 1967, 178–183.

C. Lauxmann u. C.-J. Kind, Eine mittelpaläolithische Fundstelle bei Rottenburg, Kreis Tübingen. Arch. Ausgr. Baden-Württemberg 1987 (1988) 22–26.

L. S. B. Leakey, P. V. Tobias u. J. R. Napier, A new species of the genus Homo. Nature 202, 1967, 7–9.

M. G. u. R. E. Leakey (Hrsg.), Koobi Fora research project I. The fossil hominids and an introduction to their context, 1968–1974 (1978).

R. E. F. Leakey u. R. Lewin, Wie der Mensch zum Menschen wurde (1978).

A. Leroi-Gourhan, Prähistorische Kunst (1971).

R. Lewin, Spuren der Menschwerdung. Die Evolution des Homo sapiens (1991).

M. Löscher, Das Alter des Reilinger Schädels aus geologischer Sicht. Quartär 39/40, 1989, 203–208.

H. de Lumley (Hrsg.), La préhistoire française I. Les civilisations paléolithiques et mésolithiques de la France (1976).

M. A. de Lumley, Anténéandertaliens et néandertaliens du bassin méditerranéen occidental européen (1973).

H. D. Mai u. a., Bilzingsleben II. Homo erectus – seine Kultur und seine Umwelt (1983).

D. Mania, Auf den Spuren des Urmenschen. Die Funde aus der Steinrinne von Bilzingsleben (1990).

Ders. u. A. Dietzel, Begegnung mit dem Urmenschen. Die Funde von Bilzingsleben. 3. Auflage (1981).

Ders. u. T. Weber, Bilzingsleben III. Homo erectus – seine Kultur und seine Umwelt (1986).

P. F. Mauser, Die jungpaläolithische Höhlenstation Petersfels im Hegau. Badische Fundber. 13, 1970.

H. Müller-Beck (Hrsg.), Urgeschichte in Baden-Württemberg (1983).

Ders. u. G. Albrecht, Die Anfänge der Kunst vor 30 000 Jahren (1987).

C. Oeftiger u. E. Wagner, Der Rosenstein bei Heubach. Führer zu arch. Denkmälern in Baden-Württemberg 10 (1985).

E. Peters, Die altsteinzeitliche Kulturstätte Petersfels (1930).

D. Planck (Hrsg.), Archäologie in Württemberg. Ergebnisse und Perspektiven archäologischer Forschung von der Altsteinzeit bis zur Neuzeit (1988).

E. Probst, Deutschland in der Urzeit. Von der Entstehung des Lebens bis zum Ende der Eiszeit (1986).

G. Riek, Die Eiszeitjägerstation am Vogelherd. 1. Die Kulturen (1934).

Ders., Kulturbilder aus der Altsteinzeit Württembergs. 2. Aufl. (1935).

K. Saller, Die Rassenlehre des Nationalsozialismus in Wissenschaft und Propaganda (1961).

A. Scheer, Elfenbeinanhänger des Gravettien in Süddeutschland. Arch. Korrbl. 15, 1985, 269–285.

E. Schmid, Die altsteinzeitliche Elfenbeinstatuette aus der Höhle Stadel im Hohlenstein in Asselfingen, Alb-Donau-Kreis. Mit Beiträgen v. J. Hahn u. U. Wolf. Fundber. Baden-Württemberg 14, 1989, 33–118.

I. Schwidetzky (Hrsg.), Rassengeschichte der Menschheit. Bd. 1–13 (1968–89).

D. de Sonneville-Bordes, La fin des temps glaciaires en Europe (1979).

W. Taute, Die spätpaläolithisch-frühmesolithische Schichtenfolge im Zigeunerfels bei Sigmaringen (Vorbericht). Arch. Inf. 1, 1972, 29–40.

Ders., Neue Forschungen zur Chronologie von Spätpaläolithikum und Mesolithikum in Süddeutschland. Arch. Inf. 2/3, 1973/74, 59–66.

Ders. (Hrsg.), Das Mesolithikum in Süddeutschland. 2. Naturwissenschaftliche Untersuchungen. Tübinger Monographien zur Urgesch. 5, 2 (1978).

P. V. Tobias u. Y. Coppens (Hrsg.), Les plus anciens hominides. IXe Congr. UISPP, Colloque 6 (1976).

E. Trinkaus, The Shanidar neandertals (1983).

H. Ullrich (Hrsg.), Evolution des Menschen. Kontinuitäten und Diskontinuitäten (1991).

B. Vandermeersch, Les déplacements de populations entre le Proche-Orient et l'Europe Centrale au Pléistocène supérieur. Bulletin Société Préhistorique Française 87, 1990, 71.

E. Wagner, Eiszeitjäger im Blaubeurener Tal. Führer zu arch. Denkmälern in Baden-Württemberg 6 (1979).

Ders., Eine Löwenkopfplastik aus Elfenbein von der Vogelherdhöhle. Fundber. Baden-Württemberg 6, 1981, 29–58.

Ders., Das Alt- und Mittelpaläolithikum im Württemberg. In: D. Planck (Hrsg.), Archäologie in Württemberg. Ergebnisse und Perspektiven archäologischer Forschung von der Altsteinzeit bis zur Neuzeit (1988) 25–40.

G.-Ch. Weniger, Wildbeuter und ihre Umwelt. Ein Beitrag zum Magdalénien Südwestdeutschlands aus ökologischer und ethno-archäologischer Sicht. Archaeologica Venatoria 5 (1982).

R. Wetzel, Der Hohlenstein im Lonetal. Dokumente alteuropäischer Kulturen vom Eiszeitalter bis zur Völkerwanderung. Mitt. des Vereins für Naturwissenschaft und Mathematik Ulm (Donau) 26, 1961, 21–75.

Ders., Die Bocksteinschmiede mit dem Bocksteinloch, der Brandplatte und dem Abhang, sowie der Bocksteingrotte. Ein Beitrag zur europäischen Urgeschichte des Lonetals und zur geschichtlichen Morphologie des Menschen (1958).

Ders. u. G. Bosinski, Die Bocksteinschmiede im Lonetal (Markung Rammingen). Veröff. des Staatlichen Amts für Denkmalpflege Stuttgart A/15 (1969).

Jungsteinzeit

S. Albert, Zwei seltene ovale Keramikformen der Jungsteinzeit. Fundber. Baden-Württemberg 11, 1986, 141–176.

Ders. und P. Schröter, Die ersten Belege der ältesten Bandkeramik im Oberen Gäu. Sülchgau 15, 1971, 63–76.

S. Alföldy-Thomas u. H. Spatz, Die „Große Grube" der Rössener Kultur in Heidelberg-Neuenheim. Materialh. Vor- u. Frühgesch. Baden-Württemberg 11 (1988).

B. Becker u. a., Dendrochronologie in der Ur- und Frühgeschichte. Die absolute Datierung von Pfahlbausiedlungen nördlich der Alpen im Jahrringkalender Mitteleuropas. Antiqua 11 (1985).

H. Behrens u. F. Schlette, Die neolithischen Becherkulturen im Gebiet der DDR und ihre europäischen Beziehungen. Veröff. Landesmuseum für Vorgeschichte Halle 24 (1969).

Berichte zu Ufer- und Moorsiedlungen Südwestdeutschlands 1. Materialh. Vor- u. Frühgesch. Baden-Württemberg 4 (1983).

Berichte zu Ufer- und Moorsiedlungen Südwestdeutschlands 2. Materialh. Vor- u. Frühgesch. Baden-Württemberg 7 (1985).

J. Biel, Vorgeschichtliche Höhensiedlungen in Südwürttemberg-Hohenzollern. Forsch. u. Ber. Vor- und Frühgesch. Baden-Württemberg 24 (1987).

J. Boessneck, Studien an vor- und frühgeschichtlichen Tierresten Bayerns. I. Tierknochen aus spätneolithischen Siedlungen Bayerns. Aus d. Tieranatomischen Institut der Universität München 1956, 1–50.

P. Breunig, 14C-Chronologie des vorderasiatischen, südost- und mitteleuropäischen Neolithikums (1987).

T. Bubner, Zum Beginn und Ablauf der Glockenbecherkultur. Hamburger Beitr. zur Archäologie 1980, 55–67.

I. Burger, Die Siedlung der Chamer Gruppe von Dobl, Gemeinde Prutting, Landkreis Rosenheim, und ihre Stellung im Endneolithikum Mitteleuropas. Materialh. zur Bayerischen Vorgesch. A, 56 (1988).

W. Buttler, Der donauländische und westische Kulturkreis der jüngeren Steinzeit (1938).

V. G. Childe, Stufen der Kultur. Von der Urzeit zur Antike (1952).

R. Dehn, Ein Gräberfeld der Rössener Kultur von Jechtingen, Gemeinde Sasbach, Kreis Emmendingen. Arch. Nachr. Baden 1985, 3–6.

Die ersten Bauern. Pfahlbaufunde Europas. 2 Bde (1990).

J. Driehaus, Die Altheimer Gruppe und das Jungneolithikum in Mitteleuropa (1960).

B. Engelhardt u. K. Schmotz, Grabenwerke des älteren und mittleren Neolithikums in Niederbayern, Mitt. der österreichischen Arbeitsgemeinschaft für Ur- u. Frühgesch. 33/34, 1983/84, 27–63.

U. Fischer, Gedanken zur Benennung der urgeschichtlichen Perioden. Fundber. Hessen 14, 1974, 1–8.

A. Fol u. J. Lichardus (Hrsg.), Macht, Herrschaft und Gold. Das Gräberfeld von Varna und die Anfänge einer neuen Zivilisation (1988).

K. Gerhardt, Paläoanthropologie der Glockenbecherleute, in: Fundamenta B 3/VII, 1978, 265–316.

K. Goller, Die Rössener Kultur in ihrem südwestlichen Verbreitungsgebiet. Fundamenta A 3/Va, 1972, 231–269.

A. Häusler, Zum Verhältnis von Männern, Frauen und Kindern in Gräbern der Steinzeit. Arbeits- u. Forschungsber. Sachsen 14, 1966, 25–73.

Ders., Der Ursprung der Schnurkeramik nach Aussage der Grab- und Bestattungssitten. Jahresschr. für mitteldeutsche Vorgesch. Halle 66, 1983, 9–30.

A. Hampel, Die Hausentwicklung im Mittelneolithikum Zentraleuropas. Universitätsforsch. prähist. Arch. 1 (1989).

A. Hartmann u. E. Sangmeister, Zur Erforschung urgeschichtlicher Metallurgie. Angewandte Chemie 84, Nr. 14, 1972, 668–678.

O. Höckmann, Menschliche Darstellungen in der bandkeramischen Kultur. Jahrb. RGZM 11, 1965 (1967) 1–34.

Ders., Andeutungen zu Religion und Kultus in der bandkeramischen Kultur. Alba Regia 12, 1971 (1972) 187–209.

Idole. Prähistorische Keramiken aus Ungarn. Ausstellung des ungarischen Nationalmuseums Budapest im Naturhistorischen Museum Wien. Veröff. aus dem Naturhistorischen Museum Wien NF (1972).

S. Junghans, E. Sangmeister u. M. Schröder, Metallanalysen kupferzeitlicher und frühbronzezeitlicher Bodenfunde aus Europa. Studien zu den Anfängen der Metallurgie 1 (1960); 2 (1968).

D. Kaufmann, Wirtschaft und Kultur der Stichbandkeramiker im Saalegebiet. Veröff. Landesmuseum Vorgesch. Halle 30, 1976.

Ders., Kultische Äußerungen im Frühneolithikum des Elbe-Saale-Gebietes, in: F. Schlette u. D. Kaufmann (Hrsg.), Religion und Kult in ur- und frühgeschichtlicher Zeit, 1989, 111–139.

E. Keefer, Die Jungsteinzeit – alt- und mittelneolithische Kulturen. In: D. Planck (Hrsg.), Archäologie in Württemberg. Ergebnisse und Perspektiven archäologischer Forschung von der Altsteinzeit bis zur Neuzeit (1988) 71–90.

Ders. (Hrsg.), Die Suche nach der Vergangenheit. 120 Jahre Archäologie am Federsee (1992).

Ders. und J. Köninger, Moorsiedlungen des Federseerieds. Arch. Ausgr. Baden-Württemberg 1985 (1986) 66–70.

M. Kokabi, Ergebnisse der osteologischen Untersuchungen an den Knochenfunden von Hornstaad im Vergleich zu anderen Feuchtbodenfundkomplexen Südwestdeutschlands. 71. Ber. RGK 1990, 145–160.

U. Körber-Grohne, Nutzpflanzen in Deutschland. Kulturgeschichte und Biologie (1987).

J. N. Lanting u. J. D. van der Waals, Glockenbechersymposium Oberried, 18.–23. März 1974 (1976).

M. Lichardus-Itten, Die Gräberfelder der Großgartacher Gruppe im Elsaß. Saarbrücker Beitr. Altertumskunde 25 (1980).

J. Lüning, Die Michelsberger Kultur. Ihre Funde in zeitlicher und räumlicher Gliederung. 48. Ber. RGK 1967, 1–350.

Ders., Eine Siedlung der mittelneolithischen Gruppe Bischheim in Schernau, Kreis Kitzingen. Materialh. zur bayerischen Vorgesch. A, 44 (1981).

Ders., Zur Verbreitung und Datierung bandkeramischer Erdwerke. Arch. Korrbl. 19, 1988, 155–158.

Ders., U. Kloos u. S. Albert, Westliche Nachbarn der bandkeramischen Kultur: La Hoguette und Limburg. Germania 67, 1989, 355–393.

Ders. u. P. Stehli, Die Bandkeramik in Mitteleuropa: Von der Natur- zur Kulturlandschaft. Spektrum d. Wissenschaft, April 1989, 78–88.

R. A. Maier, „Michelsberg-Altheimer" Skelettgruben von Inningen bei Augsburg in Bayerisch-Schwaben. Germania 45, 1965, 8–16.

I. Matuschik, Grabenwerke des Spätneolithikums in Süddeutschland, Fundber. Baden-Württemberg 16, 1991, 27–55.

W. Meier-Arendt, Die Hinkelsteingruppe. Der Übergang vom Früh- zum Mittelneolithikum in Südwestdeutschland. Römisch-Germanische Forsch. 35 (1975).

Ders. (Hrsg.), Alltag und Religion. Jungsteinzeit in Ostungarn (1990).

H. Müller-Karpe, Handbuch der Vorgeschichte Bd. 2. Jungsteinzeit (1968).

F. Niquet, Das Gräberfeld von Rössen, Kr. Merseburg. Veröff. Landesanstalt für Volkheitskunde 9 (1938).

U. Piening, Neolithische Nutz- und Wildpflanzenreste aus Endersbach, Rems-Murr-Kreis, und Ilsfeld, Kreis Heilbronn. Fundber. Baden-Württemberg 4, 1979, 1–17.

S. Piggott, The earliest wheeled transport. From the Atlantic coasts to the Caspian Sea (1983).

D. Planck (Hrsg.), Der Keltenfürst von Hochdorf. Methoden und Ergebnisse der Landesarchäologie (1985).

Ders. (Hrsg.), Archäologie in Württemberg. Ergebnisse und Perspektiven archäologischer Forschung von der Altsteinzeit bis zur Neuzeit (1988).

E. Pleslová-Stiková, Die Entstehung der Metallurgie auf dem Balkan, im Karpatenbecken und in Mitteleuropa, unter besonderer Berücksichtigung der Kupferproduktion im ostalpenländischen Zentrum (kulturökonomische Interpretation). Památky Archeologické 1977/1, 56–73.

E. Probst, Deutschland in der Steinzeit (1992).

H. Quitta, Zur Frage der ältesten Bandkeramik in Mitteleuropa. Prähist. Zeitschr. 38, 1960, 1–38; 153–188.

D. Raetzel-Fabian, Phasenkartierung des mitteleuropäischen Neolithikums. Chronologie und Chorologie. British Arch. Reports, International Series 316 (1986).

M. Rind (Hrsg.), Feuerstein: Rohstoff der Steinzeit – Bergbau und Bearbeitungstechnik. Arch. Museum Stadt Kehlheim, Museumsheft 3, 1987.

E. Sangmeister, Schnurkeramik in Südwestdeutschland. Jahresschr. für mitteldeutsche Vorgesch. Halle 64, 1981, 117–141.

Ders., Die Glockenbecherkultur in S-W-Deutschland, in: L' âge du cuivre européen, 1984, 81–98.

Ders. u. K. Gerhard, Schnurkeramik und Schnurkeramiker in Südwestdeutschland. Bad. Fundber. Sonderheft 8 (1965).

F. Schlette u. D. Kaufmann (Hrsg.), Religion und Kult in ur- und frühgeschichtlicher Zeit. XIII. Tagung der Fachgruppe Ur- und Frühgeschichte vom 4. bis 6. November 1985 in Halle (Saale) (1989).

H. Schlichtherle, Pfahlbauten – die frühe Besiedlung des Alpenvorlandes, in: Siedlungen der Steinzeit. Haus, Festung und Kult. Bild der Wissenschaft, Sonderheft 1989, 140–153.

Ders. u. R. Rottländer, Gußtiegel der Pfyner Kultur in Südwestdeutschland. Fundber. Baden-Württemberg 7, 1982, 59–71.

A. Schliz, Das steinzeitliche Dorf Großgartach. Seine Keramik und die spätere vorgeschichtliche Besiedlung der Gegend. Fundber. Schwaben 8, 1900, 47–59.

P. Schröter und R. Schröter, Zu einigen Fremdelementen im späten Mittel- und beginnenden Jungneolithikum Südwestdeutschlands. Fundber. Baden-Württemberg 1, 1974, 157–179.

H. Schwabedissen (Hrsg.), Die Anfänge des Neolithikums vom Orient bis Nordeuropa. Archäologische Beiträge. Fundamenta A 3. Monographien zur Urgeschichte (seit 1965).

I. Schwidetzky, Anthropologie der Schnurkeramik- und Streitaxtkulturen. Fundamenta B 3/VIIIb, 1978, 241–264.

B. Sielmann, Der Einfluß der Umwelt auf die neolithische Besiedlung Südwestdeutschlands unter besonderer Berücksichtigung der Verhältnisse am nördlichen Oberrhein. Acta Praehistorica et Archaeologica 2, 1971, 65–197.

G. Smolla, Neolithische Kulturerscheinungen. Studien zur Frage ihrer Herausbildung. Antiquas 2, 3 (1960).

H.-P. Stika, Die palaeoethnobotanische Untersuchung der linearbandkeramischen Siedlung Hilzingen, Kreis Konstanz. Fundber. Baden-Württemberg 16, 1991, 63–104.

Ch. Strahm, Der Stand der Erforschung der Schnurkeramik in der Schweiz. Jahresschr. für mitteldeutsche Vorgesch. Halle 64, 1981, 167–175.

Ders., Chalcolithikum und Metallikum: Kupferzeit und frühe Bronzezeit in Südwestdeutschland und der Schweiz. Rassegna di Archeologia 1987, 175–192.

A. Stroh, Die Rössener Kultur in Südwestdeutschland. Ber. RGK 28, 1938 (1940) 8–179.

L. Wamser, Begräbnisplätze der Becherkultur im Main-Tauber-Gebiet und ihr Bezug zur Schnurkeramik. Jahresschr. für mitteldeutsche Vorgesch. Halle 64, 1981, 143–165.

J. Winiger, Feldmeilen-Vorderfeld. Der Übergang von der Pfyner zur Horgener Kultur. Antiqua 8. Veröffentl. Schweizerischen Ges. Ur- u. Frühgesch. (1981).

E. Zimmermann (Hrsg.), Der Federsee. Natur- u. Landschaftsschutzgebiete Baden-Württemberg 2 (1961).

Zu den Fundorten

Alt- und Mittelsteinzeit

Stuttgart-Bad Cannstatt, Travertinbrüche Haas, Lauster, Bunker

E. Wagner, Altpaläolithische Funde aus dem mittelpleistozänen Travertin von Stuttgart-Bad Cannstatt. Arch. Ausgr. Baden-Württemberg 1981 (1982) 13–17.

Ders., Ein Jagdplatz des Homo erectus im mittelpleistozänen Travertin in Stuttgart-Bad Cannstatt. Germania 62, 1984, 229–267.

Ders., Die Fundstelle „Bunker" im mittelpleistozänen Travertin von Stuttgart-Bad Cannstatt. Arch. Ausgr. Baden-Württemberg 1986 (1987) 15–18.

Ders., Die Grabungen an der Fundstelle „Bunker" und im Travertinbruch Haas in Stuttgart-Bad Cannstatt. Arch. Ausgr. Baden-Württemberg 1987 (1988) 17–19.

Ders., Neue Funde von der Grabungsstelle „Bunker" in Stuttgart-Bad Cannstatt. Arch. Ausgr. Baden-Württemberg 1988 (1989), 17f.

Ders., Ökonomie und Ökologie in den altpaläolithischen Travertinfundstellen von Bad Cannstatt. Fundber. Baden-Württemberg 15, 1990, 1–15.

K. D. Adam, W. Reiff u. E. Wagner, Zeugnisse des Urmenschen aus den Cannstatter Sauerwasserkalken. Fundber. Baden-Württemberg 11, 1986, 1–100.

Heidenheim, Abri Heidenschmiede

E. Peters, Die Heidenschmiede in Heidenheim a. Br. Fundber. Schwaben N.F. 6, 1931.

Blaubeuren, Große Grotte

E. Wagner, Das Mittelpaläolithikum der Großen Grotte bei Blaubeuren, Alb-Donau-Kreis. Forsch. u. Ber. Vor- u. Frühgesch. Baden-Württemberg 16 (1983).

Blaubeuren-Weiler, Geißenklösterle

A. Hahn, J. Hahn u. A. Scheer, Neue Funde und Befunde aus dem Geißenklösterle bei Blaubeuren, Alb-Donau-Kreis. Arch. Ausgr. Baden-Württemberg 1989 (1990) 24–29.

J. Hahn, Die Geißenklösterle-Höhle im Achtal bei Blaubeuren I. Forsch. u. Ber. Vor- u. Frühgesch. Baden-Württemberg 26 (1988).

Ders., Zur Funktion einer Aurignacien-Feuerstelle aus dem Geißenklösterle bei Blaubeuren. Fundber. Baden-Württemberg 14, 1989, 1–22.

Ders., Die Ausgrabungen 1991 im Geißenklösterle bei Blaubeuren, Alb-Donau-Kreis. Arch. Ausgr. Baden-Württemberg 1991 (1992) 19–21.

A. Scheer, Schmuck und neue Funde aus dem Gravettien des Geißenklösterle bei Blaubeuren, Alb-Donau-Kreis. Arch. Ausgr. Baden-Württemberg 1988 (1989) 23–28.

Blaubeuren-Seißen, Brillenhöhle

G. Riek, Das Paläolithikum der Brillenhöhle bei Blaubeuren (Schwäbische Alb). Forsch. u. Ber. Vor- u. Frühgesch. Baden-Württemberg 4, 1 (1973).

J. Boessneck u. A. von den Driesch, Die jungpleistozänen Tierknochenfunde aus der Brillenhöhle. Forsch. u. Ber. Vor- u. Frühgesch. Baden-Württemberg 4, 2 (1973).

A. Scheer, Ein Nachweis absoluter Gleichzeitigkeit von paläolithischen Stationen? Arch. Korrbl. 16, 1986, 383–391.

Ehingen-Mühlen, Felsställe

C.-J. Kind, Das Felsställe. Eine jungpaläolithisch-mesolithische Abri-Station bei Ehingen-Mühlen, Alb-Donau-Kreis. Forsch. u. Ber. Vor- u. Frühgesch. Baden-Württemberg 23 (1987).

Bad Buchau, Henauhof

H. Eberhardt u. a., Jungpaläolithische und mesolithische Fundstellen aus der Aichbühler Bucht. Fundber. Baden-Württemberg 12, 1987, 1–51.

M. Jochim, Der mittelsteinzeitliche Fundplatz Henauhof Nordwest, Stadt Bad Buchau, Kreis Biberach. Arch. Ausgr. Baden-Württemberg 1985 (1986) 33–36.

Ders., Spätmesolithikum am Federsee. Arch. Ausgr. Baden-Württemberg 1987 (1988) 30–32.

Ders., Die spätpaläolithische Fundstelle Henauhof-West am Federsee, Kreis Biberach. Arch. Ausgr. Baden-Württemberg 1989 (1990) 36–38.

Ders., Henauhof NW 2. Ein neuer mittelsteinzeitlicher Fundplatz am Federsee, Kreis Biberach. Arch. Ausgr. Baden-Württemberg 1991 (1992) 32–35.

Ders. u. S. Gregg, Mittelsteinzeitliche Forschung im Federseegebiet. Arch. Ausgr. Baden-Württemberg 1983 (1984) 38–41.

C.-J. Kind, Die spätmesolithischen Uferrandlagerplätze am Henauhof bei Bad Buchau am Federsee, Kreis Biberach. Arch. Ausgr. Baden-Württemberg 1989 (1990) 30–35.

H. Schlichtherle, Henauhof-Nord, ein mesolithischer Lagerplatz am Federseemoor, Stadt Bad Buchau, Kreis Biberach. Arch. Ausgr. Baden-Württemberg 1988 (1989) 28–34.

Jungsteinzeit

Ulm-Eggingen

C.-J. Kind, Ulm-Eggingen. Die Ausgrabungen 1982 bis 1985 in der bandkeramischen Siedlung und der mittelalterlichen Wüstung. Forsch. u. Ber. Vor- u. Frühgesch. Baden-Württemberg 34 (1989).

Heilbronn-Neckargartach „Böllinger Höfe"

J. Biel, Ein bandkeramisches Erdwerk bei Heilbronn-Neckargartach. Arch. Ausgr. Baden-Württemberg 1988 (1989) 41–43.

Stuttgart-Mühlhausen Viesenhäuser Hof

J. Biel, Ein bandkeramischer Friedhof beim Viesenhäuser Hof, Stuttgart-Mühlhausen. Arch. Ausgr. Baden-Württemberg 1982 (1983) 29–32.

P. Goessler, Der freiwillige Einsatz des studentischen Arbeitsdienst im Dienste der Ausgrabung. Nachrichtenbl. f. Deutsche Vorzeit 8, 1932, 1–4.

G. Kurz, Archäologische Untersuchungen beim Viesenhäuser Hof, Stuttgart-Mühlhausen. Arch. Ausgr. Baden-Württemberg 1991 (1992) 50–53.

M. Rösch, Zwei pflanzenhaltige Gruben der Linearbandkeramik vom Viesenhäuser Hof, Stuttgart-Mühlhausen. Arch. Ausgr. Baden-Württemberg 1991 (1992) 53–56.

M. Seitz, Ein bandkeramisches Grab aus dem linearbandkeramischen Friedhof vom Viesenhäuser Hof, Stuttgart-Mühlhausen. Opuscula, Festschrift für Franz Fischer. Tübinger Beitr. z. Archäologie 2, 1987, 1–22.

Talheim

J. Wahl u. H. G. König, Anthropologisch-traumatologische Untersuchung der menschlichen Skelettreste aus dem bandkeramischen Massengrab bei Talheim, Kreis Heilbronn. Mit einem Anhang v. J. Biel. Fundber. Baden-Württemberg 12, 1987, 65–193.

Schwäbisch Hall „Wolfsbühl"

H. Huber, Ein Hausgrundriß der Rössener Kultur in Schwäbisch Hall. Arch. Korrbl. 2, 1972, 85–88.

Ders., Grabungen in der neolithischen Siedlung auf dem „Wolfsbühl" bei Schwäbisch Hall. Fundber. Schwaben N. F. 19, 1971, 28–50.

Bad Friedrichshall-Kochendorf „Platten"

J. Biel, Siedlungsgrabungen in Bad Friedrichshall, Landkreis Heilbronn. Arch. Ausgr. Baden-Württemberg 1991 (1992) 60–65.

Ditzingen

E. Sangmeister, Gräber der jungsteinzeitlichen Hinkelstein-gruppe von Ditzingen. Fundber. Schwaben N. F. 18/1, 1967, 21–43.

K. Gerhardt, Anthropologische Befunde der jungsteinzeitlichen Hinkelsteingruppe von Ditzingen, Kr. Leonberg, Fundber. Baden-Württemberg 1, 1974, 65–81.

Sindelfingen „Hinterweil"

R. Rademacher, Spuren einer Siedlung der mittleren Jungstein-zeit im „Hinterweil" in Sindelfingen. Veröffentl. Stadtarchiv Sindelfingen 1 (1991) 17–22.

Remseck-Aldingen „Halden"

E. Keefer u. W. Joachim, Eine Siedlung der Schwieberdinger Gruppe in Aldingen, Gde. Remseck am Neckar, Kreis Ludwigsburg. Mit Beiträgen v. J. Biel u. M. Kokabi. Fundber. Baden-Württemberg 13, 1988, 1–114.

U. Piening, Verkohlte Getreidevorräte von Aldingen, Gem. Remseck am Neckar, Kreis Ludwigsburg. Fundber. Baden-Württemberg 11, 1986, 191–208.

Bad Schussenried-Aichbühl und „Riedschachen"

R. R. Schmitt, Jungsteinzeitsiedlungen im Federseemoor. Lfg. 1–3 (1930–37).

H. Reinerth, Das Federseemoor als Siedlungsland des Vorzeit-menschen. 1. Aufl. (1923); ab . 4. Aufl. (1929)=Führer Urgesch. 9; 8. Aufl. (1936).

H. Schlichtherle u. K. Schmitt, Auf der Spur der „Schussenrieder Pfahlbauten", Bad Schussenried (Kreis Biberach). Arch. Ausgr. Baden-Württemberg 1982 (1983) 43–55.

B. Kromer, A. Billamboz u. B. Becker, Kalibration einer 100jähri-gen Baumringsequenz aus der Siedlung Aichbühl (Federsee), in: B. Becker u. a., Ber. zu Ufer- und Moorsiedlungen Südwestdeutschlands 2, 1985, 241–247.

E. Keefer (Hrsg.), Die Suche nach der Vergangenheit – 120 Jahre Archäologie am Federsee (1992).

Eberdingen-Hochdorf „Biegel"

E. Keefer, Hochdorf II. Eine jungsteinzeitliche Siedlung der Schussenrieder Kultur. Forsch. u. Ber. Vor- u. Frühgesch. Baden-Württemberg 27 (1988).

H. Küster, Neolithische Pflanzenreste aus Hochdorf-Eberdin-gen (Kreis Ludwigsburg). In: Hochdorf I. Forsch. u. Ber. Vor- u. Frühgesch. Baden-Württemberg 19, 1985, 13–72.

Blaustein-Ehrenstein

H. Zürn, Das jungsteinzeitliche Dorf Ehrenstein (Kr. Ulm). Aus-grabung 1960. Teil 1. Veröff. d. Staatlichen Amtes f. Denkmal-pflege Stuttgart A, 10 (1965); Teil 10/2 (1968).

Ders., Das jungsteinzeitliche Dorf Ehrenstein im Blautal, in: Aus-grabungen in Deutschland 1. Vorgeschichte – Römerzeit, 1975, 115–118.

K. Scheck, Die Tierknochen aus dem jungsteinzeitlichen Dorf Ehrenstein (Gemeinde Blaustein, Alb-Donau-Kreis) Ausgrabung 1960. Forsch. u. Ber. Vor- u. Frühgesch. Baden-Württemberg 9 (1977).

Heilbronn-Klingenberg

J. Biel, Ein Erdwerk der Michelsberger Kultur auf dem Schloß-berg von Heilbronn-Klingenberg. Arch. Ausgr. Baden-Württemberg 1986 (1987) 45–49.

Ders., Abschließende Untersuchung eines Michelsberger Erd-werkes bei Heilbronn-Klingenberg. Arch. Ausgr. Baden-Württemberg 1987 (1988) 50–54.

Heilbronn-Neckargartach „Hetzenberg"

R. Koch, Zwei Erdwerke der Michelsberger Kultur aus dem Kreis Heilbronn. Fundber. Schwaben N. F. 19, 1971, 51–67.

A. I. Beyer, Die Tierknochenfunde, in: R. Koch, Das Erdwerk der Michelsberger Kultur auf dem Hetzenberg bei Heilbronn-Nek-kargartach II. Forsch. u. Ber. Vor- u. Frühgesch. Baden-Württemberg 3/II (1972).

J. Biel, Neue Untersuchungen in dem Michelsberger Erdwerk auf dem Hetzenberg von Neckarsulm-Obereisesheim, Kreis Heilbronn. Arch. Ausgr. Baden-Württemberg 1990 (1991) 39–41.

Ilsfeld

J. Biel, Eine jungsteinzeitliche Befestigung bei Ilsfeld, Kreis Heilbronn. Arch. Ausgr. 1974, 5–8.

Bad Waldsee-Reute

M. Mainberger, Ausgrabungen im Schorrenried bei Reute (Stadt Bad Waldsee, Kreis Ravensburg). Arch. Ausgr. Baden-Württemberg 1982 (1983) 56–58.

Ders., Die Grabungskampagne 1983 im Schorrenried bei Reute, Stadt Bad Waldsee, Kreis Ravensburg. Arch. Ausgr. Baden-Württemberg 1983 (1984) 59–61.

Seekirch „Achwiesen"

H. Schlichtherle, Neue Fundstellen im Federseemoor bei Bad Buchau, Oggelshausen, Alleshausen und Seekirch, Kreis Biber-ach. Arch. Ausgr. Baden-Württemberg 1989 (1990) 57–62.

A. Bohnenberger, Seekirch-Achwiesen, eine endneolithische Siedlung im Federseeried, Gemeinde Seekirch, Kreis Biberach. Arch. Ausgr. Baden-Württemberg 1990 (1991) 48–53.

Goldberg im Ries

G. Bersu, Rössener Wohnhäuser vom Goldberg, OA. Neresheim, Württemberg. Germania 20, 1936, 229–243.

Ders., Altheimer Wohnhäuser vom Goldberg, OA. Neresheim, Württemberg. Germania 21, 1937, 149–158.

P. Schröter, Zur Besiedlung des Goldbergs im Nördlinger Ries, in: Ausgrabungen in Deutschland 1, Vorgeschichte – Römerzeit, 1975, 98–114.

Ders. Bischheimer Elemente auf dem Goldberg im Ries (Goldburghausen, Kr. Aalen). Germania 49, 1971, 202–209.

Sipplingen

H. Reinerth, Das Pfahldorf Sipplingen am Bodensee. Führer zur Urgeschichte 10 (1932).

M. Kolb, Taucharchäologische Untersuchungen im Osthafen von Sipplingen, Bodenseekreis. Arch. Ausgr. Baden-Württemberg 1983 (1984) 62–64.

Ders., Zum Fortgang der Tauchuntersuchungen in der Sipplinger Bucht, Bodenseekreis. Arch. Ausgr. Baden-Württemberg 1985 (1986) 56–59.

Tauberbischofsheim-Dittigheim

I. Stork, Schnurkeramische Gräber in Tauberbischofsheim, Main-Tauber-Kreis. Arch. Ausgr. Baden-Württemberg 1983 (1984) 65–66.

Ders., Ein Friedhof der Schnurkeramik in Dittigheim, Stadt Tauberbischofsheim. Main-Tauber-Kreis. Arch. Ausgr. Baden-Württemberg 1984 (1985) 42–45.

Ders., Das schnurkeramische Gräberfeld von Dittigheim, Stadt Tauberbischofsheim, Main-Tauber-Kreis. Arch. Ausgr. Baden-Württemberg 1985 (1986) 75–78.

Kornwestheim

E. Sangmeister, Zwei Neufunde der Glockenbecherkultur in Baden-Württemberg. Ein Beitrag zur Klassifizierung der Armschutzplatten in Mitteleuropa. Fundber. Baden-Württemberg 1, 1974, 103–156, besonders Abb. 1 u. 2.

Mühlheim-Stetten

K. Schumacher, Zur prähistorischen Archäologie Südwestdeutschlands II. Fundber. Schwaben 8, 1900, 36–59, besonders Figur 5 u. 6.

Glossar

Abrasion
Flächenhaft abtragende Tätigkeit von Brandung und Wellenbewegung an Ufern und Küsten.

Acheuléen
Archäologische Kultur des Altpaläolithikums; nach dem Fundort Saint-Acheul an der Somme (Frankreich).

Altheimer Kultur
Jungneolithische Kultur in Süddeutschland; nach dem Fundort Altheim (Niederbayern).

Artefakt
Vom Menschen hergestellter Gegenstand.

Aurignacien
Archäologische Kultur des Jungpaläolithikums; nach dem Fundort Aurignac (Frankreich).

Axt
In der Vorgeschichtsforschung Bezeichnung für eine durchlochte Steinklinge.

Beuronien
Archäologische Kulturstufe des Mesolithikums in Südwestdeutschland; nach Beuron an der Oberen Donau.

Biotop
Natürlicher Lebensraum mit zahlreichen Pflanzen und Tieren, die voneinander abhängig und aufeinander angewiesen sind. Ein Biotop ist die kleinste biogeographische Landschaftseinheit und beherbergt eine für sie typische Lebensgemeinschaft.

Bischheimer Gruppe
Archäologische Kulturgruppe des Jungneolithikums mit Verbreitungsschwerpunkt am Mittelrhein und in Unterfranken; nach dem Fundort Bischheim (Rheinland-Pfalz).

Chamer Gruppe
Archäologische Kulturgruppe des Endneolithikums in Bayern, Böhmen und Teilen Österreichs; nach dem Fundort Cham (Oberpfalz).

Chopper/Chopping-tool
Geröllgerät. Auch als Pebble-tool bezeichnete Gruppe von einfachen Steinwerkzeugen. Chopper weisen eine einseitig bearbeitete Schneide auf, bei Chopping-tools ist die Arbeitskante von beiden Seiten behauen.

Dechsel
Kleines, oft einhändig zu führendes Haubeil mit quergeschäfteter Klinge.

Fossil
Ausgestorben oder aus vergangenen geologischen Zeiten stammend.

Fruchtbarer Halbmond
Gebiet des ersten Ackerbaus und früher Viehhaltung im Vorderen Orient. Archäologischer Begriff für die landwirtschaftlich fruchtbaren Regionen, die sich halbmondartig vom mesopotamischen Schwemmland über Anatolien bis zur Levante erstreckten.

Gravettien
Archäologische Kultur des Jungpaläolithikums, benannt nach dem französischen Fundort La Gravette.

Holozän
Nacheiszeit, jüngster Abschnitt des Quartärs.

Hominide
Familie der Menschenartigen. Zu ihr gehören der heutige Mensch, alle ausgestorbenen Menschenformen und auch vormenschliche Formen.

Hominine
In der Gattung „Homo" zusammengefaßte „Echtmenschen": Dazu gehören sowohl die ausgestorbenen als auch die heutigen Menschen.

Hominoide
Gruppe der Menschenähnlichen. Der Begriff gilt für die heutigen Menschenaffen im weitesten Sinne sowie für die Menschen und deren unmittelbare, ausgestorbene Vorfahren.

Horgener Kultur
Archäologische Kulturgruppe des Endneolithikums in Oberschwaben, der Bodenseeregion und der Ost- und Zentralschweiz. Nach dem Fundort Horgen (Schweiz).

Interglazial
Warmzeit, Thermal. Zeit günstigen Klimas zwischen zwei Eiszeiten.

Interstadial
Die Eis- oder Kaltzeiten wurden wiederholt von Zeiten erhöhter Temperaturen unterbrochen, den sogenannten Interstadialen. Interstadiale hatten keine solche Klimagunst wie die Interglaziale (siehe dort). Der Charakter eines interglazialen oder interstadialen Klimas kann aufgrund der vorherrschenden Flora und Fauna ermittelt werden. Die Zusammensetzung von Flora und Fauna ist sowohl von den jeweiligen optimalen Klimabedingungen als auch vom zeitlichem Ablauf der betreffenden Klimaschwankung abhängig.

Inventar
Archäologischer Bestand aller Artefakte eines Fundplatzes.

Jetztmensch
Deutsche Bezeichnung für den anatomisch modernen Menschen (Homo sapiens sapiens).

Kaltzeit
Zeit ungünstigen Klimas, deren mittlere Jahrestemperatur deutlich niedriger liegt als die des vorherigen oder nachfolgenden Abschnitts. Läßt sich ein Vorstoß des Inlandeises oder auch der alpinen Vergletscherung nachweisen, spricht man von „Eiszeit" (Glazial). Fehlt dieser Nachweis, spricht man von Kaltzeit.

Kultur
Die Gesamtheit der Lebensäußerungen einer menschlichen Gemeinschaft. Im archäologischen Sprachgebrauch werden die einzelnen Kulturen zeitlich und räumlich durch erhaltene Funde und Befunde (etwa Artefakte, Siedlungsreste, Bestattungen) voneinander abgegrenzt.

Kulturgruppe
Archäologische Kulturen werden oft in verschiedene Kulturgruppen untergliedert, die sich in der Regel sowohl chronologisch als auch regional voneinander unterscheiden. Eine verbindliche Terminologie, mit der sich Kulturen von Kulturgruppen abgrenzen ließen, existiert jedoch nicht.

Kulturschicht
Ablagerungen organischen und mineralischen Materials während der Siedlungstätigkeit von Menschen.

Levalloisien
Archäologische Kultur des Mittelpaläolithikums; nach dem Fundort Levallois-Peret (Frankreich).

Magdalénien
Archäologische Kultur des Jungpaläolithikums; nach der Höhle La Madeleine (Frankreich).

Menschwerdung
Begriff für die körperliche, geistige und soziale Entwicklung von den Hominiden bis zum heutigen Menschen.

Mesolithikum
Mittelsteinzeit. Die Zeit der Jäger und Sammler zwischen dem Ende der letzten Eiszeit und den ersten Ackerbauern.

Micoquien
Archäologische Kultur des Mittelpaläolithikums; nach dem Fundort Le Moustier (Frankreich).

Moustérien
Archäologische Kultur des Mittelpaläolithikums; nach dem Fundort Le Moustier (Frankreich).

Münchshöfener Gruppe
Archäologische Kulturgruppe des Mittelneolithikums im östlichen Voralpenland; nach dem Fundort Münchshofen (Niederbayern).

Neolithische Revolution
Übergang von der aneignenden (Jäger und Sammler) zur produktiven Wirtschaft (Bauern) und den damit einhergehenden Änderungen der Lebensform.

Paläolithikum
Altsteinzeit. Sie beginnt mit der ersten nachweisbaren Herstellung eines Gegenstands mit einem Gerät und umfaßt alle Kulturen des Pleistozäns (siehe dort).

Paläonthologie
Wissenschaft von den fossilen Lebewesen.

Permafrost
Sinkt die Jahresdurchschnittstemperatur unter Null Grad Celsius, friert der Boden in immer größere Tiefen. Während der Sommer taut er dann nur oberflächlich wieder auf. Ehemaliger Permafrost läßt sich im Boden etwa an fossilen Eiskeilnetzen nachweisen.

Pleistozän
Eiszeitalter, unterer Abschnitt des Quartärs.

Pongiden
„Menschenaffenartige". Heutige Menschenaffen im engeren Sinne sowie deren ausgestorbene Vorfahren.

Primaten
Ordnung der Säugetiere mit Halbaffen, Affen, Menschenaffen und Mensch.

Profil
Senkrechter Schnitt durch Bodenschichten, an dem häufig gut dokumentierbare, aufeinanderfolgende Kulturschichten zu erkennen sind (dazu auch Stratigraphie).